铸舰一生向深蓝
潘镜芙传

王艳明　喻　菁　著
潘镜芙学术成长资料采集项目组　编

ZHEJIANG UNIVERSITY PRESS
浙江大学出版社
·杭州·

图书在版编目（CIP）数据

铸舰一生向深蓝 : 潘镜芙传 / 王艳明，喻菁著 ；
潘镜芙学术成长资料采集项目组编. -- 杭州 ： 浙江大学
出版社，2024.6
ISBN 978-7-308-24829-7

Ⅰ . ①铸… Ⅱ . ①王… ②喻… ③潘… Ⅲ . ①潘镜芙
—传记 Ⅳ . ①K826.16

中国国家版本馆CIP数据核字(2024)第075335号

铸舰一生向深蓝——潘镜芙传

王艳明　喻　菁　著
潘镜芙学术成长资料采集项目组　编

策　　划	许佳颖	
责任编辑	金佩雯　赵　伟	
责任校对	黄梦瑶	
封面设计	浙信文化	
出版发行	浙江大学出版社	
	（杭州市天目山路148号　　邮政编码　310007）	
	（网址：http://www.zjupress.com）	
排　　版	杭州林智广告有限公司	
印　　刷	浙江新华数码印务有限公司	
开　　本	710mm×1000mm　1/16	
印　　张	15.5	
字　　数	252千	
版 印 次	2024年6月第1版　2024年6月第1次印刷	
书　　号	ISBN 978-7-308-24829-7	
定　　价	98.00元	

导　言

我国在大型水面舰艇的设计建造上已经取得惊人成就，尤其是导弹驱逐舰的发展更是举世瞩目。这种巨大成就让国人惊喜，让国人感到安全，同时，也让战略对手震撼于我国的海上威慑力量和中华民族科技自立自强的精神。

在半个世纪以前，我国尚没有一艘自主设计建造的导弹驱逐舰。然而先辈们筚路蓝缕、奋起直追，从无到有、从弱到强，经过半个世纪的栉风沐雨，终于获得了让整个世界都难以置信的成就。

我们在试图探寻这一奇迹般的成就是如何实现之时，发现许多文献资料中出现了潘镜芙的名字。潘镜芙，我国著名船舶设计专家、中国工程院院士、导弹驱逐舰研制设计的奠基人之一，开创了我国自主设计建造导弹驱逐舰的先河。他夙夜匪懈、力克重艰、锐意创新，在技术上不断突破，在管理上持续创新，终于闯出了一条中国人自主设计建造导弹驱逐舰的道路，既实现了自己的初衷与梦想，也为中华民族伟大复兴保驾护航。

1930 年 1 月 20 日，潘镜芙出生在浙江省湖州市南浔镇一个营商之家，小学之初亲历日寇入侵，于是随家逃难，艰难流徙至上海，而后转赴苏州定居。1952 年，潘镜芙毕业于浙江大学电机系，随后被分配至华东工业部电器工业管理局（简称华东电工局）基建处工作。1955 年，潘镜芙被调入第一机械工业部船舶工业管理局产品设计分处，开始涉足军事舰船的设计建造。1961 年，他随机构并入国防部第七研究院第一研究所（现中国船舶集团有限公司第七〇一研究所，简称七〇一所），专司军事舰船的设计建造工作。1966 年 6 月，潘镜芙与李复礼同志共同担纲国产 051 型导弹驱逐舰的总体设计及相关技术攻关工作。1977 年，潘镜芙担任 051Z 型导弹驱逐舰总设计师。1983 年，他出任 051G 型导弹驱逐舰及新一代 052 型导弹驱逐舰总设计师，并相继担任七〇一所副总工程师及副所长等职务。

潘镜芙在两代四型导弹驱逐舰设计建造中做出了重要贡献。1978 年，潘镜芙因研制第一代导弹驱逐舰获全国科学大会奖；1988 年，因 051Z 型现代化改装获国家科学技术进步奖二等奖；1992 年，因 051G 型导弹驱逐舰总体设计获国家科学技术进步奖二等奖；1995 年，当选中国工程院院士；1998 年，获得国防科工委"有突出贡献的科技专家"称号；1999 年，因 052 型导弹驱逐舰研制获国家科学技术进步奖特等奖；2001 年，因在国产导弹驱逐舰设计建造上的成就获何梁何利基金技术科学奖。

潘镜芙从小就酷爱读书，对学习文化知识有着浓厚的兴趣。虽因时局动荡而辗转多地艰辛求学，但他仍然刻苦学习，成绩优异。在亲历侵略者的暴戾及曲折的求知之旅后，他坚定了自己科技救国强国的信念，最终考入浙江大学电机系潜心治学，以图实现自己的梦想。

经过在华东电工局和苏联军事舰船转让仿制相关工作中的专业锤炼，潘镜芙的专业技术能力得到实质性提高，在取得军事舰船直流电制变交流电制的成功后，潘镜芙开始在船舶工程领域崭露头角，并因此在我国第一代国产导弹驱逐舰的设计建造中受到重用。在两代四型导弹驱逐舰的设计建造中，他大力践行系统工程的思想，秉持以作战指挥系统设计为核心的导弹驱逐舰研制理念，坚持技术引进与国产化相结合，谋求"全舰有机协调、性能综合兼优"，实现了国产导弹驱逐舰研制的质的飞跃。

正是因为潘镜芙为我国海防驶向深蓝做出的重要贡献，记录他的铸舰一生是一项兼具科学与人文价值的工作。在中国科协创新战略研究院的指导下，潘镜芙学术成长资料采集工作于 2019 年正式启动。依据采集工程的特点与性质，潘镜芙学术成长资料采集项目组（简称采集小组）合理分工，分为口述访谈组、实物采集组、资料整编组、传记撰写组和工作协调组。按照采集工程的要求与部署，采集小组制订了详细的采集工作计划、人物访谈方案、实物采集计划、资料整理规范、数字化处理规则、传记撰写方案。每位小组成员本着对国家负责、对传主负责的态度，齐心协力、密切配合。虽然整个采集工作深受新冠疫情的影响和干扰，但采集小组克服重重困难，严格按照采集工作规定的时间节点和工作要求，认真执行各阶段的采集计划。

潘镜芙院士学术成长资料采集工作遵循以时间节点为经、以事件再现为纬的事理逻辑。在时间轴上，努力做到系统地还原潘镜芙的人生轨迹；在事件轴上，力图完整地再现潘镜芙的学术成就。按照采集工程的要求，采集小组对潘镜芙学术成长资料的采集主要围绕两个方面进行：一是以面对面的方式对有关当事人（包括潘镜芙院士本人及其同事、亲属）进行直接口述访谈，以获取关于院士各方面的直接回忆资料；二是广泛收集各种历史与实证资料，包括潘镜芙院士及其家人积累下来的各种实物和资料，以及来自其他各方的各种资料。

两年多的时间，采集小组严格遵守保密要求，努力克服新冠疫情的影响、潘镜芙院士身在上海且年事已高等诸多困难，先后对潘镜芙院士进行了九次总计时长 1079 分钟的直接访谈。同时，依据潘镜芙的人生轨迹和工作经历，对黄旭华院士、朱英富院士、施宗伟研究员、宋明达处长等十余位他的同事进行了访谈；经过真诚的努力与沟通，完成了对潘镜芙的儿子潘伏波，女儿女婿潘丽达、周振邦夫妇，弟弟弟媳潘硕民、应凤珠夫妇，同学徐亚伯、吴璧如夫妇，苏州中学校史馆负责人丁云衍及潘镜芙院士的保姆吴小红女士的访谈工作。全部间接口述访谈时长近 1000 分钟。

除口述访谈外，采集小组通过各种途径收集到大量与潘镜芙院士有关的档案、照片、手稿、书籍、报纸、音视频、实物等 14 类资料，基本覆盖了潘镜芙院士的主要经历及学术成长过程，其主要的学术成就得以完整呈现。

按照采集工程的要求，采集小组对所有资料进行了系统的订正、分类、整理、著录、标引、组卷，对大部分资料进行了数字化处理，形成了《潘镜芙学术成长资料总目录》和《潘镜芙学术成长资料原件目录》，以便于资料的保管及使用。在此基础上，采集小组对全部资料进行了系统的组织、整理与研究，编制了《潘镜芙年表》和《潘镜芙学术成长资料长编》，从而使采集而来的学术成长资料完整、有序，以利于将来的科学研究与深度开发。

采集小组所做的最后一项工作就是按照老科学家学术成长资料采集工程的规定，撰写采集工作的研究报告，也就是潘镜芙院士的传记。依据传记的写作特点，考虑采集工程的主旨意义，分析潘镜芙成长的时代背景与成长脉络，采集小组确立了以下传记写作策略：

第一，完整而有序地反映传主自童年至今的人生历程；

第二，重点还原传主曲折求学、专业能力形成、导弹驱逐舰研制等重要事件及其历史进程；

第三，力图厘清传主人生履历、学术成长、学术成就的思想背景、因果关联与历史经纬；

第四，尽可能准确地陈述传主的学术成就，客观评价其科学地位与历史贡献。

潘镜芙传记由采集小组的王艳明教授等执笔完成。研究报告分为 10 章，后跟附录、后记及后记补遗，每章包含若干小节，核心部分展开三级目录。章节按时间延展，以事件布局，章节间按照大小主题渐次叙述。整篇传记勉力做到事实准确、客观公允、叙述流畅清晰，对有争议的问题则秉持孤证不立、客观陈述、不做评价的原则。

第一章主要叙述潘镜芙家族的历史流变，回顾潘镜芙祖父艰苦创立"潘聚盛"的过程，介绍潘镜芙出生的基本情况及儿时幸福快乐的家庭生活，交代潘镜芙弟妹们的简要履历及工作概况。

第二章具体陈述日寇侵入南浔镇后潘镜芙随家庭逃难的大概过程，回顾其于上海避难期间在法租界的生活、读书求学的时光及见闻，叙述其在举家迁往苏州后因为时局剧变而迭换学校的经历，交代潘镜芙在苏州读中学期间家中发生的变化，以及其在中学时期的主要学习和生活情况。

第三章回顾潘镜芙高中毕业报考大学的选择过程，再现其在浙江大学电机系四年读书求学的基本情况，重点介绍他的学习心得与成绩，以及其在杭州解放过程中的思想进步。

第四章撰述潘镜芙毕业后被分配至华东电工局工作的基本过程，回顾其在专业技术工作方面不断成长进步的经历，介绍其参与军事舰船设计的历史轨迹，重点还原其在转让仿制苏联基地扫雷舰过程中专业能力和实践能力的巨大提升，介绍其加入中国共产党的基本过程和思想转变，以及其在建造某型护卫舰过程中主持该舰直流电制变交流电制工作的技术攻关情况。

第五章和第六章主要回顾潘镜芙受命主持国产第一代 051 型导弹驱逐舰的总体设计工作、主导该舰武器系统研发与装舰、顺利实现 051 型导弹驱逐舰首舰下水、全程参与首舰的扩大试验、完成 051 型导弹驱逐舰定型工作的全过程，继而陈述其担纲 051Z 型导弹驱逐舰总设计师并取得一系列技术突破，进而顺利完成 051 型导弹驱逐舰的升级拓展工作。

第七章以浓墨撰写潘镜芙通过 051G 型导弹驱逐舰的设计建造，践行以全武器作战系统为核心的设计理念，创建新型管理、协调及技术攻关机构，探索工程管理创新，在顺利完成 051G 型导弹驱逐舰的设计的同时，为全新一代 052 型导弹驱逐舰的设计建造打下了坚实的思想与管理基础。而在 052 型导弹驱逐舰的设计之中，潘镜芙在巩固 051G 型导弹驱逐舰设计思想的基础上，坚持技术引进与国产化相结合，全力攻克新一代作战指挥系统，在动力、材料、施工工艺等方面进行全方位优化，终于铸就"中华第一舰"，实现了国产导弹驱逐舰设计建造的跨越式发展。

第八章是对潘镜芙与许瑾的爱情、婚姻、家庭的回顾，重点礼赞许瑾无怨无悔伺候公婆和哺育儿女、坚定支持潘镜芙事业的事迹，讴歌潘镜芙与许瑾浪漫而高尚的爱情，同时简要介绍一双儿女勤奋自勉、依靠自己的努力成就一番事业的过程。

第九章和第十章主要描写潘镜芙的晚年学习、生活及一辈子的爱好，分析与爬梳其性格、情操与胸怀，重点介绍其退居二线后继续坚持科学研究、关心水面舰船设计研制的技术发展等基本情况，展示其对国产导弹驱逐舰发展的忠诚与初心，最后系统罗列潘镜芙桑榆之年关心科普、教育及家乡经济科技发展的相关工作，体现其作为一名科技工作者的家国情怀。

目　录

第一章

名门艰辛路　聪慧少年人

　　江南苏浙一带，古往今来以名人辈出、物产丰庶驰名，更兼水乡园林星罗棋布，古镇幽邸异彩纷呈，一直都是让人心驰神往的所在。

　　碧玉周庄、富土同里、风情角直、梦里西塘、水阁乌镇、富甲南浔——在这江南六大古镇中，南浔古镇自明清以来就以"千船泊岸，商贾云集，人文荟萃"的景象被称为"江浙雄镇"。即使在今人心中，无论是其旖旎的风光，还是其深厚的历史，南浔也丝毫不在前五者之下。

　　南浔古镇居长江三角洲经济区腹地，地处太湖流域的杭嘉湖平原，自古受浙江湖州辖治，距离湖州古城一箭之地。南浔建于南宋淳祐十二年（1252），有近800年的历史。《江南园林志》①云："以一镇之地，而拥有五园，且皆为巨构，实江南所仅见。"南浔和其他江南名镇一样，拥有

南浔古镇百间楼一角（蔡海松摄）

众多的人文景观和名胜古迹。享誉中外的嘉业堂藏书楼、江南园林佳构小莲庄、恢宏雄奇的百间楼、承载辑里湖丝的天工桑园、独具江南风韵的沿河居民建筑群、"江南第一宅"张石铭旧宅、民国元老张静江故居、中西合璧的南

① 童寯 . 江南园林志 . 2 版 . 北京：中国建筑工业出版社，2014.

浔史馆、颖园以及丝业会馆和大小石桥等，都是游客细致体会南浔镇自然与人文荟萃的好去处。

南浔古镇百间楼一角（刘大于摄）

南浔是南林和浔溪两村的合称，两宋时期就以盛产优质生丝闻名，出产的辑里丝成为皇家织造的指定原料，明清时期便因丝而富，成为典型的江南丝绸市镇。近代受上海开埠的影响，南浔丝商崛起、教育兴盛、民族资本主义萌芽，迅速成为士绅安居、商贾云集的江南重镇。

南浔历史悠久，经济发达，文化昌盛，名人辈出。宋明清三朝，南浔籍进士共有41人，朱国祯、温体仁官至明朝首辅。民国年间，在全国有影响的南浔籍学者有80余人，张石铭、张静江、顾乾麟、沈尹默等人在中国近代史上都是举足轻重的人物。"四象八牛七十二金狗"①更是南浔的致富传奇，成为近代史上商贾巨富的代名词。新中国成立后，南浔在科技发展上亦有杰出的建树，九位两院院士在各自的研究领域建立了卓越的功勋。

———————

① "四象八牛七十二金狗"，是民间对南浔富商的代称，亦说"四象八牛七十二墩狗"。刘大均的《吴兴农村经济》载："南浔以丝商起家者，其家财之大小，一随资本之多寡及经手人关系之亲疏以为断。所谓'四象、八牛、七十二狗'者，皆资本较雄厚，或自为丝通事，或有近亲为丝通事者也。财产达百万以上者称之曰'象'。五十万以上不过百万者，称之曰'牛'，其在三十万以上不过五十万者则譬之曰'狗'。所谓'象'也，'牛'也，'狗'也，皆以其身躯之大小，象征丝商财产之巨细也。"

蜚声湖州的潘氏宗族

"游遍江南九十九，不如南浔走一走"，检巡南浔镇的历史，南东街是一个值得去品味的所在。南东街是紧傍南市河的一条老街，虽然几经沧桑，但外观并没有太大的变化，陈年旧迹俯拾即是。沿南东街由北向南而行，过醋坊桥后即是南东街266号。现今的266号，临河有三间平房，沿街是一座仅剩三间房子的附有过街楼的两层楼房，楼房后有一个天井。再往后至后河道，及至左右都是一些断壁残垣，隐约还残存着过火的痕迹，那是日军侵略留下的罪恶印记。1937年淞沪会战后不久，日寇占领南浔镇，杀戮抢掠，尔后又放了一把大火，将镇上许多历史悠久、气势恢宏的老建筑付之一炬，据说大火熊熊、数日不熄。在20世纪初，这座楼房在南浔镇算是一座较有规模的宅第，前人曾经在这里书写过一段教科书式勤俭致富的历史。

这座宅子叫"玉渊堂"，主人是南浔镇"八牛"之一的邱仙槎，此公曾经是南浔镇屈指可数的富商，这宅子就是他在财富鼎盛时期建造的。整个宅子偏东西走向，横贯两河之间，前后一共三进两层，西向临街的是宅子的正门。底层前抵南东街，在南东街与南市河之间建有三间可作为货栈的大平房，平房临河是码头。二层则突出，以过街楼的形式跨越南东街直逼南市河。宅子每进既相互独立又彼此相通，每进皆有天井，三进深40余米、阔10余米。再往后穿越园子、空地、过道直抵后河边。

"玉渊堂"规模宏大，建筑精致典雅，内宅取名亦很雅致，有"叠翠居""我耕庐""雁影堂""来月轩"。可惜花无百日红，之后邱仙槎家道中落，邱家后人就将该宅子部分出租，而租赁它的人也不是泛泛之辈，一户潘姓人家长期租赁居住并开设纸行，一些有岁数的南浔老人依稀还记得这些旧事。这户人家不仅创造了南浔镇纸业的辉煌，而且培养出了一位大名鼎鼎的人物。此人名叫潘镜芙，新中国成立后逐步成长为中国工程院院士，媒体尊称其为"中国导弹驱逐舰之父"，现在是南浔镇的著名代表人物之一，延续了潘氏宗族在湖州一地的辉煌。潘氏宗族在此繁衍的历史比南浔的镇史还要早，在湖州一地曾经产生过重要的影响。

据《荥阳郡中国潘氏通系史》《岘峰潘氏宗谱》及《吴兴汇沮（槐溪）潘

公季驯祖系世谱》记载，周武王分封，荥阳侯以封地为姓，是为潘氏始祖。始祖三十八世孙潘伯民随东晋元帝南渡迁至吴兴乌程（今湖州市），为湖州潘氏之祖。再历七世，潘综于南朝宋元嘉四年（427）因孝道得帝旌其所居汇沮（又名槐溪）为纯孝里，是为潘氏纯孝里之祖，其后分户繁衍，后代亦有外迁。

明代工、刑、兵三部尚书
潘季驯像（潘氏宗谱照）
（潘镜芙提供）

槐溪在湖州北门外的近郊，靠近太湖，即今环渚乡内。潘综后传约三十代，至潘万一脉率合族自婺源回迁，使潘氏得以在湖州中兴，故湖州有部分潘氏被称为"徽潘"，不过亦尊槐溪纯孝里为祖籍。这些记载说明，潘氏大体上在晋代迁入湖州，逐渐枝繁叶茂，成为湖州一带的主要姓氏。

迨至明代，潘氏家族出了一个大人物，乃槐溪纯孝里中兴之祖潘万的九世孙，叫潘季驯（1521—1595），嘉靖二十九年（1550）进士，官至都察院右都御史、工部尚书、刑部尚书、兵部尚书及太子少保。在潘季驯之前，也曾经有一些潘氏宗亲出任过明代县一级的基层官吏。

潘季驯官运吊诡，自明嘉靖四十四年（1565）至万历二十年（1592）的27年间，屡贬屡复。他先后四次被罢官，又四次被起用复出，皆因总理河道，其时无出其右。他针对"黄河斗水，沙居其六"的特点，采取"束水攻沙、以清刷黄、淤滩固堤、治漕保运"的治黄策略，取得了很好的治理效果，结束了黄河700余年分道乱流的历史，保持了黄河、淮河、运河多年的稳定，并因此在明代即被誉为"千古治黄第一人"。

《清史稿》记载，"明治河诸臣，推潘季驯为最，盖借黄以济运，又借淮以刷黄，固非束水攻沙不可也"。

潘季驯梳理27年的治黄经验，撰写了《宸断大工录》《两河管见》《两河经略》《河防一览》《总理河漕奏疏》等水利著作，为后人留下了宝贵的治黄遗产。

1995年9月2日至4日，中国水利学会和黄河水利委员会在山东省威海市举办了潘季驯逝世400周年纪念大会，追思这位世界级河工专家和水利专家。

湖州潘公桥

湖州古城北门苕溪和霅溪交汇后形成龙溪江，此处为繁华地段，但老百姓日常只能靠渡船过河，艰难且多有不便。潘季驯告老还乡后，看到这种境况，便捐出自己的养老金2500两纹银，并动员湖州其他士绅捐资出力，耗时五年，建成一座三孔大石桥。后人为纪念潘季驯的功德，将其命名为"潘公桥"，桥下小道为"潘家廊"。该桥今天依然挺立在龙溪江上，为湖州人提供着过河出行的便利。

为永远铭记潘季驯的功德，改革开放后不久，在距离潘公桥不远处一名曰"八里店镇三墩村"的地方，当地政府在"文革"期间被毁坏的潘季驯墓地旁建了一座潘季驯纪念馆，还建了景色秀美的潘季驯纪念园。

由于潘季驯的官声及其影响，潘氏宗族在湖州一地的声望在明代达到顶峰。故在湖州潘氏之祖所在地槐溪，潘氏宗族建有一个规模宏大的祠堂，彰显着潘氏宗族在此地的辉煌。然而可惜的是，潘氏祠堂在日寇进犯湖州后惨遭厄运，被兵火彻底摧毁，如今仅剩下一对石狮子，诉说着曾经辉煌的过往。

《潘公桥碑阴记》（王艳明摄）

2021年潘镜芙在潘季驯纪念馆留影（王艳明摄）

由于潘季驯在潘氏宗族无出其右的地位，潘氏谱系在潘季驯这一代再次分户起谱，现湖州市一带余德堂潘氏悉尊潘季驯为祖。

到了清代，尤其是晚清时期，湖州潘氏一族逐渐式微。清道光初年，出于生计的需要，湖州潘氏宗族的部分支脉迁至湖州所辖的南浔，在此地开枝散叶，延续着潘氏宗族的传承。

三代传承的"潘聚盛"

潘镜芙的曾祖父子花公（1848—1919）乃潘季驯十二世孙，并被尊为南浔余德堂潘氏一世。潘子花与妻林氏育有三子一女，女嫁"四象"之一的庞家庞赞臣为媳。子花公颇有胆识，凭借父亲所馈千元婚资，在南浔镇创立"潘聚成"砖灰行，专门经营建筑用砖瓦石灰。子花公创业非常专注，诸事亲力亲为，省吃俭用、历尽艰辛，终致砖灰行运作稳定。薄有积累后，子花公不甘小富即安，遂扩大生意，一方面与他人合伙经营"泳记"米行，另一方面在"潘聚成"砖灰行里加营纸业，待有起色后即立字号"潘聚盛"，专营安吉、孝丰一带山区出产的竹筋纸的批发与零售。

南浔余德堂二世潘翰英（潘镜芙祖父）支家谱（潘镜芙提供）

当时在湖州一带建房子，先将竹筋纸按比例掺在石灰里，加水搅拌成竹筋石灰膏备用，打土坯及垒墙时，可在土坯及墙缝里兑入相应的竹筋石灰膏，提升土坯及砖墙的强度和抗水性，作用类似于今天的钢筋水泥，因此这种竹筋纸是当地不可或缺的建筑材料。除作建筑材料外，竹筋纸也被老百姓粗使他用，故而需求量比较大。

子花公谦和忠厚、忍亏守信、待人和善，故诸多商家都乐于和他做生意。适逢太平天国后湖州一带年景升平、百业兴旺，南浔商贾为炫耀富有，纷纷建造花园、别墅，带动建材、粮食需求大增，子花公经营各业俱得发展，其中又以纸业、砖灰业

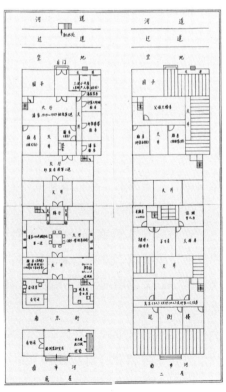

南浔镇南东街266号潘氏老宅平面图
（潘镜芙提供）

势头良好。家境富裕后，子花公筑屋立堂，取尊祖季驯公"留余堂"之"余"字，奉匾名"余德堂"，孝崇与吉祥兼得，寓意"年年有余，以德立财"。后世旌其功德，奉尊其为南浔余德堂潘氏一世祖。

天有不测风云，1919年农历四月初三，子花公驾鹤仙逝，"余德堂"析产分家。老大潘翰英（1879—1928）承继"潘聚盛"纸行，老二潘颂祥（1882—1945）承继"泳记"米行，老三潘哲人（1887—1952）则承继"潘聚成"砖灰行，其余家财，各得若干。

析产分家后，同年七月，潘翰英率妻子迁出老宅"余德堂"，租赁南东街266号邱氏"玉渊堂"大宅中的临街房、临河平房及码头作为"潘聚盛"店铺门面和货栈，租赁"玉渊堂"第三进作为家人生活用房，后生意兴隆时调整至第一进，二楼也散租若干小间供纸行先生及伙计居住。潘家人在"玉渊堂"与邱家人同住了近30年，相处融洽，和睦共济。

潘翰英与妻子方守道育有两子一女。长子名钟岳（1903—1950），号宗岳，娶妻史佩英。次子名钟瑞（1909—1995），号星阶。一女名钟秀（1906—1922），小名明宝。

潘翰英继承"潘聚盛"后，虽起早贪黑、不辞劳苦，但囿于分家后资金有限且竞争激烈，纸行最初的生意

潘宗岳、史佩英夫妇合影（潘镜芙提供）

并不好，获利微薄，除必要的生活开支外，勉强供潘宗岳、潘星阶念书。[1]

在潘宗岳入读南洋公学学习铁路管理后，由于财力有限，生活更是捉襟见肘，潘翰英、方守道夫妇实在没有办法同时供两个孩子读书，就让在高小仅读了三个学期的潘星阶辍学，并让他进入潘星阶表兄开设的慎源钱庄当学徒。

明宝比潘星阶大3岁，聪明毓秀，13岁即操持家务，不仅女红了得，而且打得一手好算盘。在潘星阶正式入钱庄当学徒前，明宝在家突击教他珠

---

① 宋明达. 潘镜芙传. 北京：人民出版社，金城出版社，2014：9.

算，他学会了珠算中最难的乘除运算。明宝不幸于 1922 年因肾病不治去世，尚不足 17 岁，父母亲戚俱哀痛不已。

在湖州一带的钱庄中，慎源钱庄以严著称。潘星阶做学徒，从打杂干起。每天黎明即起，打扫店堂。干完粗活之后，即由师兄指导看银，并教规银和银圆的换算规法等。那时采用银本位，银钱业从中换算以渔利取巧，为一项收入。潘星阶既勤奋又肯学，白天辛辛苦苦干活，晚上还得练习珠算，学习做账等会计知识。由于明宝给他打了良好的底子，再加上他刻苦好学，潘星阶很快就练就了一手过硬的珠算功夫。到了第三年，表兄让他进入钱庄"信房"学习信件和商务文书的处理，他由此掌握了一些文书写作及商函办理的基本知识，这为他后来经商和管理门店打下了很好的基础。

1924 年，潘星阶三年学徒期满后，遵父命回家协理"潘聚盛"。其时潘星阶年方 16 岁，经姑丈庞赞臣做媒，与南浔镇北栅后河头栲栳湾庄家庄幼先的长女庄钰芬（曾用名庄珏芬）订婚。

按照潘星阶的说法，与庄家联姻是父亲潘翰英精心运筹的，既能仰傍媒人庞家的财势，又可借力于庄家的商机人脉。"辑里丝"中外驰名，丝业乃南浔百业之首，庞家任南浔丝业董事，关系一镇之兴衰。庄家是南浔镇的名门望族，南浔镇商会会长的职位一直由庄家人担任，庄家在南浔镇有着很大的影响力和话语权。

这桩婚姻虽是父母之命、媒妁之言，但是潘星阶当时还是中意的。在订婚之前，潘星阶因机缘巧合见过庄钰芬一面，对其相貌与才识甚是满意，而且这桩婚姻还多少解了他的一个心结。父亲潘翰英接手"潘聚盛"之初，居家及店面均为租赁，生意也未打开局面，经济拮据，故执意让酷爱读书的潘星阶辍学，潘星阶虽不敢忤逆父母的决定，但心里很不乐意。在潘星阶晚年所写的回忆录中，对当年辍学未能继续读书的遗憾，时有闪现。姻亲庄家虽是商贾望族，长期执掌南浔商会，但庄幼先却是个例外。庄幼先乃清末秀才，饱读诗书，是一个认为"万般皆下品，唯有读书高"的人物，其长女庄钰芬不仅读了新式学堂，且小小年纪已博得才女的名声。因此能与其结亲，对后代的学业必大有裨益，多少弥补了自己读书不足的遗憾，潘星阶心里是一百个乐意。

回到纸行后，潘星阶全力协助潘翰英打理"潘聚盛"，频繁往返安吉、孝丰等山区，联络产竹山户，检视打浆抄纸，协调贩夫运输，筹措结算银钱，业务日见端倪，人脉逐渐熟络，一步步挑起了纸行的大梁。

但此时家里却不宁静，其母方守道、其嫂史佩英、其姐明宝不断生病求医，潘星阶均尽力操持维护。后来，父亲潘翰英也渐入沉疴，四处诊治，年纪轻轻的潘星阶既要料理"潘聚盛"的生意，又要往返苏沪等地带父寻医，心力交瘁。

潘星阶、庄钰芬夫妇合影（潘镜芙提供）

1927年农历十月初三，潘星阶遵父母之命、媒妁之言，迎娶了比他大一岁的庄钰芬为妻。婚礼很是隆重。据潘镜芙堂姐潘慧如回忆，新娘庄钰芬的大红盖头下是珠光闪闪的九凤冠，寓意早生贵子的装有红枣、花生、桂圆、莲子的干果袋满空抛撒。

可这个婚礼并未给潘星阶带来多少喜悦。一来当时父亲潘翰英病重，牵扯着他极大的精力；二来纸行的生意正遭遇资金周转不灵及货栈难觅的困境，他不得不在新婚之夜接待山客，洽谈业务，并随客人连夜乘船赶往外地，让新娘一个人独守空房。潘星阶回忆称"整个冬天无新婚的优越可言"。

1928年的中秋夜，久遭疾患折磨的潘翰英在这个本该阖家欢庆的日子永远地闭上了双眼，享年49岁，这个偌大的家庭及"潘聚盛"纸行的重担就全压在当时年仅19岁的潘星阶稚嫩的肩膀上。

潘翰英去世后，由于潘宗岳在沪宁铁路供职，潘星阶只得独自打理"潘聚盛"。潘星阶一心扑在生意上，披星戴月，不辞艰辛。为控制成本、提高纸浆与纸张质量，他经常带领伙计（有时也带着年幼的儿子潘镜芙）去安吉、孝丰一带山区联络山户，亲自采买各种竹子，组织货源，此外，还奔波于苏州、杭州、嘉兴等地，广开销路。潘星阶待人以诚、处事以礼，商业信誉也越来越好，又适逢同业衰弱，新竞乏力，一段时间之后，潘家纸行的生意很快好起来，规模也不断扩大。

潘星阶全力在外打理纸行的生意，家里则由母亲方守道带领妻子庄钰芬精心打理。方守道贤惠节俭，事必躬亲，不乱花一分钱。纸行高峰时雇了四个职员、四个工人，利润也说得过去，按说完全可以像其他商行一样雇厨师烧火做饭。可是方守道不肯，她亲自下厨，为内外一大帮人操持一日三餐。逢年过节，无论是仪式排场还是祭祀三牲，方守道带领儿媳庄钰芬将一切料理得井井有条，挑不出一点瑕疵。①

由于外有潘星阶苦心经营，内有母亲方守道、妻子庄钰芬勤俭持家，"潘聚盛"的纸浆生意很快在南浔镇声名鹊起，客户越来越多，获利日丰。依据生意发展态势和需要，潘星阶选择在太仓沙溪镇设立分店，派员驻此营销，"潘聚盛"进入全盛时期。

就在潘星阶打理的"潘聚盛"生意日渐兴隆的同时，潘家长子潘宗岳也声誉渐起。潘宗岳负责从上海到南京的铁路运输，在铁道系统越干越出色，职位越来越高，并能经常照顾到南浔镇诸多商人的生意，因此在南浔镇渐渐有了较大的影响，这也让潘星阶一家人感到既光彩又骄傲。

对于全盛时期的潘家及"潘聚盛"，潘镜芙留下了许多开心的记忆，其中过年接财神的场面尤其印象深刻。

正月初四接财神这天，在"潘聚盛"曲尺形柜台内大厅里，一张硕大气派的八仙供桌摆在中间，八仙桌上供奉着常规的猪头、牛头、羊头三牲，其间散布各色瓜果糕点，闪闪发亮的米粉制作的金银元宝与插在条台上的大红蜡烛相映生辉。

在供桌的正面挂着一条寓意年年有余的活蹦乱跳的大鲤鱼。大鲤鱼身上披着一张吉祥图案的大红剪纸，这是庄钰芬精心准备的杰作。祭祀仪式结束后，这条鲤鱼就由家人放生到南市河里去，接着就是震耳欲聋的鞭炮声。

家里接财神的仪式完毕后，镇上接财神的活动开始了。当喧嚣的锣声渐行渐近时，沿街巡游的南栅财神庙的财神爷就要到了。其时潘家已经算是镇上的殷实商铺了，按照风俗和规矩，自然就要迎接财神菩萨进门。当财神菩萨被抬进家门时，庙祝高喊："财神老爷来了，恭喜发财啦！"一干长辈笑逐颜开，职员们也喜气洋洋，孩子们更是欢天喜地，将红包、香烟、瓜果顺势

---

① 宋明达.潘镜芙传.北京：人民出版社，金城出版社，2014: 10.

奉上，以示感谢。

伴随着"潘聚盛"生意蒸蒸日上，潘家的人丁也渐渐多了起来。方守道健在，潘家兄弟并未分家，潘宗岳先后育有五子一女，潘星阶的妻子庄钰芬接连生下儿子潘镜芙、潘铁夫、潘硕民和女儿潘慧乐。逢年过节或者周末假期，潘镜芙的伯父潘宗岳和伯母史佩英常带着六个孩子来南浔镇看望祖母，孩子们更是常在此小住，一大家子热热闹闹，其乐融融。但也因为人丁越来越兴旺，原本潘邱两家合住、亦店亦家的南东街 266 号就显得过于逼仄了。

中国人自古就有"成家立业""安居乐业"的传统。"成家"与"安居"的基本标准就是有属于自己的房子，否则总是有一种寄人篱下的漂泊感，老了也没法叶落归根，而"根"就包括"老宅"这个要素。因此，古时中国人最基本的梦想就是拥有一座属于自己的宅子，为家人遮风挡雨。

潘星阶是一个很有抱负和志向的人，当纸行的生意走上正轨且有了一些积蓄后，他就寻思无论是一大家子居住还是开纸行，老这样租住别人的房子不是长久之计，一家人既没有安全感也没有归属感。其父潘翰英分家后最大的心愿就是能拥有一座自家的宅子，可惜有生之年没能圆这个梦。潘星阶打定主意后，就和母亲方守道及大哥潘宗岳一起商量，筹划建房或者购房，彻底结束寄人篱下的日子，拥有一个真正属于自己的家。

这个计划很快就成为潘家人共同的理想，于是潘星阶就开始张罗此事，最终相中位于南市河东、花园弄沿河口曹氏的宅第。曹宅位置不错、规模尚可，建筑也有特色。几番谈判后，商定购房协议，仅待曹家处理完有关事务即签约交付，潘星阶便陆续预购家具，筹备搬家事宜。

天真聪慧的潘家少年

1930 年 1 月 20 日，庄钰芬生下长子，阖家欢天喜地，鸣炮迎接新生。外公庄幼先喜出望外，立刻起名"镜芙"。

外公庄幼先乃饱学之士，"镜芙"出典奇巧、寓意深刻。唐代段成式的《西阳杂俎续集·支诺皋中》载，"相国李公固言，元和六年，下第游蜀，遇一老姥，言：'郎君明年芙蓉镜下及第，后二纪拜相'……明年，果然状头及第，诗赋题有'人镜芙蓉'之目"。后以"人镜芙蓉"预兆科举得中，并进一步演变为成语。

很显然，外公庄幼先给外孙取名"镜芙"是寄予厚望的，但奇怪的是，每当潘镜芙向外公问起"镜芙"的寓意时，外公总是笑而不答。笔者揣测庄幼先或是因遵古训，害怕说破就不灵验了。

不过，笔者亦曾就"镜芙"一词求教过一位对中国古文化很有研究的学者，他言"镜芙"一词虽出自成语典故"人镜芙蓉"，但亦有另一层含义。我国古时民间相信芙蓉镜有识别、阻御妖孽的功用，"镜芙"还含有不为妖魅所惑、心静如镜、一帆风顺的寓意。

外公在"镜芙"之外，又效古人给他立"鉴"为号，寓意心明如镜、察微自省、一生平安。另外再起一个小名"阿诜"，暗喻弟妹众多。

庄幼先是南浔镇出了名的读书人，他起的名字自然是吉祥美好的，全家人便以小名"阿诜"唤潘镜芙。潘镜芙的确没有辜负外公起名时寄予的厚望，一生虽小有波折，但事业总体顺利、家庭平安，做事细致谨慎、察微知著、鉴表求理，成就了一番惊人的伟业。

从潘镜芙牙牙学语开始，母亲庄钰芬就开始给他启蒙，教他识文断字、逻辑计数、规矩礼节。庄钰芬念完了小学，再加上家学熏陶，文化水平较高，古汉语功底尤其扎实，更兼写得一手好字，堪称才女。她还特别能干，家里安装电灯时，线路和开关竟然都是庄钰芬接装完成的，大家惊讶不已。

潘镜芙至今仍然保存着 1993 年母亲庄钰芬写给他的一封亲笔信。写这封信时潘母年事已高，但她字迹工整、力透纸背，字里行间流露出较高的文化素养及爱子的深情。

据潘镜芙回忆，小时候外公家的一些亲戚尤其是表亲们都说在他们那一辈人中，书读得最好的就是女孩子庄钰芬。潘镜芙虽然没上过幼儿园，

庄钰芬致潘镜芙夫妇信
（1993 年，潘镜芙提供）

但在母亲的熏陶下，三岁时已经认识很多汉字，还能背诵一些简单的唐诗。

潘镜芙一生酷爱读书，受到了外公很大的影响。庄幼先的兄弟及族中众多的长辈或经营商贸，或致力实业，他却安贫乐道，仅在南浔镇电灯公司做一名职员，志趣全然在礼乐诗书上。他还打破当地女娃外嫁不读书的传统，让女儿庄钰芬去学堂读完了小学。潘镜芙是庄幼先的长外孙，生性文静、乖巧可爱，庄幼先隔三岔五将潘镜芙接到家里玩，让他在书堆中嬉闹玩耍。

潘镜芙小时候最快乐的事莫过于坐小船和母亲一起去北栅后河头栲栳湾的外公家。外公家有很多很多的书，书房的竹制书架高达天花板，几面墙都是。在这些书中，潘镜芙印象最深的是一套完整版纪传体《二十四史》，外公经常饶有兴致地给他讲《二十四史》中的一些历史故事。此外，潘镜芙记得外公还喜欢给他讲解《古文观止》中的一些精彩文言文，不管潘镜芙懂不懂，他总是特别享受和投入。当然，外公也讲过一些其他的书，只是那时潘镜芙实在太小，大多没什么印象了。

五岁的潘镜芙（1935 年，潘镜芙提供）

尽管那时外公讲解的史籍与经典潘镜芙还不太能理解，但无疑营造了一个浓郁的文化氛围，培养了潘镜芙对学习知识的兴趣，从根本上影响了他的一生。

1935 年秋，由于聪明伶俐、品行端方，同时得益于母亲良好的启蒙教育，年仅五岁的潘镜芙在父母亲的支持下进入南浔中学附属小学读书。

南浔镇经贸发达，教育也很早与西方接轨，那时南浔中学附小已经算是一所比较现代化的小学了，一溜西式平房，北靠小溪，环境优美。学校课程包括语文、数学、自然、音乐等，但可能受限于师资条件及其传统，教员还是用当地方言教学，教学内容也以国文、算术为主。

潘镜芙上学读书后，父亲潘星阶对他的要求非常严格。潘镜芙回忆说，其实他的父亲潘星阶酷爱读书，却无奈辍学经商。但是，在经营纸行的生涯里，即便是"潘聚盛"的生意兴旺之时，潘星阶在许多场合仍然敏感地体会到由于自己读书少而遭受的一些白眼及莫名的歧视。故在潘镜芙上学后，潘星阶希望他好好读书，品学兼优，以伯父潘宗岳为榜样，为家族争光，也给以后的弟弟妹妹带个好头。

潘镜芙回忆说，尽管父亲生意非常忙，但总是能抽出时间检查他写的作业，看他的字写得好不好，看他的作文是不是出彩。一旦潘镜芙的作文得到老师的表扬，父亲就开心不已，风风火火地拿着他的作文给街坊四邻夸耀，有时还给潘镜芙一些奖励。反过来，父亲如果发现他的作业有些敷衍不够用功，也会嗔怪说："我辛辛苦苦，为的是什么？你这样做对得起我吗！"

当然，对潘镜芙读书最关心、最操心的还是母亲庄钰芬。庄钰芬除了要打理一家人及纸行雇工的生活，还要精心照料潘镜芙上学读书，每天晚上除了陪潘镜芙温习功课之外，必定还要再教一些国文和算术知识，时间总在两小时以上。

1936年的一天，潘镜芙放学回家，进门后看见母亲正埋头专心地缝着东西，为了不惊动母亲，他蹑手蹑脚凑上前去，发现母亲正在缝的原来是一个新书包，母亲正在书包上用红绣线绣几个字。

正想有一个新书包的潘镜芙兴奋地问母亲："这是给我缝的新书包吧？"

"当然是给你的！"母亲立刻肯定地回答他。

潘镜芙高兴地拿起新书包，瞅着母亲绣的几个字，可是他没学过，不认识。

"这几个字怎么读啊？"潘镜芙盯着母亲问。

"名震寰宇！"母亲笑眯眯地回答。

"名……震……寰……宇……"潘镜芙用他那稚嫩的手指指着四个字缓慢而郑重地念着，若有所悟，但又似懂非懂。

"那'名震寰宇'是什么意思呢？"潘镜芙继续追问母亲。

"就是你要好好读书，学好知识，干一番大事业，为国家争光，让很多人都知道你的成绩和姓名！"

母亲双手轻柔地抚着潘镜芙的双肩，双眼凝视着他，郑重地说："你可要给我记住了！"

"嗯，我一定好好读书！"潘镜芙拿起书包挎在肩上，望着母亲，认真地点头。

此后，潘镜芙就天天挎着绣有"名震寰宇"四个红色醒目大字的书包上学读书，风雨无阻，学习成绩名列前茅。

潘镜芙回忆说，在南浔镇仅三年的小学学习中，除了母亲之外，另外一位对他产生过较大影响的就是班主任姚老师。潘镜芙至今还保持着对她的清晰记忆。

姚老师是上海人，教语文课。她和蔼可亲，上课生动有趣，潘镜芙很喜欢听她的课。由于潘镜芙阳光乖巧，听课认真，积极回答问题，作业也完成得漂亮，姚老师也很喜欢潘镜芙。

潘镜芙记得在一个中秋节，姚老师的丈夫钱公侠 [①] 自上海来南浔和姚老师团聚。钱公侠当时在上海很有名气，翻译过很多世界名著，自己也写文章。让潘镜芙万万没想到的是，姚老师夫妇竟然邀请他一个小孩子去他们家一起吃月饼、赏月。

那晚，皓月当空，天真的潘镜芙坐在姚老师和钱公侠之间，两人不时抚摸着他的脑袋，请他吃不同花样的月饼。钱公侠问他学习怎么样，长大想干什么。潘镜芙挺起胸膛回答说想当作家，这让作为翻译家和出版家的钱公侠非常开心，并积极鼓励他。他们还给他讲了一些有趣的故事，最后夫妻俩一起把潘镜芙送回家。

后来，潘镜芙一家避难到上海时，姚老师已回到上海，潘镜芙见到了他们，并且应邀去他们家做客，姚老师夫妇对他嘘寒问暖，无比关心。

时至今日，每当潘镜芙回忆起80余年前的这些事情，依然感到非常激动与温暖，对姚老师的由衷感激溢于言表。

童年总是幸福快乐的，南浔镇诗画一般的美丽神韵、中西合璧的历史建筑、深厚浓郁的文化底蕴同样也在他的童年留下了绚烂多彩的记忆。

谈起南浔镇幽深的古典园林和迷蒙的四季烟雨，潘镜芙总是很兴奋而骄

---

① 钱公侠（1907—1977），浙江嘉兴人，民国时期著名的翻译家、出版家，父亲钱理甫乃晚清举人，曾任盐政官员。

傲。潘镜芙对张静江的故居记忆特别深，他读书时，学校组织去参观游玩过。张静江乃南浔"四象"，其故居质朴而沉静，为纯粹的中国古典风格，故居中的"适园"堪称南浔镇最好的花园，园中小桥流水、假山林立、碧叶亭台、曲径通幽。说到兴奋处，潘镜芙又一声叹息，感慨其不幸毁于兵火。

张静江故居（蔡海松摄）

小莲庄，是"四象"之首刘镛的私家花园及家庙所在。潘镜芙小时候也经常和家人去游玩，对那十亩荷塘醉心不已。"四象"中庞氏的宜园，潘镜芙亦有幸一游，其中的亭台楼阁、石刻碑帖也曾让他流连忘返。

南浔镇小莲庄（刘大于摄）

每个人小时候总是有几个在一起玩耍的同伴，潘镜芙自然也有。他最好的伙伴是一个叫潘大德的远房哥哥，说是哥哥，其实也就比潘镜芙略大一点，他们俩同班，都在南浔中学附小读书。潘大德家在南西街，和潘镜芙家一河之隔。潘镜芙比较文静，潘大德则比较活跃，但是两人相处融洽，上下学总能凑到一起玩耍。

潘大德虽然年幼，但知道很多事，且特别喜欢说时事。有一天他调侃潘镜芙说："你只知道一个蒋委员长，其他的中国名人你知道多少？冯玉祥你知道吗？阎锡山你知道吗？"潘镜芙诚实地回答他说不知道，潘大德的脸上就流露出很得意的神态。

潘大德很有趣，经常讲笑话、讲故事，让潘镜芙非常开心，给潘镜芙的童年增添了很多的乐趣。潘大德结束学业后在银行谋得了一份差事，新中国成立后就去参军了，复员后在南京工作。

潘镜芙儿时就学会了吹口琴，这是三舅父教他的，后来他在苏州中学经老师指点，技艺得以提升。吹口琴的爱好伴随了潘镜芙一辈子。工作遇到难题或解决疑难后心情愉快时，他都会吹一些自己喜欢的曲子，或寻找灵感，或抒发胸臆，一支口琴给他带来了无尽的宽慰。

各成翘楚的潘家弟妹

潘镜芙是潘星阶的长子，在潘镜芙之后，庄钰芬于 1931 年 10 月、1932 年 11 月、1935 年 11 月相继在南浔镇生下了两儿一女，分别是潘铁夫、潘硕民、潘慧乐。由于潘星阶有过辍学的遗憾、庄钰芬受世俗的束缚仅小学毕业，夫妻俩骨子里都渴望读书，因此把读书的愿望全寄托在孩子们身上。他们对几个孩子的要求就是好好读书，一定要考上大学。

潘家四兄妹与父母合影（前排左起：潘星阶、庄钰芬；后排左起：潘硕民、潘镜芙、潘铁夫、潘慧乐）（1951 年，潘慧乐提供）

在潘星阶、庄钰芬的严格要求和潜心调教下，潘铁夫、潘硕民、潘慧乐像大哥潘镜芙一样，品行端方、学习上进，在各自的人生轨道上均努力工作，成为行业及地方翘楚。

潘铁夫和哥哥潘镜芙一样，也酷爱读书，于 1950 年考入东北农学院农学系，1954年大学毕业后在吉林省工作，曾任吉林省农业科学院农业气象研究室主任、中国农业气象研究会东北分会会长。他长期从事农作物低温冷害、大豆栽培、农业气候等研究，在农业气象及低温农作物研究领域产生了重要影响。潘铁夫的研究成果丰硕，"吉林省低温冷害发生规律及抗御技术措施"研究项目获1981年吉林省科技成果二等奖，"吉林省农业气候长期预测研究"研究项目获1993年长春市科技成果二等奖，他负责制定的"中国大豆气候区划"获

天安门留影（左起：潘硕民、吴久康、潘铁夫）
（1955年，潘镜芙提供）

国家科技进步奖一等奖。潘铁夫主要著作有《农作物低温冷害及其防御》《大豆气象》《吉林省农业气候长期预测研究》等，发表研究论文40余篇，1985年被评为吉林省有突出贡献的专业技术人才，享受国务院政府特殊津贴。

小弟潘硕民与二哥潘铁夫的农历生日竟然是同一天，因此小时候潘星阶、庄钰芬夫妇总是给他们一同庆生，热闹而有趣。潘硕民于1954年考入北京航空学院（现北京航空航天大学）英语系，毕业后留校任教，担任过教研室主任。潘硕民的妻子应凤珠在太原一家军工企业工作，婚后夫妻分居，1963年经组织同意，潘硕民被调至太原。1985年，由于潘星阶、庄钰芬年迈无人照料，潘硕民夫妇又调回苏州照料老人，并一起进入苏州照相机总厂工作。潘硕民在苏州照相机总厂从事情报和质量技术工作，逐步晋升为高级工程师。

潘硕民一生辗转了几个地方和单位，由于专业不对口，在工作成就上相比两个哥哥似乎有些逊色。但是，潘硕民在退休后干出了一件名震苏州城的事，今天在互联网上都能查到他的这一壮举。

作为在苏州长大又在苏州工作了半辈子的人，潘硕民对苏州城有着深厚的感情。他发现苏州竟然没有一张详细记载苏州老建筑的旅游地图，于是决

定自己手绘一张。

从 1992 年起，潘硕民凭借一辆自行车、一双脚、一支笔、一把尺子、一台傻瓜相机，不辞艰辛、不惧伤痛，走遍了苏州的大街小巷，收集了各个时期的苏州古地图及相关资料，前后耗时五年，终于完成了属于苏州人自己的第一幅手绘旅游地图。[①]

潘硕民亲手绘制的苏州旅游地图，现在就陈列在苏州市平江街道金谷里的展馆中，免费供游客观赏。手绘地图中详细的标识、醒目的符号、流畅的线条，唤起了众多"老苏州"和"小苏州"对老建筑、老街巷的记忆。而同样陈列在展馆中的还有他珍藏的 300 多幅苏州古地图及相关史籍资料。这凝固了苏州发展进程中的一

潘家三兄弟晚年合影（左起：潘硕民、潘镜芙、潘铁夫）（2012 年，潘镜芙提供）

段历史、一个空间、一段时光，是任何东西都无法替代的。[②] 如今，潘硕民因为对苏州历史记忆不遗余力地坚定守护，而深为苏州人尊敬和颂扬。

潘慧乐是潘星阶、庄钰芬夫妇唯一的女儿。潘慧乐于 1952 年进入苏州新苏师范学校学习幼儿教育，1955 年毕业后被分配至新苏师范学校附小幼儿园工作。潘镜芙的同事陶刚有一天来潘镜芙家玩，与潘慧乐一见钟情，后在大哥支持下结为夫妻。

在大三线建设中，陶刚被调到位于四川德阳的中国第二重型机器厂（现中国第二重型机械集团公司，简称二重），在二重设计研究院工作。潘慧乐 1959 年毅然跟随丈夫来到西部小城，在二重机器厂幼儿园工作，后被调到厂铸造车间。潘慧乐的工作非常出色，在二重机器厂很有声望。她在病退后竟然自学会计业务，兼职多家企业会计工作，业务娴熟，深得雇主单位的敬重。

---

① "五大法宝"丈量苏州！耄耋老人执着的"地图人生"太赞了 . (2019-08-13)[2022-12-09]. http://news.jstv.com/a/20190813/1565795189266.shtml.

② 88 岁"老苏州"用 5 年把苏州"量"了个遍 . (2019-07-13)[2022-12-09]. https://www.sohu.com/a/326602341_349645.

潘家四兄妹虽然人生际遇不同，成就各具特点，但全都秉承了父母勤劳、诚信、踏实、友善的品德。无论顺境、逆境，绝不怨天尤人；做事一丝不苟，绝不张扬炫耀；待人热情友好，逢利先人后己。

潘家三兄妹在苏州合影（左起：潘硕民、潘镜芙、潘慧乐）（2013 年，潘镜芙提供）

四兄妹都感慨父母高洁的品行给他们潜移默化的影响，让他们一辈子受享无穷、知足常乐。笔者在此仅掬起两朵浪花以飨读者。

一日，幼小的潘硕民在外玩耍，在树林草丛中发现一枚鸡蛋，高高兴兴地拿回家交给母亲庄钰芬，没想到母亲非常生气，质问这鸡蛋是哪里来的。潘硕民见母亲生气，胆怯地说是在外面捡到的，有可能是邻居家的鸡下的蛋。庄钰芬把潘镜芙、潘铁夫都叫到跟前，对他们说别人家的东西一定不能拿，不管是否知道东西的主人是谁，并让潘硕民把鸡蛋送回原处。

四兄妹一辈子都记得母亲的教育，一生中从未有过一丝杂念，清清白白做人，坦坦荡荡过日子。

全家福（前排左起：庄钰芬、潘星阶，后排左起：潘慧乐、潘铁夫、潘镜芙、潘硕民）（1953 年，潘镜芙提供）

潘星阶 19 岁接掌"潘聚盛"纸行，辛辛苦苦一手把纸行带入全盛，最多时盈利数万银圆。兄长潘宗岳一直在铁路部门工作，未打理纸行一桩事务，而潘星阶不仅将纸行的盈利与兄长平分，还向兄嫂一一交代账目，不计较自己的努力与付出，也从无任何怨言。

在逃难流离中，潘星阶不惜把自己的孩子托付给亲戚，也要把兄长的孩子带在身边亲自照顾。在上海租界暂住、在苏州盘桓之时，潘星阶都把较好的环境和条件让给兄长的孩子，把委屈留给自己的孩子。在潘宗岳几个孩子的回忆录中，对叔父潘星阶的感激渗透在字里行间。

潘星阶经常告诉孩子们，人要勤奋大气，莫贪小利，处事讲究公德，要胸怀道义。

潘家兄妹四人，虽天各一方，但永远把父母的教诲记在心中，当作工作、生活的座右铭。空间从来没有阻隔他们的感情，年关大节、生日喜庆，兄妹总是用书信或电话联络，彼此关怀与问候，老而弥浓，一如往昔。

第二章

风雨如晦　坎坷求学

1937 年夏，潘星阶筹划的新房房址选定，建筑物料也接近齐备，就待吉时开建。可是，7 月 7 日这一天，所有中国人都被卢沟桥的炮声震惊了，日本侵略者撕掉了最后一点伪装，疯狂进攻中国，抗日战争全面爆发，所有中国人的命运和国家紧紧捆绑在一起。

艰辛凶险的逃难历程

1937 年 8 月 13 日，淞沪会战爆发，中日双方投入的总兵力接近 100 万，战斗异常惨烈。南浔与上海相距百余公里，有时隐约能听到隆隆的炮声。潘家人及"潘聚盛"纸行的雇员和所有南浔镇的居民一样，心都提到嗓子眼，日夜关注着淞沪大战的战事变化，潘星阶兄弟俩议购曹宅建房之事也就此搁置下来，最终成了泡影。

那时，收音机还是一个稀罕物件。会战开始时，中国军队占了绝对优势，潘星阶和店员们每天不间断地收听收音机，时刻关注战事进程，一旦战场有好消息或者战况向有利于中方变化，潘星阶和店铺的工人就把这些消息用大幅纸张抄写下来，做成战事快讯，张贴在店铺临街的墙面上，供镇上的居民观看。这里无形中成了一个新闻散发点，大家在此聚集，热烈讨论和预测战争的前景，"潘聚盛"也因此显得特别热闹。当时年仅七岁的潘镜芙还不太理解关乎国家命运的大是大非，唯愿我们的军队打胜仗，而情绪则受大人们感染，因大人们开心而开心，也因为他们的落寞而伤感。

然而战事似乎越来越严峻，日军的飞机开始出现在南浔上空，野蛮地呼啸掠过，镇上的居民也越来越紧张，聚集在"潘聚盛"门前看快讯的人越来越少。随着坏消息逐渐增多，潘星阶后来干脆就不张贴战事快讯了。由于担心遭到空袭，潘星阶紧急请人在房屋的头进天井里挖了一个防空洞，作为日军飞机来轰炸时一家人的藏身之所。

10月初，在沪宁铁路工作的潘宗岳将妻子史佩英及六个孩子送到了南浔镇躲避可能即将到来的战火。母亲方守道见形势吃紧，越来越担心大儿子的安全，吩咐潘星阶赶紧给潘宗岳写信，让他回来避难，一家人待在一起才觉得安全。

潘宗岳的回信虽寥寥数字，但字字铿锵："国难当头，必须坚守岗位。家中的一切，只好劳累弟弟了！"家人无不动容，心中都默默地为他祈祷。①

淞沪会战期间，潘宗岳一直在南京下关坚守岗位，组织人员和军需的撤离，直到日军进占南京城脚下，才徒步跟随难民出逃。在日寇的密集轰炸及疯狂的追击中，他九死一生，逃到安徽蚌埠一带才勉强停歇下来。当然，这是后话。据潘镜芙回忆，逃难开始后很长一段时间，伯父潘宗岳都是音讯全无。

11月5日，日军部队在庞大的海军舰队支持下在金山卫登陆，逐渐实现了对中国军队的包围。战事急转直下，中国军队被迫撤退。但由于蒋介石的误判与犹豫，中国军队很快又由大撤退演变成大溃逃，数天后上海沦陷，淞沪会战即告失利，日军长驱直入，朝南京逼近。

日军由于陆路进攻受阻，改由强大的海军包抄中国军队，就此决定了淞沪会战的胜负。潘星阶对乡亲们长吁短叹道："唉，日本人陆路难进，就转奔海路偷袭上海，他们登陆时畅通无阻，就欺负我们中国没有海军啊！"②

潘镜芙听到父辈们痛惜的对话，幼小的心灵受到了强烈的震撼。他多么盼望能有一支强大的海军保卫国家，让父亲及南浔镇人回到往日平静祥和的日子。

上海沦陷后，日军迅速西进，没几天就迫近江苏吴江的平望镇，南浔镇

---

① 宋明达.潘镜芙传.北京：人民出版社，金城出版社，2014：14.
② 宋明达.潘镜芙传.北京：人民出版社，金城出版社，2014：15.

危在旦夕。顿时，镇上一片惊慌，大家都忙着清点家什行李准备避难，一艘艘装满人员物资的逃难船只匆匆向镇外驶去。

日本侵略者一路烧杀抢掠，异常凶残，哪个老百姓不害怕？潘星阶也立刻着手安排一家人避难的事。可是，这个家逃难有多困难啊！母亲方守道年事已高不说，一双小脚走远路非常困难。妻子庄钰芬有孕在身且即将临盆，路上生产怎么办？潘宗岳、潘星阶两家大小孩子一共 10 个，最大的潘慧如也不过十几岁。大哥未归，全家只有潘星阶一个成年男人，怎么办？潘星阶心急如焚。

虽然形势紧迫，但潘星阶在纸行及生意上还有许多事情尚未处理妥当，而一家妇孺老小又必须赶紧离开，于是潘星阶决定先将家人送到一个安全的地方，自己待在南浔镇上处理生意上的事务，相机行事。

为了尽量缩小目标，便于安全出行，潘星阶将侄子潘鹤翔安排到一个可靠的朋友那里，让年仅两岁的小女儿潘慧乐跟随保姆回到太湖边暂住，把老三潘硕民寄托在外公庄幼先家，并在各处给他们留足生活费。三处处置停当后，其余的人相互搀扶，登上租来的两艘装满一应避难物资及金银细软的民船，于 1937 年农历十月初九由纸行得力伙计一路护送，向事先已经接洽妥当的潞村出发，开始了一家人的逃难之旅。

潞村离南浔镇 50 多里[①]，不沿公路，比较偏僻。到了潞村后，他们租住在一户史姓人家中，位置也僻静不显眼。潘星阶考虑，避难不仅要躲开日本侵略者，还要避开溃散兵匪的抢劫，同时要提防小偷。潘家多妇孺，人身安全特别重要，而且纸行多年的积蓄也是一笔不小

湖州潞村

的财富，故偏僻一点就不容易碰到熟悉的人，也能避免他人觊觎，尽量确保安全。

---

① 1 里等于 500 米。——著者注

　　送走家人后，潘星阶花了三天时间将家里及纸行的纸头、稻米及新丝等货物处理妥当，将一时无法带走的银钱账簿等隐蔽埋藏。草草料理停当后，他在农历十月十二傍晚即发现日军先遣部队已经进镇，于是紧急遣散纸行的雇员，带上自己的二叔准备出逃。可是预订的船只见形势不妙，竟然溜了，潘星阶只好设法再雇小船，连夜冒雨出发，翌晨抵荻港二叔家，稍作停留后，作别二叔一家，即赶往潞村，于中午抵达。母亲方守道、妻嫂及一帮孩子们见到潘星阶安全到来，才把紧张已久的心放下。

　　那时，日寇的铁蹄在太湖之滨恣意践踏，昔日美丽的湖光山色被一片血光恐怖笼罩。日军占领南浔镇后，不仅抢掠一空，还一把大火点燃了镇上的房屋。镇上火光冲天，数日不熄，逃难的百姓遥望着冲天的大火，泪流满面，一个个紧咬牙关，心中充满了对日本侵略者的愤怒。

　　潘子花、潘翰英、潘星阶一家三代辛辛苦苦打拼几十年积累起来的"潘聚盛""潘聚成"，以及老宅祖屋，均在这场大火中变成焦土，潘星阶购置数年的满载全家人梦想的家具与物料均在这场大火中变成灰烬。

　　就在潘星阶抵达潞村史家三天后，即传来国军在潞村后山架设炮兵阵地的消息，这意味着此地也即将成为战场。同时，家人连续几日发现房东家有一些不三不四的人进进出出，神情不善。潘星阶疑心顿起，感到此地不宜久留，立刻让家人赶紧收拾上船，向荻港二叔家驶去。

　　到荻港后，经二叔帮助，租得章姓人家的房屋，付两个月租金24元，一家人旋即安顿，可入夜不久，街面上即发现寇踪，接着传来枪声，吓得他们把大门紧紧关住，大气也不敢出。好在一夜有惊无险，第二天天刚亮，潘星阶赶紧联系二叔，两大家人一起上船离开。从此，一叶扁舟载着惊恐万分的家人在湖州一带的河道溪水中穿行，漫无目的，从一个村庄躲避到另一个村庄，听说哪里安全就奔哪里去。

　　在水网行驶逃难的过程中，一家人吃喝拉撒睡都只能在船上，潘镜芙及弟妹们毕竟年幼，有时好奇战胜了恐惧，就想上岸去玩耍。父母一是担心岸上兵匪出没、暗藏危机，二是考虑一有情况就要随时出发，因此坚决不让孩子们上岸去玩。

　　潘镜芙说，行船逃难时，船老大和父亲潘星阶总是高度紧张，遇到任何异常，他们俩就守在船头观察。祖母方守道、伯母和母亲带着孩子们猫在船舱里不敢出声，直到潘星阶告诉他们没事才松口气。

据潘镜芙回忆，那时在湖州一带其实也有国军在抗击日寇，所以战场形势很复杂。有时一个地方出现日军，然后被国军赶走，接着又被日军占领。因此他们避难也是兜兜转转，经常听到零零星星的枪炮声。

在水乡漂泊一阵子后，由于庄钰芬越来越临近生产的日子，必须找个陆地村庄住下来待产。于是经"泳记"米行的伙计指引，他们来到一个叫木勺浜的地方，并觅得方姓人家的新房楼面两间居住，预付租金40元，一家人总算暂时安顿了下来。

木勺浜位于菱湖与荻港之间，距离荻港十几公里，位置还算僻静，物价也低。潘星阶将一家人安排妥当后，即找人联系稳婆，嘱咐随叫随到，以备庄钰芬生产，这是他们逃难时每到一处的第一要务。

在木勺浜住了十余天，附近又不时传来一些危险的信息，且住户亦有开始撤离的，潘星阶又开始担忧家人的安危，可不知向何处去，正焦虑无措，碰巧联系上邻村从南浔逃难来的金氏亲戚，他们建议去吴江的严墓镇（现吴江区铜罗镇）暂避。潘星阶思虑严墓镇位置特殊，相对安全，且距离南浔较近，或可抽空回南浔看看住宅及所藏钱物，于是立刻高价租船，捎带二叔一家，次日黎明启碇。

他们在几日后得知，在离开木勺浜的当晚，房东方家即遭抢劫，传信者谓租户潘家人多显富，被贼人惦记上了。方守道、潘星阶母子加额，感谢上苍，侥幸得脱。

从木勺浜至严墓镇舟行一日，沿途寂静得可怕，在路经马腰一带险要处时，船家焚香跪求，愈增悚惊气氛。所幸一路平安，傍晚时分抵达严墓镇，并同时在镇南街及附近弹絮浜租房，方安排下两大家人居住。

住约半月之后，严墓镇亦风声鹤唳，片刻的宁静又被打破。可是此时潘镜芙的母亲庄钰芬分娩在即，不能再行颠沛，也无更好的去处。潘星阶费尽周折，终于在严墓镇乡下一个叫田成浜的村子租得邱氏农民家的房屋，并安排庄钰芬等一干自家人入住，二叔一家人依旧住在条件比较好的严墓镇，另雇渔船往返两处。

虽然田成浜租住之处极其简陋，但非常安全，据说太平天国时期周边皆遭兵劫，独此处无人问津。住过去后，果然无人骚扰。腊月刚过，庄钰芬顺利生下一个女儿，按说是喜事一桩，可是夫妻俩没有一丁点的喜悦，面对这个来得不是时候的孩子惆怅不已。居无定所、前途未卜，带个吃奶的孩子逃难更加艰难和危险。无可奈何之时，房东卯生哥夫妇来和他们商量，询问他们是否愿意将刚生下的女儿许给他们做童养媳。

在旧中国，养童养媳较为普遍，又正值特殊时期，潘星阶夫妇也就顾不了心疼，认为保住孩子的性命要紧。因此当房东问他们同不同意时，自然是忙不迭地满口应承，这既解了燃眉之急，也算给孩子留了一条活路。

抗日战争胜利后，潘星阶和庄钰芬心里还是牵挂着这个孩子，托了好多人去打听，结果听说这孩子还是没能养大，不幸生病夭折了。这也成为潘星阶夫妇及潘镜芙兄妹的一桩憾事。

不久，1938年春节即至，一家人和亦到此暂避的几个亲戚在田成浜过了一个尚算平安的逃难年。节后一家人继续在此居住，潘星阶则不时周旋各处，处理一些生意银钱事务及南浔镇遭难的善后事宜。

时光飞逝，潘星阶一家人一晃在此住了三个月，日子虽然寡淡清苦，但尚算安宁。可1938年暮春之时，间或传来的炮声又将这一片可怜的宁静撕破，中国军队与日寇经常在此发生遭遇战，在此避难的潘星阶一家人惊恐又起，茫然失措。潘星阶不能置危险于不顾，于是再一次思量逃难的问题。为了方便逃难，他又将儿子潘硕民、女儿潘慧乐送到岳父家。经考虑，潘星阶决定先去邻近的黎里镇躲避。

半年多的逃难已经让潘星阶一家人具备突击动迁的经验。主意一定，全家长幼立刻行动起来，收拾行李家什。少顷，人物上船，星夜往黎里镇赶去，并于次日午间抵达。

到达黎里镇后，潘星阶即走访昔日旧友打探情况，得知此处亦非福地，同处多事之秋。友人建议他们去上海图个长期安适为好，并告知附近塘口有轮船即将启碇往沪。

经友人这么一说，潘星阶有如醍醐灌顶。潘星阶返回船上，与母亲方守道、妻子庄钰芬合计，与其被日本侵略者追着到处跑，不如干脆去已经被日本占领的上海，设法去租界躲躲，一来更加安全，二来顺便看看能否找点生计，三来可以让孩子们上学读书，再说上海租界还有几个可靠的亲戚，去了应该能得到一些关照。

主意既定，立马船摇塘口，正好赶上赴沪客轮，合家购票上船。潘星阶上船后，考虑此行要经过敌占区，多年积累家资随身，必须确保安全，否则即使到了上海，一家人也无法生存。幸好船友热情，将贵重物件安藏在暗舱之中，并教其遇寇应对策略。船上旅客不多，傍晚船行离开。

翌日下午，轮船到达米市渡，它是进入黄浦江的咽喉要道，日寇在此设立严密的封锁线，过往者皆须受严格检查，甚至侮辱搜身，人称鬼门关。轮船在封锁线停泊后，所有乘客在日本人明晃晃的刺刀指挥下上岸列队并接受检查。潘星阶一家妇孺居多，不算惹眼，并遵船友示意列在后排。敌人检查时竟然把一支步枪架在潘镜芙堂兄潘云从肩上。潘云从时年不过 10 岁，此

米市渡

举把史佩英、庄钰芬吓得脸色苍白，更让孩子们大气都不敢出一口。所幸夜色笼罩，受检者不多，且都是惊恐平民，敌人略一检视，拍个照片，就放行了。返船发现随身物件仅损失少许，估计敌人上船搜查时拣了心爱之物随手拿去，幸好暗舱中箱件俱在，潘星阶等大人心中窃喜不已。

船驶离封锁线后，将要进入黄浦江。船友告诉他们此后再无检查，可保太平无事了，一家人闻此长出一口气，总算有惊无险地渡过这道难关。是夜，全家老小都睡了一个安稳觉。

天刚拂晓，他们的小船进入黄浦江，潘镜芙是第一次看到上海和黄浦江，岸上、船上闪烁的灯光让他看到了一个既繁华又有些光怪陆离的世界，他感到有些兴奋，也有些新鲜。

天大亮后，小船在黄浦江众多的船只中穿行，潘镜芙却不时发现日本军

舰气势汹汹地在江中横行，船后掀起高高的大浪。一些不知国籍的巨轮也大咧咧地锚泊在江中。看到如此场景，潘镜芙觉得奇怪：怎么就看不到我们国家的军舰或者大船呢？潘镜芙用不解的目光看着父亲潘星阶。

父子的心意是相通的，潘星阶似乎读懂了八岁儿子的眼神，和儿子产生了强烈的共鸣。他抚摸着潘镜芙的脑袋，沉重地说："如此多的军舰和巨轮，没有一艘是我们国家的，我们有多么落后啊！"

他指着远处正在行驶的一艘日本军舰继续说："看到了吧，那就是日本鬼子的军舰，就是他们侵略我们的国家，就是他们毁了我们南浔的家，就是他们让我们四处逃难！"

潘星阶有些激动，双手紧紧抓着船帮，潘镜芙仿佛看到了父亲眼中的怒火。

"阿诜，你要好好读书，将来去造军舰，保家卫国，为中国人争气！"潘星阶用希冀的目光盯着潘镜芙。

潘镜芙心里既忧伤又愤懑，默默地下定决心：一定要好好读书，将来造军舰、造大船，不让外国人在中国的江河土地上横行霸道！

"家破、逃难、小船、日寇、军舰"，无论是在潘星阶几十年后的回忆中，还是在潘镜芙及其兄弟姐妹与笔者的谈话中，这五个关键词始终贯穿其间，在他们心中产生着强烈的震撼。

就在父子谈话间，时间已近中午，他们的小船经过了几个日夜的划行，历经了大大小小的凶险，抵达上海租界的码头。

刻骨铭心的逃难之旅总算告一段落，潘星阶一家来到了中国最为繁华的大上海，可等待他们的又将是怎样的生活？

法租界的学习与生活

上岸后，由于家人及行李太多，潘星阶雇了一辆搬场汽车带他们去嫂子史佩英的堂妹史志筠家落脚，然后去新世界饭店暂时住下。潘星阶将一家老小暂时安顿后，立刻打电话与表兄联络租房事宜。因为生意上的事情，潘星阶以前在上海住过一阵子，人脉与交通尚算熟络。约三天后，经过多处觅看，租得法租界环龙路①73号C座谢姓兄弟家的宅子。这宅子是一座三层楼房，潘星阶一家租的是三楼，楼下两层是谢姓兄弟家。三楼就是一大间房子，有30平方米左右，外面还有一个大露台，很宽敞，每月租金50法郎。虽然租金贵了些，但谢家兄弟为人朴实、和蔼善良、极易相处，潘星阶及母亲方守道觉得温暖踏实，就在此定居下来，结束了近半年的逃难生活。

此时为1938年农历四月，潘镜芙八岁多，他们一家自此在上海法租界生活了三年多。

在上海法租界安顿好后，潘星阶除了张罗生意上的事外，当务之急就是解决几个适龄孩子的读书问题，这也是母亲方守道、嫂子史佩英、妻子庄钰芬急切希望落实的问题。因为逃难，几个孩子前前后后失学快一年了。潘星阶还设法托人将寄养在岳父庄幼先家的硕民、慧乐带到了上海。

兄弟姐妹在上海环龙路合影（前排左起：潘鹏举、潘鹤翔、潘雁来，后排左起：健健①、潘慧如、潘镜芙、潘铁夫、潘云从）
（1938年，潘镜芙提供）

经亲戚朋友的热心帮助，1938年秋，潘镜芙堂姐潘慧如进入爱群女中读书，潘镜芙、潘铁夫、潘硕民三兄弟及伯父家需要读书的兄弟们一起进入爱群女中附小读书，潘镜芙入读小学四年级，大体上和原来的班级衔接上了。

当时的爱群女中附小就在环龙路和华龙路的交界处，也就是现在南昌路和雁荡路的交界处。当年的房子如今还在，属于一所职业学校。潘镜芙与潘云从在一个班，其他兄弟在其他两个班，家距离学校很近，每天兄弟六个一起浩浩荡荡上学，成群结队回家，蹦蹦跳跳、说笑斯闹，成为一道快乐的风景。

潘家两房三代一共十几口人住在一个大房间，全是上下铺，虽说大大小

① 上海法租界环龙路是为了纪念一位名叫环龙的法国飞行员在此蒙难而命名的一条道路，1943年改为南昌路。
② 约1939年因病夭折。

小男男女女 10 个孩子，但由于奶奶及各自父母约束有方，孩子们之间倒很少打架，甚是友爱团结。兄弟们平日里在弄堂里玩，刚开始常被其他小孩子欺负，堂兄潘云从总能出头保护，时间久了，大家也就逐渐友好了。

潘镜芙的祖母在祖父潘翰英去世后一直吃素，结果营养不良，来上海不久便生了一场大病。养病期间，为了让家里清静一下，潘镜芙受表姑父马燮庆邀请去他家住了一个多星期。姑父家的马兴源表哥比潘镜芙大几岁，对潘镜芙非常热情。碰巧两人都喜欢看书，其时潘镜芙在读巴金的《家》，而马兴源在看美国小说《飘》，两个人就在一起讨论。潘镜芙说《家》很好看，马兴源则说《飘》更有意思，并推荐潘镜芙看。潘镜芙表面没说什么，心里却很不以为然。

数年之后，潘镜芙在苏州中学读完《飘》和《简·爱》后，才知道马兴源所言非虚，《飘》确实是一本值得认真读的书。

随着时间的推移，孩子们越来越大，家里的物件越来越多，十几口人住一间房实在拥挤不堪，于是潘星阶就在 73 号对面的锡荣别墅内另租了一个房间，给潘星阶、庄钰芬夫妇及潘镜芙三兄弟居住，母亲方守道与嫂子一家仍旧住在那间大房子里。

当时上海法租界居住着很多社会名流，著名电影明星赵丹夫妇就住在潘镜芙家附近。潘镜芙虽然没见过赵丹，但见过他夫人叶露茜几次，赵丹的父亲和叶露茜的母亲他也都认识。赵丹与叶露茜的两个孩子和潘镜芙兄弟经常在一起玩，赵丹的大儿子叶小珠与他们有些不睦，小儿子叶小铿却与潘镜芙关系很好。潘镜芙说，当时在上海拉菲剧院经常演出曹禺的话剧《日出》《雷雨》及巴金的激

潘镜芙（右）与弟弟潘铁夫（左）合影（1939 年，潘镜芙提供）

流三部曲，有时也有赵丹导演或者演出的节目，而叶小铿因为和剧院的人都熟悉，进去不需要买票，就经常带着潘镜芙去拉菲剧院看演出。潘镜芙至今仍记得看过的话剧《家》。

经历艰辛逃难的潘镜芙进入爱群女中附小后，特别珍惜这来之不易的

学习机会，学习非常刻苦认真。上海这座大都市的学校也和南浔镇的学校不同，课程更多一些，有音乐课和体育课，到五年级还开设英语课。这里的学习更规范一些，老师的要求也更严格。这不仅开阔了他的眼界，也给他带来许多新鲜感。

在这里，潘镜芙开始学习拉丁化新文字，这是他过去没有接触过的学习内容，"b、p、m、f"等声母读起来很费劲，他很不适应。他的同桌碰巧是爱群女中校长的外甥女，叫蒋美英。蒋美英说他地方口音太重，说的话她都听不懂，就经常帮助他纠正发音。经过一段时间的努力和适应，他总算慢慢地跟上了。

教国文的沈老师是潘镜芙终生难忘的老师。潘镜芙喜欢看小说，自然喜欢语文课，沈老师的课讲得又好，所以他印象也更深一些。有一次，潘镜芙将逃难经历写成了一篇作文，文中不仅详细描写了当时所处的水深火热的环境，而且将人物及其性格刻画得深刻而丰满，并传达了他对和平安宁的向往以及报效国家的决心。沈老师读完他的这篇作文后，不由得击节叫好，毫不吝啬地在潘镜芙的作文本上批了一个"超"字，这在沈老师的教书生涯及当时爱群女中附小里都是极其少见的。

91岁高龄的潘镜芙院士在和笔者回顾这个情节时，表现出一丝不易觉察的得意之情。可惜，由于时间久远，历经数次搬迁，这篇作文已找不到了。

爱群女中附小的学习生活很充实，文娱体育活动也很丰富。堂兄潘云从喜欢体育活动，各种球都会玩。潘镜芙则喜欢文娱活动，但除了吹竹笛，没有特别擅长的项目；围棋、象棋虽然会下，但水平很一般，也就是个凑热闹的角儿。

说到这个问题，潘镜芙院士回忆起一件尴尬的小事情。班里曾经举行过不算正式的象棋比赛，潘镜芙被同学鼓动，与一个王姓女同学下一盘。潘镜芙思忖一个女孩子，象棋水平应该不怎么样，自己的水平虽然不算高，但对付一个女同学应该有把握，于是就同意比赛。没想到结果大出意外，那个女同学特别擅长用马，两匹马辗转腾挪、神出鬼没，潘镜芙很快败下阵来。输了第一盘后，潘镜芙心里多少有些不服气，暗自琢磨自己可能轻敌了，于是建议再战。再战，又战，三战皆输，最后拱手认输、心悦诚服。讲到此处，潘老呵呵几声，脸上露出了不好意思的神态。

在上海法租界的三年生活中，潘镜芙还有一件很开心的事，就是时常能听父亲潘星阶讲故事。在南浔的日子里，潘星阶一天到晚、一年到头都在忙纸行的事，潘镜芙别说听父亲讲故事，平日里见到父亲都很难，更不知道父亲竟然会讲故事。

到上海后，潘星阶终于歇了下来，就算还有些生意上的事，也没有过去那么忙碌了。有了空闲之后，潘星阶爱读书的兴趣就表现出来了，他买来了很多通俗故事书，读了之后再讲给孩子们听，潘镜芙兄弟可算是找到一份大乐趣，听父亲讲故事成了他们生活中必不可少的一件事。

潘星阶讲得最多的是《三国演义》。为了把故事讲好，他还专门买了一套金圣叹批注的《三国演义》，每天晚上给孩子们讲一段。后来潘镜芙就偷偷地自己看，虽然是半文半白，但大致能看懂。

除了《三国演义》之外，潘星阶还喜欢京剧等戏曲，因此也把一些戏曲中的故事讲给孩子们听。潘镜芙清楚地记得父亲讲过《赵氏孤儿》《一捧雪》等故事。尤其是《一捧雪》中雪艳刺汤勤的过程，被潘星阶讲得活灵活现，潘镜芙兄弟听得津津有味。

讲故事、听故事，让潘镜芙兄弟深刻体会到父亲温情的一面，也让他们享受了读书的乐趣，并从故事中体悟出做人的道理。

潘镜芙小学毕业登记照
（1941年，潘镜芙提供）

潘镜芙在爱群女中附小读了三年小学，并顺利从该校毕业。其间，国土沦陷，形势动荡，银货安全无法保障，销路时常因寇阻隔，潘星阶虽然勉力维系，但无力回天，生意频频失利，家境也每况愈下、入不敷出，更兼物价飞涨，货币不断贬值，一家人在沪的日子日渐艰难。

1941年12月8日，日军偷袭珍珠港，太平洋战争爆发。战事扩大，驻沪日军强行进占英法租界，沪中"孤岛"陷落，潘镜芙一家平静了三年的生活不复存在，何去何从的难题再一次摆在一家人面前。

鉴于再待在上海已经没有任何意义，潘星阶考虑到自己于同年 10 月与人合伙在苏州创立志成棉布号，在苏州也有一些故交亲朋，苏州虽然也是寇占区，但局势较为稳定，安全较有保障，且苏州地方小，房租、物价均较上海便宜，为打理生意及居家生活计，还是决定全家迁往苏州。

其时潘星阶已经与哥哥潘宗岳取得了联系，潘宗岳希望与史佩英及孩子们团聚，于是潘星阶决定带母亲方守道和自己一家先去苏州，嫂子史佩英带孩子们暂留上海，待哥哥行程安排好后再出发。考虑到侄子潘云从要读书，潘鹤翔尚年幼，潘星阶就带潘云从、潘鹤翔一起去苏州。

潘家五兄妹在上海合影（后排左起：潘镜芙、潘云从；前排左起：潘硕民、潘慧乐、潘铁夫）（1942 年，潘镜芙提供）

频频换校的初中学习

1941 年夏末，潘镜芙与堂兄潘云从于爱群女中附小毕业，过完暑假后两人一起到其时迁入上海法租界的江苏省立扬州中学读初中一年级。由于这段学习经历很短，只有一个学期的时间，没有给潘镜芙留下太多印象。

1942 年初，潘镜芙全家搬迁至苏州，租住大郎桥巷沈坚志老先

潘镜芙（左）与父亲潘星阶（中）、堂兄潘云从（右）在上海合影（1942 年，潘镜芙提供）

生家。沈先生是南浔镇百年老店"野荸荠"的店主，当初从苏州逃难出来后，在太湖一带被强盗洗劫一空，到田成浜时幸遇潘星阶一家，潘星阶母亲方守道好饭好菜招待他们，分别后亦有接济，因此沈先生和潘家建立了很好的交情。

一家人在苏州安顿好后，潘镜芙与堂兄潘云从一起进入教会学校乐群中学，插班继续读初中一年级。未久，潘云从返沪，与母亲史佩英、姐姐潘慧如、弟弟潘雁来及潘鹏举一行五人于1942年4月初离开上海，经过一个多月的艰难跋涉，在5月底抵达贵阳，与父亲潘宗岳团聚。

汪精卫在南京成立伪政权后，伪苏州政府教育部门接管了苏州所有教会学校，并对一些学校进行合并，乐群、晏成、慧灵等教会学校合并为联合中学，故潘镜芙又成为联合中学的学生，校址同时变更。不久之后，该校又经历几次整合，名称不断变化，相继名为教育学院附中、省立第二中学、苏州三中等，校址也随之变化。

潘镜芙在苏州读了两年半的初中，校名和校址走马灯似的变化，教师自然前后变化较大，课程也有一些差异，总体上学习连续性不好，大部分孩子的学习都受到了较大的影响。对于拥有逃难经历且热爱学习的潘镜芙来说，这些变化不能说没有影响，但他总能很快适应，迅速融入新的学校和环境，并至今保留着许多鲜活的学习记忆。

潘镜芙在教育学院附中读初中二年级时，教国文的彭启予老师知识渊博，古典文献及历史知识信手拈来，他的课生动有趣。彭老师很有一套教学方法，对学生也很好，总有办法把同学们对国文的兴趣激发出来。

文言文对于初中生来说是一个难关，但彭老师善于挑选课文，讲解也通俗易懂，寓教于乐。一段时间之后，在彭老师的指导之下，潘镜芙不仅阅读理解古典文学基本没压力，而且可以用文言文写作。

唐诗宋词，似乎是中国每一个念书的孩子从小就要接触的，但孩子有没有兴趣、理解多少，一看他的天赋，二看他的老师。而彭老师就是潘镜芙钦佩的好老师，将潘镜芙对唐诗宋词的兴趣带到一个新的高度，并贯穿他的一生。

潘镜芙至今仍然记得彭老师第一次讲唐诗宋词时的情景。

上课时，彭老师问同学们："你们知道什么是诗，什么是词吗？"

同学们七嘴八舌，对诗的理解差强人意，但对于词的解释彭老师似有不满足，便继续追问。这时一个叫高群鹤的同学主动站起来回答了这个问题，大约就是"词牌""平仄""调性"什么的，然后背诵了"明月几时有，把酒问青天……",并用苏东坡的这首《水调歌头·明月几时有》来举例。末了,意犹未尽地背诵《念奴娇·赤壁怀古》。

作为一名初中生,高群鹤同学的这个回答堪称完美,也着实惊着彭老师了。彭老师高兴地对他说:"你真的是高于群鹤啊!"然后彭老师系统地给同学们讲解了词的特点、词与诗的关系。最后他吟诵了两首词,第一首是李白的《忆秦娥·箫声咽》。

"……年年柳色,灞陵伤别。……西风残照,汉家陵阙。"多年后的潘镜芙努力学着当年彭老师的腔调背诵着。潘镜芙说:"这首词中饱含的那种天地苍凉、忧国忧民的情绪和意境,以及幽深的韵味,深深地感染了我,在我的心中留下了深刻的印象。即使在后来忙于工作的时间里,这首词始终都留存在我心里。"

彭老师吟诵的第二首词是白居易的《长相思·汴水流》:"汴水流,泗水流,流到瓜州古渡头。吴山点点愁。……"潘镜芙院士再一次在笔者面前流畅动情地吟诵着,并将笔者也带入相思的惆怅之中。

"读"和"写"是国文课的两大核心,潘镜芙说彭老师不仅善于教他们读书,也会指导

全家游虎丘山合影(左二为潘镜芙)
(1943年,潘镜芙提供)

他们写作。有一次上作文课,彭老师为了培养学生们对写作的兴趣并使学生们学会观察生活、写出优美的句子,便用一位同学作文中的一个句子切入。这个句子潘镜芙至今也没有忘记:"……夕阳的余晖,送给他一个长长的背影。"这是夕阳之下常见的情景,彭老师以此例告诉学生们如何描写日常的生活。这样的教学,给了潘镜芙极大的启发。

小时候,由于外公及母亲的引导,潘镜芙就对文学、历史很感兴趣,在小学阶段又有幸遇到了几位比较优秀的国文教师,到了初中二年级再经彭老师这么一点拨,他对文学的兴趣到了无以复加的地步。他常常沉浸在鲁迅、

茅盾、巴金等人的名著之中，其中鲁迅的《呐喊》《彷徨》等名作是他最爱读的，许多精彩片段都能熟练背诵。父亲潘星阶的读书爱好也对他产生了重要影响。

其时潘星阶在苏州与人合伙的生意一直不顺利，在家的时间远比在南浔镇时多，便买了很多张恨水的章回小说看，成了十足的张恨水迷，这无疑给潘镜芙提供了阅读的便利。潘镜芙对张恨水的《金粉世家》很着迷，看得很是投入，为冷清秋嫁入豪门的悲惨遭遇而叹息，特别为她离开金家后写给金燕西的那封信扼腕叹息。

除了《金粉世家》，潘镜芙也喜欢看《红楼梦》，并一直保留着对《红楼梦》的极大兴趣，还收集了许多对该书的评价读物。

然而，人的学习精力总是有限的。潘镜芙对文史太感兴趣，把大部分的精力都放在国文课及课外阅读上，对数物化等课程重视不够，所花的时间有限。初中的数学已经具有一定的难度，而且他还要学习物理和化学知识，还要提高英语水平。初中二年级后期，数学老师许光安排了一次代数考试，这次考试把潘镜芙学习上的问题及时暴露出来了。

那次代数考试，潘镜芙竟然不及格。这对潘镜芙的触动很大，也让他开始反省自己的学习态度。他和父亲在黄浦江上目睹日寇军舰横行时有过一段语言和心灵的交流，父亲和自己都希望能造中国人自己的军舰，能让国家强大，这需要他学好科学技术知识。认识到这个问题后，潘镜芙决定科学分配学习时间，把数理化成绩提升上来。

代数有那么难吗？潘镜芙痛下决心，决定以此为突破口。他认真阅读教材，一遍又一遍做着各种类型的试题，功夫不负有心人，他突然间对一直不太明白的未知数"X"豁然开朗了，过去很头疼的诸如"鸡兔同笼问题""植树问题""追击问题"等难题可以行云流水般解决了，一切变得那么容易和有趣。之后，他学物理和化学课程也越来越轻松。这一切发生变化之后，潘镜芙竟觉得数理化也和中国传统文化一样有趣，解决数理化难题让他体会到一种完全不一样的快乐。

潘镜芙在苏州读初中时，中国还处于汪伪政权时期，学校的外语课教授日语，强迫中国学生学习。学生及家长一来憎恶，二来也实在没兴趣。潘镜芙在上海读小学高年级及初中一年级第一学期时学习的都是英语，潘星阶担心潘镜芙曾经学过的英语荒废了，同时也明白英语更加国际化，将来会更加重要，因此决定找人给潘镜芙补习英语。多方寻觅之后，潘镜芙在南浔时的好友、远房堂兄潘大德的哥哥潘聪介绍了他的同学柴庆翔来做潘镜芙的英语教师。

此后，潘镜芙每天下午放学和周末就去柴庆翔家学习英文。柴庆翔不仅英语好，国文修养也深厚，潘镜芙学得很愉快，英文能力得到了很好的锻炼。师生两人在各个方面均有很好的交流。柴庆翔很有抱负，后来赴美留学并移居美国。潘镜芙对这段不长的师生缘分很是怀念。

因为初中学校多次变化，老师、同学也随之变化，潘镜芙很少有相处时间比较长的同学，因此较难留下深刻的记忆。唯一一个历经岁月磨蚀而留下的姓名是"陶钟"，而此人的弟弟陶刚则在新中国成立后成为潘镜芙的同事加妹夫。

总体来看，潘镜芙的初中学习是多变的，但也是多姿多彩的，残存的记忆不多，但很精彩。

苏州中学的刻苦求知

1944 年夏末，潘镜芙初中毕业，并通过考试进入地处草桥的苏州市立第一中学高中部读高中一年级。对于当时的同班同学，他还能记住名字的仅有薛元章和周家乐。进入高中就意味着面临考大学，虽说其时依旧是日寇统治、汪伪政府当政，但苏州市立第一中学高中部的学习还是抓得比较紧的。

1945 年 8 月 15 日，日本宣布投降，潘镜芙全家人欢呼雀跃。潘镜芙的父亲潘星阶尤其高兴，他在回忆录中写道："虽早得传闻日军一再惨败，并见《新申报》载广岛遭炸，预感胜利在望，殊未料骄横不可一世的军国主义，末日来得那么快。回忆在南浔、在米市渡、进出火车站、过城门的种种屈辱，记忆犹新，八年积愤为之一快。"

潘镜芙也痛感正是日本的侵略让他们辗转迁徙，有家不能回，而且致使祖上三代所创家业毁于战火，家道由此衰落，生活弥艰，不得不寄人篱下。

日寇对他们家庭所造成的痛苦和灾难永远铭刻在他的心灵深处。

国兴才能家旺，国强才能民安——这是潘镜芙父子俩从亲身遭遇中得出的朴素结论。

日本投降后，汪伪政权迅速土崩瓦解，昔日的秩序逐步恢复，江苏省立苏州中学也从宜兴迁回了古城苏州，在原址复校。苏州中学是一所历史悠久的学校，最早可追溯至北宋景祐二年（1035）范仲淹创建的苏州府学，它在民国时期就与上海中学、扬州中学等著名中学齐名。学校历史上名人辈出，国学大师罗振玉、王国维、钱穆曾在此任教，校友中有秦邦宪等中共早期领导人，有叶圣陶、顾颉刚、胡绳、匡亚明、吴作人、陆文夫等大师名家，有诺贝尔物理学奖获得者李政道博士，还有钱伟长等50余位院士。

新中国成立前夕，苏州中学冠绝苏州。当时，进苏州中学读书是当地每一个学生的梦想。苏州中学在1945年10月9日复校后，迅速于21日恢复本地高中学生的招生与考试。潘镜芙立刻慕名报考，并以优异的成绩顺利考入该校读高中二年级。和他一同考入苏州中学的还有他在苏州市立第一中学的同班同学薛元章和周家乐，不过潘镜芙被编入高中二年级乙组，薛元章和周家乐被编入高中二年级丙组。苏州中学的同学中有徐亚伯、钱振超、张海仑、吴其泰等人。

焕然一新的苏州中学（苏州中学校史馆提供）

苏州中学同学录（右图序号5268为高中二年级乙组潘镜芙）（苏州中学校史馆提供）

日本投降以后，伯父潘宗岳与潘镜芙家取得了联系，并且希望全家迁回苏州团聚，祖母方守道和父亲潘星阶自然开心不已。可是如果伯父一家迁回苏州，所租大郎桥巷沈家的房子无论如何容不下15口人居住，而此时房东沈坚志老先生也意欲收回房子，因此潘镜芙一家必须搬家了。经一番寻觅之后，他们租住了花驳岸邢姓人家的房子。

1946年春，伯父潘宗岳一家迁回苏州，兄弟两家多年以后再次团聚，祖孙三代15口人合影留念。

于苏州拍摄的全家福（前排左起：潘慧乐、潘鸿远、潘鹤翔；第二排左起：庄钰芬、潘星阶、方守道、潘宗岳、史佩英；后排左起：潘硕民、潘铁夫、潘镜芙、潘慧如、潘云从、潘雁来、潘鹏举）（1946年，潘镜芙提供）

潘镜芙考入苏州中学高中二年级后，由于家在苏州城内，距离学校也不远，可以住家里每天走读。但潘星阶和庄钰芬夫妇考虑家里兄弟姐妹多，为了让潘镜芙专心学习，也为了锻炼他独立生活的能力，就建议他住校。潘镜芙正好也有此意，就去学校申请住校读书。学校一开始不同意，后来听他说是父母的意见，才同意他寄宿。

潘镜芙记得当时是排队分宿舍，把身高差不多的分在一起。当时宿舍就是学校大门口对面的平房，一间十余平方米的平房中挤着潘镜芙、徐亚伯、张富祥、张家骏、吴宜寿等八九位同学。宿舍的条件很简陋，阴暗潮湿、虫鼠恣肆。有一个周末，潘镜芙回家后，母亲发现他身形消瘦，就让他返校时带了一些零食。潘镜芙回校后，打算和宿舍同学一起分享，可是等到晚自习结束后回到宿舍，发现所有的零食全被老鼠"享用"了，潘镜芙心疼不已。尽管条件艰苦，但同学们在两年多时间里朝夕相处，在此编织梦想，结下了深厚的友谊，也留下了许多美好的回忆。

苏州中学位于姑苏区人民路旁的三元坊，校址历经一千余年未曾变化，此处环境优美，闹中取静，是理想的读书场所。谈起母校，潘镜芙自然地流露出骄傲的微笑。

潘镜芙说那时苏州中学校园特别漂亮，道山亭、春雨池和碧霞池组成了景致的主体，形成了"道山扶我亭前立，春雨碧霞披两肩"的格局。苏州中学的建筑错落有致、古朴坚固，透着一股严谨的氛围。大约是尊崇孔子的缘故，学校与隔壁的文庙是相通的，学子们可以自由出入。一墙之隔的除了苏州美术专科学校，还有当时的苏州图书馆，这给师生们借阅图书提供了极大的便利，丰富了他们的文娱活动。①

潘镜芙沧浪亭留影（1945 年，潘镜芙提供）

① 钱伟长.《百年苏中》序言.苏州：苏州大学出版社，2005.

沧浪亭和可园距离学校也很近，那里现在已经成了苏州城内的游览景点。潘镜芙当年和同学们在周末或学习紧张时，从校内的道山亭、碧霞池信步至文庙，偶尔再至沧浪亭和可园，途中或高谈阔论，或讨论难题，仅需或长或短走一遭，立刻神清气爽，疲困尽遁。

据潘镜芙回忆，苏州中学当时的教室尤其宽敞大气，置身其中踱步朗读，很能体会诗书的气韵。当然，最大气的还不是教室，而是当时一群响当当的名师。

国文教师是蒋吟秋，英语教师是汪毓周，物理教师是江浩，化学教师是濮玄因，地理教师是钱兆隆。这些老师学识渊博、循循善诱，在潘镜芙的心中留下了永不磨灭的印记。

蒋吟秋

蒋吟秋是苏州本地人，也是苏州文化界有名的人物。他是我国著名的图书馆学家、书法家、诗人、金石学家、画家，在苏州中学教授国文是他的兼职。当时他担任江苏省立苏州图书馆馆长，亦同时兼任附近苏州美术专科学校和东吴大学的教授。蒋老师国学功底深厚，精通诗书画刻，授课时引经据典、滔滔不绝，这对于本就热爱文学的潘镜芙来说无疑受享无穷。

汪毓周是苏州一带很有名气的英语教师，曾与吕叔湘等人一起负责编纂和校订了中华书局 1935 年 11 月刊印的《高中英文选·第二册》(*Standard English Readings for Senior Middle Schools*: *Book II*)。他上课时经常大声朗读课文，那种铿锵的音调使同学们都感到振奋。他在班上选拔英语朗读人选时，鼓励学生们自己选择朗读文章，并认真地对同学们逐一进行指导和帮助。潘镜芙朗读过文章 "A Vision of War"，汪毓周对其赞扬有加，这对潘镜芙学习英语给予了极大的信心和鼓励。

汪毓周校订的《高中英文选》及自编讲义
（采集小组提供）

潘镜芙至今保存着在苏州中学学习英语时购买的《英汉模范字典》。松散破损、发黄斑驳、页页毛边的旧字典不仅浸渍了潘镜芙当年勤奋学习的汗水，也见证了他的奋斗历程。

自幼喜欢文学，最终却成为科学家——这样的人生之路的科学引路人就是物理老师江浩。

有一次上课铃响过后，江浩老师信步走上讲台，开始讲解物理知识。快下课时，江老师提出了一个问题："同学们，现在我问你们，一斤棉花和一斤铁，哪个质量大些？"

潘镜芙所保存的在苏州中学读书时购买的《英汉模范字典》及后来在同济大学读书时购买的《德华大字典》（潘丽达提供）

"一样大。"同学们异口同声地回答。

"错了！"江老师微笑着说，"在空气里称当然一样重。可是因为空气有浮力，而棉花体积大，故受到的浮力也大。若在真空中，应该是棉花的质量大一些。"

"哦！是这么回事。"同学们恍然大悟，明白了中学物理中质量和重量概念的差异。

"这就是物理。"江老师接着说，"现在再留几个问题供你们思考：船那么重，为什么能浮在水上？飞机为什么能在空中飞行？"

在下一节课上，江老师给他们讲阿基米德的浮力定理，让他们明白了钢铁之躯何以在水面跑、在天上飞。

"江老师生动的教学方法，使我对物理课产生了巨大的兴趣。我初中时的文科成绩一直优于理科。随着学习的不断深入，新鲜的物理知识对我产生了无尽的吸引力，于是我把自己的满腔热情又用到物理课上，并开始全面向数理化进军。"潘镜芙如今 90 岁高龄，依然念念不忘江老师对其人生的指引。

地理教师钱兆隆同时兼任教务副主任，虽然他的课也讲得很好，但留给潘镜芙的印象更深的还是他对宿舍的管理。高中生精力旺盛，活力四射，贪玩、打闹是天性，而老师加以约束也是常见的手段。钱老师经常来查房，督促潘镜芙和其他同学按时作息，并尽可能给同学们提供一些生活上的帮助。

潘镜芙记得有一天晚上很晚了，他们还在兴奋地叽叽喳喳，这时宿舍外传来了钱老师威严的声音："还在干什么？可以睡觉啦！"于是同学们赶紧噤声休息。高中两年的寄宿学习和生活井然有序，少不了教务副主任钱老师的精心管理，很多年以后，同学们都心存感激。

苏州中学治校严谨、校风淳朴、学风浓厚，同学们之间相互帮助、彼此促进。潘镜芙虽然性格内敛，交友不多，但两年朝夕相处的学习生活，让他与徐亚伯、薛元章两位同学结下了深厚的友情。

高中同学游虎丘剑池合影（第二排左一为薛元章，左二为潘镜芙）
（1951年，潘镜芙提供）

薛元章在高中一年级时就和潘镜芙是同班同学，后来两人一起考入复校后的苏州中学，但分班时不在一个班，再往后两人一起考入同济大学，在同济大学新生院他俩还和其他同学有一张合影，直至潘镜芙后来考入浙江大学，两人才分开。薛元章和潘镜芙关系一直很好，读书时常常聚在一起交谈，分开后也一直有联系，大学假期回到苏州还会相聚，毕业工作之后也常有书信往来。

相较于薛元章，徐亚伯与潘镜芙性格相似，身高也差不多，因此与薛元章相比，徐亚伯与潘镜芙更加投契一些。高中二年级入学时，徐亚伯也要求在学校留宿，在分配宿舍时两人因为身高相当，被分在同一间宿舍，分班又在一起，排座位时恰巧又是邻座。因此两人在苏州中学除了周末回次家，其他时间几乎是形影不离、焦不离孟。后来两人又在浙江大学同校，直到毕业时徐亚伯留校任教、潘镜芙被分配至上海，两人才分开。工作之后两人友谊不淡，常有鸿雁往来，交流工作与人生心得。

徐亚伯比潘镜芙小一岁，是全班年龄最小的同学，他的父亲是留洋的光学博士，但不幸英年早逝。徐亚伯年纪虽小，但天资出众，学习成绩出类拔萃，在数学、物理学

潘镜芙（右）与徐亚伯（左）、张富祥（中）在苏州中学合影（1947年，潘镜芙提供）

习中对潘镜芙帮助很大。徐亚伯擅长对物理概念的把握，再难的题，经他分析后，都变得易于理解。

潘镜芙主要在上海法租界的爱群女中附小学过一阵子英语，初中时跟随柴庆翔学过一段时间，总体而言英语基础一般。在苏州中学入读高中二年级后，虽然经汪毓周的提点和鼓励，潘镜芙对英语有着较大的兴趣，自己也很努力，但成绩始终一般，尤其是英语写作比较吃力。徐亚伯分析潘镜芙的情况后，告诉他要多用课文和英语读物中的成熟语句，不要老是靠查阅汉英词典写出一些中文式的英文句子。潘镜芙很受启发，就照方抓药，果然，不久后英语作文成绩有了很大的提高。

在苏州中学紧张学习的同时，文化娱乐活动也是丰富多彩的。潘镜芙至今留有较深印象的是学校文娱晚会上戴培初同学表演的二胡独奏《病中吟》以及同届女同学声情并茂的歌舞《在幽静岸边的仙女舞》。由于毗邻苏州美术专科学校，潘镜芙及同学们偶尔能去看他们的演出，其中的一场大型话剧《天国春秋》至今仍留存在潘镜芙的记忆之中。

性情文静的潘镜芙在苏州中学也热衷于参加一些文娱活动。由于从小跟两个舅父学会了吹口琴，因此他参加了学校的业余乐队，主要表演口琴

吹奏，最拿手的曲子是李叔同的《送别》。

在 2019 年 9 月的一次访谈中，鉴于笔者的恳求，当时 89 岁高龄的潘镜芙院士吹奏了《送别》。曲声充沛、悠扬婉转，精彩呈现了古道夕阳下的离愁情绪，让访谈人员禁不住击节叫好。

潘镜芙的女儿潘丽达女士告诉笔者，口琴伴随了父亲的一生，尤其是在他困顿或者遇到技术难题时，吹奏几支心爱的曲子成了他调节情绪、寻找灵感的重要方法。

潘镜芙在苏州中学高中二、三年级的两年里，学习成绩优秀，大部分科目的成绩名列前茅。但潘镜芙认为最大的收获不在于此，而在于理科课程兴趣的培养：从过去文史成绩特别突出，发展到文理各学科课程成绩均衡，为他实现自己小时候的甚至是父辈的梦想奠定了坚实的基础，并为下一步报考工科大学做了准备。

潘镜芙吹奏《送别》（王艳明摄）

苏州中学 1946 年度第二学期潘镜芙成绩
（苏州中学校史馆提供）

白驹过隙，潘镜芙在苏州中学紧张而充实的学习即将结束。报考哪所大学？选择什么专业？他必须做出人生第一次重大选择。

第三章

逡巡求索　"东方剑桥"斥方遒

　　时光荏苒，1947 年，高中毕业在即，是走向社会还是继续上大学深造，对于潘镜芙而言似乎不用选择，家人的希望、自己的梦想就是上大学，但是上哪所大学、读什么专业就得仔细考量了。

　　这个选择，潘镜芙完成得并不顺利，而是经过了一年多的逡巡求索。

理想与现实之间的选择

　　在选择读哪所大学、哪个专业的问题上，潘镜芙一开始就面临理想与现实之间的艰难选择。

　　大学是年轻人实现梦想的地方。潘镜芙在年幼逃难时就梦想将来为国家造军舰、造大船，读了高中后认识到这个梦想需要依靠科技强国来实现，因此他报考大学时就怀抱着对新兴科学技术专业的满腔热忱。

　　19 世纪 60 年代后期，以电力的发现和广泛应用为主要标志的第二次工业革命在欧美资本主义国家蓬勃兴起，人类进入电气时代。20 世纪初，主要发达国家的科技水平达到电气时代的顶峰，此时中国在科技和经济方面都大幅落后，这直接激励了一大批有志青年投身到科技强国、科技救国的洪流之中。当时，电力与电器技术最为热门，被称为"制造光明与动力"的学科，发展前途、就业前景都非常好，潘镜芙深受鼓舞，有志于学习这类学科，于是结合国内实际情况，选择电机专业作为自己求学的方向。在比较权衡之后，他计划报考上海的国立交通大学、国立同济大学和浙江的国立浙江大学三校的电机系。

然而，潘镜芙的梦想与家庭现实产生了直接的碰撞，他不得不进行理性的思考与选择。

其时，父亲潘星阶的生意每况愈下，家里几乎入不敷出，积蓄所剩无几。母亲庄钰芬患上了较为严重的子宫肌瘤，弟弟潘硕民也染上了肺病，母亲、弟弟四处求医，花费颇大。而且当时国民党腐败无道，物价飞涨，一家人的日子过得拮据狼狈，潘星阶不得不变卖一些家产以维持生计。潘镜芙是家中长子，下面还有两个弟弟和一个妹妹要读书，因此父亲潘星阶出于改善家庭经济状况及维系家中尚存的一些家产、米行生意考虑，在潘镜芙和他商量高考选择志愿的问题时，希望潘镜芙报考华东一带高校的商科，以期毕业后重振家业，改变经济上的窘态。

潘镜芙是一个明事理的孩子，知道家里的艰难处境，明白选择商科是符合家庭需要的现实考量，父亲和舅父当时在上海及杭州一带的银行工作，并有一些人脉，毕业后按照父亲的设想就业，能够尽快缓解家中的困境。

出于责任担当，潘镜芙没有违背父亲的愿望，把读商科作为自己的主要选择，并圈定了复旦大学商学院作为自己的报考目标。

如何处理理想与现实之间的冲突呢？应该说潘镜芙是幸运的，父母亲虽然希望他报考商科，期待他重振家业，但也极为开明，给予他自由选择及决断的权利。潘镜芙踌躇难决，好在当时报考大学是可以兼顾的，只要学校招考时间不冲突。于是潘镜芙同时报考了复旦大学商学院和前述三校的电机系，待考试结果出来再做最后的抉择。

商科和电机两个专业是一文一理，考试科目大相径庭，电机专业是当时的热门专业，考试难度极大，录取概率很低。要兼顾两个专业、四所学校的考试，备考课程几乎覆盖文理科全部课程，需要花费大量时间和精力并做合理安排，潘镜芙备考的时候确实有顾此失彼之感，可是既已决定，只能咬牙坚持。

从1947年初夏开始，潘镜芙往返于上海和杭州之间，分别参加交通大学、复旦大学、同济大学、浙江大学的招录考试，所幸四所学校的招考时间没有冲突，他顺利参加了所有考试。考试结束后，潘镜芙感觉总体发挥一般，尤其是数学没有达到预期，故回到苏州后心情有些郁闷。

初秋，各大高校纷纷发榜，果然与潘镜芙预料的差不多，没有被最为心仪的交通大学和浙江大学录取，这让他很沮丧，好在复旦大学商学院和同济大学电机系同时录取了他，复旦大学商学院的成绩还遥遥领先，这可能与他文科成绩一向优秀有关。

去读复旦大学商学院还是同济大学电机系呢？理想与现实之间的冲突再一次摆在面前：何去何从？是去追逐梦想，还是体谅父母的苦衷、缓解家庭的艰难？潘镜芙踯躅不已。

潘镜芙还是拿不定主意。复旦大学在9月末率先开学，潘镜芙决定先去复旦大学商学院报到，体验一下商科的课程和氛围再做决断，于是去复旦大学报到注册。可是在商学院学习了一个多月后，潘镜芙非常苦闷，他既不喜欢商学院的专业氛围，对其课程也提不起任何兴致。

正在潘镜芙对商学院的学习感到味如嚼蜡时，同济大学新生在11月末开始报到注册。一向遵从父母意愿的潘镜芙这次很让人意外，他没有征求父母的意见，甚至在未告知父母的情况下直接从复旦大学退学，在12月初去同济大学报到注册了。

当然，潘镜芙这样做并非忤逆父母，因为他知道，若他告知父母，他们也会尊重他的决定，而征询书信往来耗时，同济大学开学在即，潘镜芙只能事急从权。

办完同济大学的入学手续后，他才得知，同济大学的新生全部要去校区外的新生院报到，大学一年级不分专业，统一学习一年德语，大学二年级再去各自录取的专业学习，同济大学的电机专业学习时间是五年，这样从入校到毕业需要六年时间。

这么长时间的学制对潘镜芙非常不利，家里的经济状况很难在保障三个弟妹读书的前提下维系他如此长时间的大学学习，父母希望他早点毕业，改善家里的经济状况。然而，现在也没有别的选择了，返回复旦大学已无可能，只能在同济大学新生院学习了。

同济大学新生院楼前的合影（左一为薛元章，左二为潘镜芙）（1947年，潘镜芙提供）

当时同济大学新生院所有学生统一分班学习，潘镜芙被分在第四班。潘镜芙入学后，一方面按照学校规定认真学习德语，另一方面继续思考后面的路到底该怎么走，而他的内心深处还是想去浙江大学等学校学习自己喜爱的专业。在同济大学新生院，潘镜芙意外遇到了他的高中同学薛元章，原来薛元章被同济大学机械系录取了，好友再次成为同窗是一件开心的事。

同济大学新生院的学习单一而枯燥，一天到晚就是德语这一门课。为了学好德语，潘镜芙试图买一些德语资料或者读物，但是多方求购无果，最终在上海一个旧书摊上幸运地买到了商务印书馆出版的二手的《德华大字典》，上面还有原书拥有者的印章及一首小诗。他偶得这本书，同学们很是羡慕，纷纷找他打听是在哪里买的。

同济大学新生院合影（后排右二为潘镜芙）（1947年，潘镜芙提供）

潘镜芙非常珍惜这本《德华大字典》，它不仅伴随潘镜芙在同济大学度过了七个多月的德语学习时光，还一直伴随他走到人生暮年。如今潘镜芙经常抚摸着这本已经泛黄的旧字典，回顾年轻时的如诗韶华，追忆曾经借助这本字典翻译德文资料的日子。

1948 年春，潘镜芙在单调乏味的学习中萌生了再参加一次大学招考的想法，并且这种想法越来越强烈。临近暑假时，他下定决心再次报考浙江大学等几所名校，若考取了，那就去自己心仪的学校读书，若未考取，就继续在同济大学学习。

1948 年暑假一到，他立刻离开上海，前往杭州，投奔其时在浙江大学电机系读书的好友徐亚伯。时值暑假，徐亚伯同宿舍的同学都外出度假了，有多余的空床位，潘镜芙就在他们宿舍里住了下来。前后一个多月，在徐亚伯的陪同下，潘镜芙专心学习，心无旁骛地努力备考。

1948 年 8 月，潘镜芙顺利参加国立浙江大学、国立交通大学、国立中央大学（今南京大学）的招录考试，考完之后感觉良好，他预感应该会有比前一年更加理想的结果。

1948 年初秋，各校招录结果渐次见报。潘镜芙收获颇丰，竟然同时被三所名校的电机系录取。浙江大学的录取通知刊发在《浙江日报》上，潘镜芙的姓名在电机系录取名单上位列第三，排名规则不详，前两位是梁龙章、王传义。在录取名单上，潘镜芙姓名后面的括号里有一个"奖"字，意味着他是有奖学金的。这一点让潘镜芙很是开心，奖学金可以维持他读书的最基本生活，可以减轻家里不小的压力。

在三所名校里，选择读哪所学校呢？这次他少有犹豫，很快确定就读浙江大学。原因很明确：一是浙江大学一直以来就是他喜欢的学校；二是此时父亲潘星阶正好在杭州的典业银行工作，在得知潘镜芙考取了浙江大学后，十分支持他到杭州读书，父子也可常聚；三是好友徐亚伯在浙江大学读书，能与最要好的朋友再同校四年，自然是一件开心的事。当然，杭州优美的自然风光、厚重的历史人文，亦是吸引潘镜芙的重要因素。

经过前后长达一年多的彷徨、尝试及努力之后，在这场理想与现实的选择中，得益于父母的宽容和开明，潘镜芙最终选择了自己的理想，为自己的未来注入了动力和希望，让自己的梦想之旅顺利起航。

"为学当似金字塔"

1948 年 9 月，潘镜芙到其时位于杭州大学路的国立浙江大学报到。电机系这一届一共有 71 位同学报到注册，录取名单上排名第二的王传义选择去上海的国立交通大学电机系就读。潘镜芙入读电机系时，好友徐亚伯却因为不喜欢工科、喜欢理科，而申请从电机系转入物理系，这让潘镜芙有点小遗憾。

20 世纪 40 年代，竺可桢、苏步青、陈建功、王淦昌、卢鹤绂、束星北、谈家桢等一大批知名学者不畏艰辛、筚路蓝缕，国立浙江大学的实力和声誉迅速提升，成为国内乃至亚洲知名大学，并被科学史学家李约瑟誉为"东方剑桥"，"求是"精神大放光彩。

1948 年，浙江大学已经拥有文、理、工、农、医、法、师范七个学院，其教学方式基本与西方发达国家的高校接轨，理工科全部采用英文原版教材全英文教学。好在潘镜芙在苏州中学的英文学习比较扎实，第一步语言关没有给他的专业学习带来太大的困扰。

浙江大学治学严谨，读书风气浓厚。潘镜芙入读浙江大学时，竺可桢任校长，苏步青任教务长。虽然战争的炮声隆隆可闻，但浙江大学教学秩序井然，学生依然安静地读书学习。

潘镜芙报到入学后，很快适应了学校的学习环境。由于电机专业是自己钟情的专业，因此他学习尤其用功，每天课前预习英文教材及资料，上课专心听讲并用英文做好笔记，课后有针对性地复习巩固。遇到难题，不屈不挠，既设法听取教师的讲解，又虚心向同学们请教，学得非常扎实。辛勤的付出自然有丰硕的收获，从 1948 年入校到 1952 年毕业的四年，潘镜芙的总成绩一直在班上名列前茅。

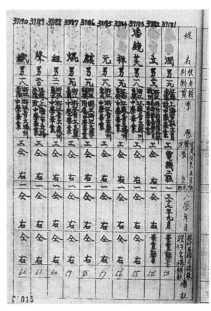

国立浙江大学 1948 年录取新生部分名单
（浙江大学档案馆提供）

在电机系的专业教师中，教授"交流电路"课程的王国松、教授"交流电机"课程的杨耀德、教授"电工原理"课程的沈庆垵都给潘镜芙留下了深刻的印象，他们教授的知识也让潘镜芙一辈子受益匪浅。

王国松

王国松是美国康奈尔大学博士，著名电机工程学家、教育家、中国电机工程学会发起人之一，第一届全国人大代表，新中国成立后曾担任过浙江大学副校长和代理校长。王国松给潘镜芙他们授课时任浙江大学工学院院长兼电机系主任，为一级教授。他专业功底扎实，业务水平高，讲课深入浅出，引人入胜，把"交流电路"课程枯燥的知识讲得津津有味，给潘镜芙打下了扎实的交流电知识基础，为潘镜芙后来在我国舰船直流变交流的工程中的相关工作储备了坚实的技术实力和实践信心。

杨耀德是浙江大学电机系的资深教授，中国电机工程学会发起人之一。杨老师给潘镜芙授课时大概50岁，大约由于不修边幅或者面相显老，潘镜芙等同学们乍一看，以为他有七八十岁。杨老师的课讲得非常出彩，条分缕析、丝丝入扣，生动而严谨，把"交流电机"课程讲活了，激发了学生们极大的兴趣。

沈庆垵是我国电子光学领域先驱者之一，1934年浙江省毕业会考状元，1943年由竺可桢校长亲自选送至英国留学。沈老师给潘镜芙授课时刚从英国留学回来不久，正值青年，精力充沛，讲课时激情四射，有理论、有实践，深受学生们的欢迎。

沈庆垵

在当年电机系的知名教授中，俞国顺教授也给潘镜芙他们讲授过"直流电机"课程，其渊博的知识、缜密的思维给了潘镜芙很好的专业滋养。

据潘镜芙回忆，浙江大学当时的管理极其严格，课程考试如果六个月内不及格就留级，而大学一、二年级的高等数学和普通物理考试很难，稍一松懈就不及格，电机系在潘镜芙这一届刚开始有71位同学，到毕业时只有40多位了，其中就有一部分同学是留级或者被淘汰的。

潘镜芙说，第一次数学考试着实吓了他一跳，勉强60分过关，他们班当时有好几位同学就因为数学考试不及格而留级了。这次考试后，潘镜芙学习更加努力，丝毫不敢掉以轻心，紧接着第二次微积分考试他就考了80多分。

据潘镜芙回忆，当时大学一、二年级基本上是基础课和理论课，课程难，密度也大，是学习最忙碌的时期，因此头两年他们基本上都在紧张地学习，鲜有游玩。大三、大四增加了实验课和社会实践课程，学习相对轻松一点，生活才逐渐变得丰富有趣一些。

虽然复校于杭州未久的浙江大学教学条件依然简陋，且当时解放战争激战正酣，国统区动荡不安，但电机系的实验课程还是得到了很好的保障。在物理实验、普通化学实验、金工实验、电机实验、电机设计与制造、热工实验、测量实验等实验课程中，潘镜芙的动手实践能力得到了很好的培养和锻炼，他对电机专业的热爱也与日俱增。

1951年暑假，潘镜芙及同学们在马大强老师的带领下去辽宁抚顺实习。抚顺是我国东北重要的工业基地，素有"煤都"之称，当时是中央直辖市，在新中国成立之初呈现出一片欣欣向荣的气象，尤其是煤炭、原油工业非常发达，这给潘镜芙及同学们很大的鼓舞和震撼。

潘镜芙首先被安排在东北抚顺石油总局下面的页岩炼油厂实习，这是我国最早开始从事页岩炼油的企业之一，现在已经成为全国油页岩综合利用示范基地。在这座炼油厂，潘镜芙全程了解了油页岩的成油机制及炼油过程，并从专业的角度重点关注了过程中用到的机电设备，拓展了机电设备的应用场景，感知与体会了影响其工作效率的各种要素，大大增强了对专业的价值认知与应用体验。

结束了页岩炼油厂的参观实习后，潘镜芙一行又来到了抚顺机电厂实习。机电厂和他们的专业对口，在这里，潘镜芙认真地观察和了解机电设备的设计、加工制造、工艺流程等专业知识，有时还在工人师傅的指导下，动手体验车间中的实际专业操作，由此增强了对专业的理解和认识，切身体会到专业的趣味。

在浙江大学档案馆里，采集小组查询到了潘镜芙在浙江大学学习期间的成绩单，潘镜芙在浙江大学读书时的学号为 37183，大学四年一共修习了 50 余门课程，平均成绩 80 分以上，分数最高的三门课是"输电工程""电机原理""应用电子学"，成绩分别是 98 分、96.9 分、94 分。

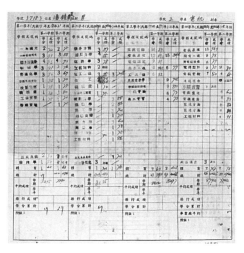

潘镜芙成绩单（浙江大学档案馆提供）

在笔者与潘镜芙院士就浙江大学学习生活的访谈中，他很自信地说，自己的学习成绩在班级中名列前茅。在综合查询及分析相关信息后，笔者发现的确如此。

大学学习最后一个环节通常是毕业论文或者毕业设计。潘镜芙做的是毕业论文，指导老师是杨耀德教授，选题是《电机设计中尺槽对磁路强度的影响》。对于这个选题，指导老师的评价不错，认为是一个值得研究的课题，潘镜芙也通过这

潘镜芙（前排右一）在浙江大学图书馆前与同学合影（1949 年，潘镜芙提供）

篇论文的写作，对电机设计中电枢尺槽规格与感应电压电流之间的关系有了深入的认知和研究。

潘镜芙在浙江大学的学习过程中，除了本专业的课程外，还非常注重广泛涉猎相关学科的知识学习。采集小组由他的成绩单发现，他修习了普通物理、普通化学、投影几何、应用力学、微分方程等较多理科与工科基础课程，同时也学习了水力学、工程材料、热工学、制造方法、应用电子学等其他专业课程。这些课程为潘镜芙后期主持导弹驱逐舰的功能设计与系统集成

工作奠定了良好的专业基础。

潘镜芙同样注重人文社会科学领域的知识学习。他修习的课程还包括国学、政治学讲座、经济学、伦理学、三民主义、新民主主义论、社会发展史等，这些课程为他思考如何发展我国国防事业、如何协调处理国防与社会经济发展的关系等问题赋予了更全面的视角和更缜密的逻辑思维方法。

对于在浙江大学四年的知识学习，潘镜芙后来总结了一句极为重要的体会："为学当似金字塔，既要博大又要高。"

潘镜芙题词（采集小组提供）

潘镜芙对这句话的解读是：人对于知识的学习，要像建筑金字塔一样，打下宽厚的基石，在此基础上，再逐渐选定自己的专业方向，向高处和尖端发展。潘镜芙在他的求知过程以及研制我国两代四型导弹驱逐舰的历程中，客观真实地验证与演绎了他的这一体会，并将其作为人生治学目标的最好诠释。

今天，作为对人生治学目标的独特认知，潘镜芙的这句求知真谛悬挂在苏州名人馆的游览大厅中，激励着后人学习知识和探索科学。

象牙塔中的进步学子

潘镜芙在浙江大学的四年，正值国家发生剧变。潘镜芙亲身经历了整个过程，思想上不断经受新思潮的熏陶与洗礼，进而在民族走向新时代的进程中，逐步转变成一个具有新的理想的进步青年。

抗日战争胜利后，浙江大学自贵州复校于杭州，校舍条件极差。潘镜芙刚入校时入住的是临时宿舍，实际上是在一个大报告厅里隔出许多个十余平方米的小间，每间宿舍放四张分上下铺位的高低床，一间宿舍住八位同学。潘镜芙记得他当年住的是上铺，下铺是陈德元。到了高年级，潘镜芙才入住学校正规一点的宿舍。当时在大学路校区的学生宿舍按照"忠、孝、仁、义、礼、智、信"来命名，潘镜芙先后住过"信斋""义斋"，住宿条件都很简陋，洗漱间和厕所也都是公共的。

学习是他们的本分，简陋的生活及住宿条件他们也能克服，但当时日日飞涨的物价实在让他们忧心忡忡。潘镜芙入校之时，国统区的法币崩溃，国民党当局改发金圆券。未久，金圆券步法币后尘，迅速贬值，潘镜芙他们那点本就微薄的生活费与逐日攀高的粮价相形见绌，急难之下，学生会在校方的支持下筹建粮食银行，开展粮食存款。

所谓粮食存款，就是学生将钱存到学生会粮食银行，按照当时的物价折算可购买到的粮食数量，这些粮食就是学生的粮食存款，那么以后就可以随时到粮食银行取到当初存入时的粮食数量。简单地说，如果存入的钱在当时市场上能够买100斤大米，那么粮食存款就是100斤大米，以后可以随时去粮食银行取用这100斤大米。

潘镜芙说，这个粮食存款解决了很大的问题，虽然不能保证他们吃饱吃好，但至少能维持最基本的生活。可惜的是，潘镜芙不清楚学生会的这个粮食银行是怎么运作的，笔者穷尽所能，也没能查询到相关资料。

面对家族生意日渐衰落、家人生活举步维艰、民国政府腐败无能的现状，刚进浙江大学的潘镜芙经常陷于苦闷和深深的思索之中，而解放大军的步伐及日渐明朗的时局又让潘镜芙在困境中看到了希望和光明。

潘镜芙报到入学时，浙江大学学生自治会主席、全国学联浙江联系人和党的秘密外围组织"新民主主义青年社"华家池分社负责人于子三被国民党特务杀害，事件尚未平息，声讨国民党暴行的学生运动时有发生，潘镜芙就亲历过多次，并为此深受鼓舞。

那时正值国民党统治摇摇欲坠、全国解放的曙光初现，各种进步思想已经通过各种形式广泛传播。当时校园内流传着一些进步杂志，潘镜芙阅读过其中一本《观察》杂志，留有较为深刻的印象。这本杂志经常刊登马列主义及共产主义的文章，也发表时局分析评论并预言国民党统治即将结束，可惜

美术队游初阳台合影
（1951年，潘镜芙提供）

后来被国民党当局查封了。

在当时的浙江大学，地下党也通过各种社团组织团结广大的年轻大学生，同时将进步的思想融入各种活动之中。潘镜芙进校不久即对这些社团产生了浓厚的兴趣，在紧张的课程学习之余，克服重重困难，报名参加了乌鸦歌咏队和校文工团美术队。

在乌鸦歌咏队，潘镜芙学唱了鞭挞国民党黑暗统治、指引学生追求光明意境的许多歌曲。譬如他们当时唱的一首《苗家山歌》，歌词大致是这样的："我们纳了税，我们交了粮，为什么国家的事我们不能问呀……"一连串的"我们不能问"，拷问着国统区的各种怪象，从而引导歌者思考。

《团结就是力量》和《南泥湾》这两首中国人民耳熟能详的歌曲也是潘镜芙在乌鸦歌咏队经常高唱的。尤其是《团结就是力量》，潘镜芙每一次引吭高歌都激情澎湃，并从心底里升腾起一股急欲迎来新时代的冲动，仿佛看到了新时代的曙光。

虽然潘镜芙仅在大学一年级时经历了国民党统治时期，但他多次感到共产党员及进步人士的存在，并从中体会到他们的正义、热情、勇敢和担当。

大学一年级时，有一位老师在课堂上竭力为国民党代言，抵制进步思想与言论，结果班上有同学勇敢地站起来与老师辩论，据理力争，最后竟然让那位老师折服了。后来潘镜芙才知道，该同学就是一名中共地下党员。

在校文工团美术队，潘镜芙及队员们在队长沈天申、副队长周金鸿的带领下，时常通过画笔绘制一些与时局有关的主题性招贴画和宣传画，以此

潘镜芙（后排左三）与美术队游杭
州西湖合影（1951 年，潘镜芙提供）

鞭挞丑恶与黑暗，激发同学们追求光明的未来。美术队的袁英健同学活泼热
情，不仅参加任何活动都干劲十足，而且遇见困难与危险总是冲在前头，让
人感到温暖与安全。新中国成立后，浙江大学公布中共地下党员时，潘镜芙
发现袁英健的名字赫然在列。

打那以后，潘镜芙就对共产党员心生敬重与向往。

1949 年 5 月 3 日，在大学一年级即将结束的时候，潘镜芙迎来了杭州的
解放，大家满怀激情迎接新中国的到来。

在新中国成立初期，为提高国家的声誉，反封锁、反制裁、反对抗，潘
镜芙所在的歌咏队和美术队经常参加杭州市在节假日举行的各种游行活动，
以此显示新中国的活力与希望。劳动节和国庆节两个重要节日，杭州市举办
全民大游行，歌咏队和美术队在大游行前都投身于紧张的筹备工作，制作游
行用的大幅宣传标语、口号、大红旗帜和高大游行队牌。

通过参加这些活动，潘镜芙逐步理解和接受了革命思想，逐渐认识到只
有中国共产党才能使新中国走向富强和伟大，才能帮助自己实现梦想。

思想上觉悟的潘镜芙立刻有了行动。1949 年 10 月，经过路浩如的介绍，
潘镜芙申请加入中国新民主主义青年团，不久就得到了批准，成为新中国成
立后浙江大学首批青年团员。到了大学四年级，因为表现积极、工作出色，
潘镜芙被推选为班级青年团支部书记。

大学三年级下学期（1951 年夏），潘镜芙由于积极而良好的表现，担
任美术队的领导成员，在当年"七一"建党 30 周年庆祝活动期间，组织同
学们开展系列宣传活动，扩大党的影响。此前的"三反"（反贪污、反浪
费、反官僚主义）运动中，潘镜芙还作为学生代表参加了教职工的思想教育
工作。

激情满怀踏征程

丰富而紧张的四年大学时光转瞬即逝，1952年夏末，潘镜芙及其同学们即将结束大学学业，走向各自的工作岗位。经过新旧社会更替洗礼的同学们一个个满怀报国热情，渴望踏上工作岗位，开始人生事业的崭新征程。

为了加深同学们的友谊，在统一分配之前，学校及电机系党组织集结

浙江大学历届毕业生名册（潘镜芙）
（浙江大学档案馆提供）

毕业班的青年团员开展了一次郊游活动，去江边观看钱塘江大潮。潘镜芙虽然在杭州学习生活了四年，但也是第一次观看钱塘江大潮。这天适逢钱塘江大潮汹涌澎湃、气势磅礴，同学们被这种奇观震撼，心情无比激动，风华正茂的他们暗暗下定决心，坚决服从组织的分配，在各自的岗位上做出如钱塘江大潮一般的事业与贡献。

经历四年的朝夕相处，同学们结下了深厚的情谊。最终的分别让潘镜芙至今还留存着些许遗憾。他们的毕业很匆忙，没有一个正式的仪式，班级也没有拍毕业合影。分配方案公布后，同学们就匆匆离校去工作单位报到，除了一些小范围的送别，很多人都没来得及互道一声珍重，以至于大家对毕业都没有太多的记忆。岁月的进一步尘封，让同学们只留下绵绵无尽的祝福与期冀。

潘镜芙记得，当年参军的同学最光荣了。校文工团美术队专门为此画了很多大幅的欢送宣传画并张贴在校园里醒目之处。参军的同学们戴着鲜艳的大红花，脸上洋溢着光荣的神采，学校的师生们敲锣打鼓欢送他们，这让潘镜芙非常羡慕。

潘镜芙回忆说，由于时间太过久远，毕业后大部分同学因疏于联系而渐渐淡忘，至今与他保持联系且能偶尔小聚的仅有王毓东和许大中两人。王毓东当过班长，与后来担任团支部书记的潘镜芙合作融洽。许大中读书时成绩一直很好，常与潘镜芙在一起学习，在生活和娱乐上也很有共同话题，逐步

浙大电机一九五二级欢送参加军事干校同学留念（第四排右二为潘镜芙）
（1951 年，潘镜芙提供）

建立起很深的感情。王毓东和许大中两人毕业后均留校任教，后来都成为浙江大学电机系的知名教授。许大中曾出任电机系主任，是国内权威的电机研究专家。

毕业之后，潘镜芙只要有机会回到浙江大学，就必定与老朋友徐亚伯小聚，也必定要拜访王毓东和许大中，与他们一起畅谈专业发展动态，回顾当年的学习与生活。

潘镜芙的分配方案是在 1952 年 9 月初公布的，他被分配至上海华东工业部电器工业管理局（简称华东电工局），算是专业对口，当时和他一起分配至该机构的还有电机系其他十余位同学。分配方案公布后不久，身为班级团支部书记的潘镜芙被指定为负责人，带领十余位同学自杭州启程去上海报到，一起满怀豪情地加入百废待兴的祖国建设事业。

第四章

磨砺厚积　舰船直流变交流

1952 年 9 月中旬的一天清晨，作为班级团支部书记的潘镜芙带领十几位同学怀揣着报到通知，揖别四年朝夕相处的浙大校园、老师和同学，迎着朝阳，踏着西子湖畔薄薄的晨雾，从杭州启程赶赴上海，踌躇满志地开启一段崭新的历程，期待在工作岗位上实现自己的人生价值与理想。

在华东电工局迅速成长

潘镜芙一行抵上海后，径直到位于福州路的华东工业部电器工业管理局报到。报到手续办完后，潘镜芙被告知分配在华东电工局基建处。

基建处除了新分配来的大学生外，其他骨干人员大多是从当时的上海电机厂、华通开关厂等大型企业抽调而来的，他们的主要工作就是谋划上海电机厂、华通开关厂这两家大型企业的基本建设，使其满足新的发展需要。潘镜芙来到基建处之后，工作非常勤勉，对这些电器企业的基建情况逐步有了具体的认知和了解。

不过，潘镜芙在基建处工作的时间很短暂，1953 年 1 月，仅仅三个月后，他就被调至华东电工局电器设计处。该处是华东电工局为了加强和提升华东地区基建设计能力而新组建的。潘镜芙的新岗位在电器设计处下属的专业加工科，科里除了潘镜芙这样的新进大学生之外，其他人员基本上是一些有丰富实践经验的电工工程师和技师，科长是从上海制皂厂调来的江泽民同志。[①]

---

① 宋明达 . 潘镜芙传 . 北京：人民出版社，金城出版社，2014: 31.

江泽民同志所领导的专业加工科分为电气装配、线圈绝缘、技术试验三个专业工作小组，潘镜芙被安排在电气装配组。潘镜芙学习的是电机专业，专业加工科的工作与他的专业是对口的，因此潘镜芙工作起来比较顺手。在工作中，潘镜芙非常细致，总能将课堂上学习到的专业知识与实际工作联系起来，并能运用专业知识解决工作中的具体问题。

当时在华东电工局，正规名牌大学毕业的学生非常少，因此深得各级领导的重视，其他技术人员对他们也另眼相看。潘镜芙在工作中所展现的专业能力也很快得到了认可，不久，经领导提议，潘镜芙担任电气装配组组长。

担任组长后，潘镜芙参与了电器设计处对上海地区多家电机厂、电器厂的技术调研工作，对这些企业的技术水平、产品性能、生产状况有了全面的了解，并实事求是地给出了一些有价值的建议，这对企业提升设计制造水平起到了一定的指导作用。

1953 年 3 月，潘镜芙的工作发生变动。其时，国家依据大规模基建的需要，将华东电工局下属的电器设计处和机械设计处划归第一机械工业部（简称一机部），合并组建成第二设计分局，由其专门负责民用船舶的设计工作。因此，潘镜芙的工作关系也划转到一机部，工作地点迁至苏州河口的上海大厦。专业加工科改名为电器专业科，科长仍然是江泽民同志，潘镜芙也随即由专业加工科电气装配组组长转任电器专业科电机组组长，变压组组长是他的好友徐嘉诰。潘镜芙的具体工作就是负责上海电机厂汽轮发电机车间的设计工作。[①]

上海电机厂汽轮发电机车间建设当时是国家"一五"计划（1953—1957）建设的重点项目之一，上上下下高度重视。经过论证，上海电机厂确定生产捷克式 6000 千瓦汽轮机。在产品获批后，设计人员逐步解决了高转速安全运行的动平衡试验等一系列技术问题。汽轮发电机车间初步设计、技术设计分别于 1953 年 9 月、1954 年 7 月通过审定，这推动了上海电机厂汽轮发电机项目基建工作的顺利实施。

---

① 宋明达. 潘镜芙传. 北京：人民出版社，金城出版社，2014：31-32.

电气专业会议合影（前排左四为潘镜芙）（潘镜芙提供）

在该项目的设计中，潘镜芙虚怀若谷，认真向同志们请教，不仅从几位留学过英美、有丰富电器电机设计经验的老工程师那里学到了理论知识与技术，而且从来自私有电器厂的技师和工人那里学到了实践经验。项目完成之后，潘镜芙收获满满，专业能力逐步提升。

潘镜芙（左）与同事徐嘉诰（右）的合影
（1953年，潘镜芙提供）

通过参与汽轮发电机车间设计工作，潘镜芙全面了解了汽轮发电机的制造流程与工艺流程，对车间的供电、供气、给排水、设备布局及功能实现有了工程层面的体会与实践，这为他后来主持导弹驱逐舰全舰的设计工作打下了初步的工程基础。

潘镜芙（后排左四）与同事周末聚会的合影
（1953年，潘镜芙提供）

单位篮球比赛合影(前排左三为潘镜芙)　　单位合唱排练合影(第二排中间戴眼镜者为
（1954年，潘镜芙提供）　　　　　　　潘镜芙)（1954年，潘镜芙提供）

　　潘镜芙在回忆这段经历时非常感慨。他说，能在这个集体里工作非常幸运，电器专业科在江泽民同志的组织下非常团结友好，人人工作努力、积极追求进步，无论是技术精湛的工程师还是经验丰富的技师，技术上都不保守、胸怀坦荡、倾囊相授。潘镜芙受益匪浅，在以后的专业追求中也秉承了这种无私的品德。

　　江泽民同志曾鼓励潘镜芙认真学习辩证唯物论和逻辑学，对他的政治思想和入党申请十分关心。为提高潘镜芙的政治理论知识水平，江泽民同志交给潘镜芙一本艾寒松编著的读本《怎样做一个共产党员》，并郑重叮嘱他认真阅读和体会。此外，江泽民同志比较注意培养潘镜芙的组织能力，不仅让他组织文体活动和郊游活动，还安排他协助处理科内的有关事务。①

潘镜芙（第二排左四）与同事出游的合影
（1954年，潘镜芙提供）

　　在上海电机厂汽轮发电机车间的基建设计工作中，潘镜芙另一项重要收获就是学会了俄语，并掌握

_____

① 宋明达.潘镜芙传.北京：人民出版社，金城出版社，2014: 35.

了处理外文资料的技巧与能力。这个项目的基建设计主要是参照苏联的资料及苏联技术专家的经验实施的。为了充分掌握这些资料，同时方便与苏联专家沟通，全科的同志一边学习俄语，一边阅读苏联的技术资料及图纸，消化和吸收相关的规则与技术。

潘镜芙（中）与潘铁夫（左）、潘鹤翔（右）在中苏友好大厦合影（1954年，潘镜芙提供）

潘镜芙对学习俄语很有兴趣，不仅参加科内主办的俄语学习班，还在每天上班前挤出半小时收听俄语广播，并积极协助科内老同志利用业余时间翻译苏联的科技著作。经过一段时间的刻苦学习与实践，潘镜芙的俄语水平提升很快，不久就能阅读俄语的电机电器专业书籍，能基本听懂苏联专家的授课，还初步具备了与苏联专家交流技术问题的能力。

潘镜芙（左三）在第二设计分局参加中国新民主主义青年团首届代表大会表演（1954年，潘镜芙提供）

虽然时间流逝近70年，但潘镜芙至今仍然怀念他走出大学校门后到第二设计分局这两年多的工作经历。在这里，他不仅获得了直接领导者江泽民同志的鼓励，也得到了局长曹维廉的青睐与关怀；他不仅收获了陈寿山（绝缘组组长）、邓友豹、陈维璋、瞿锡联、蔡颐、龚加惠等技术干部的支持与协助，也得到了蒋承勋、陈良骅、徐善楚、曹赤华、贾有金、唐熙清、翁迪民、朱兆衍、李宜璋、丁舜年等电气工程师、技师及老工人的热情帮助与关照。试验员赵志辉、保密员黄美玲更是对他的技术工作及资料需求全力保障，无微不至。

90岁高龄的潘镜芙仍能记清如此之多的姓名——若没有刻骨铭心的情感，实难做到——可见他当年所在的这个集体充满友善、关爱和责任。

当然，在第二设计分局工作的两年里，潘镜芙生活中最特别的收获是他在这里邂逅了许瑾女士，并与她喜结连理，这是他此后塑造一座座丰碑的基石。潘镜芙院士与许瑾女士相濡以沫、执手白头的故事将在后文中详细陈述。

转型军事舰船研制与设计

1955 年 3 月，因为国家新的建设需要，第二设计分局开始新一轮的组织调整，潘镜芙被调往一机部船舶工业管理局（简称船舶局）产品设计分处，至于具体干什么工作，领导在下调令时却没有透露。

潘镜芙接到通知后，立刻着手收尾汽轮发电机车间的基建设计工作，并与接手的同志仔细交接。

处理完这些事情后，1955 年 3 月的某一天，天气晴朗、风和日丽，潘镜芙起了个大早，把自己收拾得干净清爽后，去船舶局产品设计分处报到。当他看到船舶局的设计大楼时，精神为之一振，立刻被这番景象吸引：蓝天白云之下，一座红色的设计大楼掩映在绿树丛中，格外幽静、沉稳。

有关领导热情接待了他，并大致介绍了他的工作概况。他听完之后，精神上的震撼远比看到红色设计大楼时更为强烈，他甚至有点不敢相信：天啊！这是真的吗？要造船，而且是设计军事舰船？本已渐行渐远的造船梦想又可以成为现实？！

当年潘镜芙在饱受逃难屈辱之时于黄浦江畔所生发的造船强国的梦想即将实现。自此，潘镜芙的人生就与我国大型水面舰艇的研制紧密联系在一起了。

这事得从 1953 年说起。是年 6 月，中苏经过多轮协商，终于在莫斯科签订了《关于海军交货和关于在建造军舰方面给予中国以技术援助的协定》。依据这个协定，苏联同意将护卫舰、中型快艇、鱼雷潜艇、猎潜艇和基地扫雷舰等五型舰船及其建造技术有偿转让给中国，在中国的船厂里进行仿制建造。我国建造海军舰船的历史也由此发端。[①]

---

① 程望. 当代中国的船舶工业. 北京：当代中国出版社，1992: 40.

在此之前，我国的船舶制造行业规模小、建造水平低，且只能设计建造民用及商用小吨位船舶。苏联一口气转让五型舰船，给我国船舶制造行业带来了一次大好的发展机会，船舶局也迎来了新的发展契机。船舶局原来有一个设计民用及商用船舶的设计处，在接到转让仿制苏联军事舰船的任务之后，为了保密及工作的需要，成立了专门负责五型舰船设计的设计分处，这个设计分处也因此成为我国最早的军用舰艇专业设计机构。[①]

设计分处成立后，立刻从全国各地调入舰船设计建造的各类专业技术人才。后来成为我国第一代核潜艇总设计师的黄旭华，就是在 1954 年 4 月由原设计处转入设计分处的。潘镜芙大约是在黄旭华进入设计分处一年之后被调入设计分处的。

1955 年 9 月，潘镜芙和许瑾女士迎来了他们爱情的结晶，他们的儿子如天使一般降临了，潘镜芙为了纪念自己进入设计分处参与军事舰船的设计工作、行将实现自己的造船梦想，给儿子取名"伏波"，寓意自己建造的军舰斩浪伏波，保家卫国。

潘镜芙来到设计分处后被分配至第四科，该科负责大型猎潜艇和基地扫雷舰的转让仿制，科长是黄旭华。潘镜芙

潘镜芙（左）与黄旭华（右）同游沈阳北陵公园合影（2003 年，潘镜芙提供）

具体参与 6605 型基地扫雷舰的技术转让，并担任该舰电气专业负责人，协助该舰的总建造师尤子平的工作。

转让仿制工作的第一步就是翻译和整理苏联方面提供的关于各型舰船的大量图纸及技术资料，吃透相关的原理及技术，以满足我国自己建造的需要。潘镜芙积极参加这项工作，他不满足于做好图纸与文件的整理、校对及翻译，而是真正消化、理解并掌握了蕴含在资料中的概念、技术与原理。

为了做好资料的消化和吸收工作并全面掌握军事舰船的设计工作，同时更好地提升自己的专业技术能力，潘镜芙从以下四个方面进行努力。他不仅

---

① 程望. 当代中国的船舶工业. 北京：当代中国出版社，1992: 42.

给同事及苏联专家留下了深刻的印象，而且在转让仿制中增强了实践认知能力，并逐步成为新中国在舰船设计方面的技术骨干。

首先，勤奋学习俄语，提升阅读与消化俄文资料及与苏联专家交流的能力。

当时转让仿制引进的技术资料都是俄文原版的，要整理、理解进而消化这些技术资料，首先就得掌握俄语。潘镜芙在大学期间主要学的是英语，没有接触过俄语，但幸好在第二设计分局工作期间学习过一阵子俄语，具备了基本的阅读与交流能力。但潘镜芙不满足于此，不仅积极参加设计分处组织的常规俄语学习，而且去夜校专门学习俄语，去图书馆借阅俄文读物以增加阅读量，认真收听俄语广播，主动与身边俄语专业的同志进行俄语交流。

通过一段时间见缝插针地勤奋学习，潘镜芙的俄语水平取得了巨大进步，他基本克服了语言障碍，不仅具备了熟练阅读和理解俄文资料的能力，还可以流畅地与苏联专家进行交流。

潘镜芙（前排右三）在上海船舶设计院与苏联专家合影（1955 年，潘镜芙提供）

其次，虚心向他人请教。

潘镜芙虽是电机专业出身，但缺乏在舰船设计上的实践应用与历练。对于扫雷舰技术资料中诸多不懂的问题，潘镜芙绝不放弃，除了虚心向其他同志学习外，还直接向苏联专家请教。当时来中国指导军事舰船转让仿制工作的专家大多知识渊博，专家组组长甚至是苏联某型导弹驱逐舰总设计师。这些苏联专家对于潘镜芙及其同事提出的问题总是耐心解答、毫无保留。①

在与苏联专家的学习交流中，潘镜芙的俄语水平及专业能力都得到了快速的提升，其好学的精神及敏捷的领悟能力也得到了苏联专家的充分肯定。

再次，深入船厂一线，锤炼自己的实践认知能力。

潘镜芙对扫雷舰的独特电磁设计非常着迷。当时苏联转让的五艘舰船中，扫雷舰的电气设计是最复杂的。在扫雷作业时，整个舰身不能带一丁点磁性，但拖曳扫雷具又必须依据需要具备较高磁场强度，因此船体及各种设备的电磁兼容及消磁设计必须严格满足技战术（即技术和战术）要求。潘镜芙下决心学习并弄清扫雷舰的电磁设计原理，同时他认为，仅仅在设计室里与图纸资料打交道，学不来造船的真功夫，他希望在工程实践中磨炼自己的专业能力，掌握舰船制造的全过程。

1955 年 10 月，就在儿子潘伏波刚刚满月之际，潘镜芙向科长黄旭华提出去千里之外的武昌造船厂驻厂工作，亲自参与扫雷舰的建造。黄旭华及上级领导鉴于潘镜芙积极的工作态度及良好的专业素质，同意了他的请求。于是，潘镜芙简单安排好家事，就告别家人，直奔武昌而去。

在武昌造船厂的船台上，潘镜芙见到了扫雷舰如何分段、如何从一个个分段焊接成舰总体，见证了舰

潘伏波百日照（1956 年，潘镜芙提供）

上的一块块钢板、一根根管道、一束束电缆是如何切割及铺设的，了解了舰上的每一台设备是如何安装施工、如何测试运行的。总之，潘镜芙亲身经历了这艘扫雷舰从放样到建成下水的全过程，并参与了其中许多具体的设计变更与施工工作。

潘镜芙在参与建造扫雷舰的工作中，得到了两位苏联专家的关注、帮助与培养。一位是该扫雷舰的总设计师别科夫，另一位是电气专家斯洛夫西。他们在上海的设计分处时就在俄文资料翻译及一些专业技术问题上给予过潘镜芙很多帮助，后来又和他一道来到武昌造船厂。

---

① 宋明达.潘镜芙传.北京：人民出版社，金城出版社，2014：40-41.

在武昌造船厂，潘镜芙跟随别科夫学习扫雷舰的设计、建造及试验，了解了舰船设计的一般原理及流程，这为他后来主持两代四型导弹驱逐舰的设计工作打下了良好的专业基础。

潘镜芙跟随斯洛夫西继续深耕他的电气专业技术。在扫雷舰的消磁技术、磁扫雷具两大关键技术的设计与工程处理上，斯洛夫西对潘镜芙倾囊相授，不仅日常对他耐心讲解，甚至在中苏关系日渐趋紧时也为他争取并提供相关资料，供他学习研究。

斯洛夫西曾经对潘镜芙说："我看你学东西非常认真，可是你要知道，知识是无限的，一个人的精力是有限的，（你要明白）你应该学什么知识，学到什么程度就够了，这个你要自己掌握，否则浪费了时间却收不到效果。"斯洛夫西的意思是学习知识既要广，还要专，更要学以致用。

潘镜芙这一驻厂就是一年多，其间仅在 1956 年春节回家一次，那时电报、电话稀缺，与妻子及家人的联系主要靠写信。潘镜芙虽然忙于工作，但也深深牵挂着妻子和儿子。1956 年春节回家看到茁壮成长的儿子和略显憔悴的妻子，潘镜芙既无比高兴，又有深深的歉疚。

全家福（左起：许瑾、潘伏波、潘镜芙）
（1956 年，潘镜芙提供）

最后，亲自参与扫雷舰的试航试验工作。

1956 年夏，该型扫雷舰建造完毕，顺利下水，即将去海上进行各种航行试验及技战术性能试验。潘镜芙认为这次试航试验是真正检验舰船产品设计及建造的科学性与合理性的环节，对于一个设计者来说至关重要，因此他再一次果断要求参与该扫雷舰的试航试验工作。领导考虑到潘镜芙对该型扫雷舰的设计及建造工作较熟悉，结合他的工作热情和专业能力，同意他代表设计方赴海上参与试航试验工作的请求。

参与舰船海试可不容易，首先得过海上生活关，而初次海上之行就让潘镜芙终生难忘。

为了测试船舶技战术性能指标，军事舰船海试专拣各种特殊海况进行。每天，巨大的海浪和偶遇的台风让参与试验的工作人员头晕目眩、呕吐不止，他们需要努力忍受与克服这些困难，坚持工作、坚守岗位。试验完毕后回到码头睡觉，潘镜芙依然感觉身下的大地在不停地起伏旋转。即便如此，潘镜芙也从未懈怠，他克服各种不适，圆满完成了扫雷舰的航行、消磁及扫雷技术试验。

潘镜芙经过一段时间的锻炼，逐步适应了这种海上生活，并充分掌握了军事舰船海试及技战术试验的流程与策略，深刻体会了舰船设计、舰船制造、舰船试验、舰船操作与舰上生活之间的关联。这种海试能力锤炼也对他后来承担导弹驱逐舰设计及试验工作很有帮助。

到武昌造船厂现场指导生产的总设计师别科夫对潘镜芙的敬业精神与学习态度非常欣赏，在该型扫雷舰建成并交付海军后，他对潘镜芙说："知识和能力来源于实践，你是唯一一个全过程参与扫雷舰资料消化、设计、建造和试验的技术人员，这段经历对你今后自行设计舰艇是非常有帮助的。"

如此，潘镜芙经历了一艘军舰从设计、制造、试验定型到交付使用的全过程，不仅使自己的电气专业技术能力得到全面的提升，而且初步涉猎了舰船的设计工作。此外，非常重要的是，他在实践中锻炼了自己，提升了理论联系实际及在实践中解决具体问题的能力。

入党后的持续进步

潘镜芙被调入船舶工业管理局产品设计分处不久后，因为业务扩展的需要，产品设计分处改名为第一产品设计室（简称一室）。由于潘镜芙在扫雷舰的转让仿制工作中不仅勤勉努力、刻苦认真，而且克服困难，主动赴生产一线协助生产，还不畏艰险，赴海上参与试航试验，其表现不仅得到了一室领导和同事的高度认可，还赢得了苏联专家的高度赞扬。

1956 年 9 月，在潘镜芙参加完扫雷舰的试航试验并回到一室后，鉴于他的工作表现，组织上同意了他的入党申请，潘镜芙正式加入党组织，成为一名光荣的中国共产党党员。此后，他一直以一名党员的身份严格要求自己，兢兢业业地为国家奉献了自己的一生，践行了自己的入党誓词。

1956年，潘镜芙凭借优秀的工作表现及技术能力被任命为一室新成立的技术科副科长，在科长迟迟未到任的情况下，主持技术科的工作达两年之久。当时技术科下设技术情报、标准规格及工艺三个小组，为了把技术科的各项工作协调好，潘镜芙只能暂时放缓技术上的探索，把主要精力放在科室业务的管理上。由于他工作踏实、公平无私、以身作则，科室工作井然有序，工作成绩得到了时任船舶局局长程辛同志的高度赞扬。①

潘镜芙在主持技术科工作时，做了一件很有眼光的事。由于全程经历了扫雷舰的转让仿制工作，潘镜芙意识到苏联转让的技术资料很有价值，中国迟早要走自主设计建造的道路，把这些技术资料整理保存起来一定会大有用途。于是，潘镜芙一方面安排技术情报小组的人员全面收集苏联转让仿制的各型舰船的技术资料，另一方面又多次去找驻一室的苏联专家，努力争取更多的技术资料，并将这些资料系统地整理、保存起来。

让潘镜芙没想到的是，他的这一举措竟然与一室副主任李嗣尧的想法不谋而合。李嗣尧后来告诉他："当时之所以要你主持技术科的工作，是因为国内即将开展自主设计，亟须加强技术资料管理，事实证明，你工作做得很好，已经培养出了接班人。"

潘镜芙在担任技术科副科长期间，很受一室主任辛维的重视。辛维是一名行政级别很高的干部，在船舶局具有很高的威望。当时上海是我国船舶设计中心，各种技术性会议很多，辛维参会时经常带着潘镜芙，这些会议让潘镜芙大开眼界，接触到了各领域的技术专家和设计思想。在讨论一些重要技术问题时，辛维总是要求潘镜芙发表意见，并且也很重视潘镜芙的建议，这让潘镜芙得到了很好的锻炼。

1958年，一机部在船舶局先后建成的五个产品设计室的基础上，成立了一机部船舶产品设计院，设计院同样下辖五个产品设计室，专门承担军事舰船的设计工作。20世纪50年代，一机部船舶产品设计院是我国最具实力的军事舰船设计机构，它的成立奠定了以集中设计为主、专业分工合作的船舶设计模式。

---

① 宋明达.潘镜芙传.北京：人民出版社，金城出版社，2014：42.

中国人民解放军 1009 部队第三研究室欢送李嗣尧同志离室合影
（第三排左一为潘镜芙）（1961 年，潘镜芙提供）

在苏联舰船转让仿制技术资料工作的整理告一段落之后，为了充分发挥潘镜芙的专业特长，船舶产品设计院领导同意李嗣尧的建议，决定派潘镜芙转任一室电气科副科长，专门负责军事舰船设计中的电气专业问题研究。

回归电气专业工作后，潘镜芙对苏联转让仿制的各型舰船的电气系统及相关技术进行了系统的总结和研究，取得了很大的收获。说起转任电气科副科长一事，潘镜芙对李嗣尧表达出由衷的感激。在电气科卓有成效的工作经历与成果，既为他下一步解决我国舰船的直流变交流问题创造了条件，也为他后来成为两代四型导弹驱逐舰总设计师打下了扎实的专业基础。

20 世纪 50 年代后期，中苏关系不断恶化。1960 年 7 月，苏联撤回所有专家，我国科研人员走向科研生产的第一线，历经磨砺的潘镜芙也逐渐在更高的平台上展现出自己的能力和才华。

为了加强国防建设，满足海军提升装备建设水平的需要，1961 年，经中共中央批准，中华人民共和国国防部成立舰船研究院，专司军事舰船的设计及相关技术的研究。国防部舰船研究院也被称为国防部第七研究院，简称七院，下设一大批舰船研究设计所，其中就包括潘镜芙后来所在的第七〇一研究所。

1961 年，一机部船舶产品设计院整体并入七〇一所，办公地点不变。潘镜芙进入七〇一所后，其原来所在的第一产品设计室变成第三研究室，第三研究室专门负责水面舰艇的研究设计工作。潘镜芙凭借出色的工作能力，被任命为七〇一所第三研究室电气科副科长，时年 31 岁。

成功实现舰船直流电制变交流电制

早期的军事舰船的电力负荷主要是照明和电风扇，电气化程度较低，动力装置以蒸汽机为主。为了技术上的便捷，二战以前各国舰艇使用的电气设备均采用直流电制。但是，军舰靠岸后动力装置停机，需要外接码头上的交流电给船舶供电，因此早期的舰船都必须有一套专业而稳定的电制转换系统。

二战后，由于电子技术及控制技术的发展，雷达、声呐、通信、火控系统大量上舰，军事舰船的电气化程度越来越高，用电量越来越大，直流电制的弊端越来越突出。交流电制具有电压变换方便、输配电经济、便于连接岸电等优点，而且交流电机体积小、重量轻、价格低、可靠性高、维护保养简单。与此同时，国外海军舰船的动力装置逐步淘汰蒸汽动力，向柴燃动力装置发展，这更加利于交流电制的使用。鉴于此，发达国家在二战后开始探索在海军舰船上使用交流电制，至 20 世纪 50 年代基本实现了交流电制，并进一步拓展至民用船舶。

在 20 世纪 50 年代以前，我国由于工业水平严重落后，军事舰船依旧以蒸汽动力为主，而且电气化程度不高，所以使用直流电的矛盾并不突出，但军舰靠岸后连接岸电仍然存在很多麻烦和安全隐患。一次，一艘军舰靠岸换电时，工作人员因疏忽而接错了线头，舰上的电气设备悉数烧毁报废。

而在 20 世纪 50 年代以后，由于转让仿制的军事舰船的电气设备越来越多，动力装置向柴油机过渡，直流电制的矛盾日益凸显，靠岸后岸电转换的弊端也让舰上的官兵迫切盼望能在舰上与陆地上一样使用交流电。

1962 年 12 月，七〇一所承担 1000 吨级的 65 型江南级火炮护卫舰（简称江南级护卫舰）[1]的总体设计工作，总设计师是俞伯良。鉴于潘镜芙具有良好的工作业绩，被委以主持该型护卫舰的电气部分设计工作的重任。

潘镜芙在构思江南级护卫舰的电气系统设计时，国外军事舰船已经完成了从直流到交流的转变。潘镜芙已然了解这种技术潮流，同时深切理解

潘镜芙（右）与俞伯良（左）合影
（1992 年，潘镜芙提供）

和认同海军官兵的现实需求，因此在设计该型护卫舰的电气系统时，血气方刚、勇于尝试的潘镜芙提出了采用交流电制的设想。

"这是否太冒险了？"因为我国自行设计的东风号万吨远洋货轮尝试采用交流电制在专家验船时未获通过，有人据此提出质疑。

"我看可以，要善于打破常规，不然，不敢越雷池一步，我们怎么向一流的战舰迈进？"总设计师俞伯良支持潘镜芙的设想。

以俞伯良为主的技术领导的支持、舰艇部队的呼声，让潘镜芙坚定了在首艘自主设计的护卫舰上采用交流电制的决心。[2]

潘镜芙提出护卫舰采用交流电制的设想，并非莽撞之举，而是在经过科学判断和周密论证后提出的，且与俞伯良进行了充分的讨论和沟通。事后，潘镜芙又制订了一整套采用交流电制的推进计划。

首先，弄清东风号万吨远洋货轮采用交流电制失败的原因。

通过在船舶检验局及设计单位进行调查，潘镜芙发现东风号所选用的250 千瓦交流发电机组的调压性能不符合钢船建造规范的要求，交流电机及开关等电气设备均为陆用设备，无法满足船舶防潮、防盐蚀、防震等要求，故在船舶检验局验收时未获通过，只能重新改回直流电制。

其次，分析直流变交流的优缺点及需要进行技术攻关的地方。

潘镜芙认为，直流电机普遍因为整流子容易出故障而出现性能不够稳定

① 65 型江南级火炮护卫舰被《简氏战舰年鉴》（*Jane's Fighting Ships*）称为"江南级"护卫舰。——著者注
② 宋明达 . 潘镜芙传 . 北京：人民出版社，金城出版社，2014：49.

的情况，直流变交流能够方便岸电的驳接，而且交流电机简单、可靠、稳定、价格便宜，可以满足舰船所有电气设备的需要。从技术发展角度看，直流变交流也是国际趋势。因此，直流变交流的方向没有错，必须坚定不移地去实现。

潘镜芙进一步分析，直流变交流有三大技术问题需要攻克。

问题一，船用发电机功率有限，通常不过数百千瓦，舰船上大部分电动机启动后，发电机立马出现降压、降频的问题，这导致柴油机降速，进而造成供电不稳定并可能损坏发电机及电动机。

潘镜芙撰写的《船用同步发电机、调压器、调速器的技术要求及选用意见》（潘镜芙提供）

问题二，直流电机的优势是便于实现速度调节，而当时的交流电机广泛使用鼠笼式异步电机，这种电机的缺陷是不能调速，不能直接运用于军舰上需要变速运行的机械设备。

问题三，军舰在各种复杂的水面行驶，电气设备的运行环境完全不同于陆上环境，军舰上使用的电气设备必须满足防潮、防盐蚀、防震等技术要求，因此必须研制船用电气设备。

最后，制定解决问题的技术方案及实施措施。

在研究和解决该型护卫舰采用交流电制的问题上，总设计师俞伯良的支持固然重要，而给第七〇一研究所做设备配套的第七〇四研究所总工程师蒋承勋、电气科科长夏复修对潘镜芙的帮助最为关键，他们和潘镜芙一起攻克了一系列技术难题。

蒋承勋也是学电气专业的，和潘镜芙在第二设计分局时就是同事，他对潘镜芙的想法表示认同。夏复修与潘镜芙同属电气科，两人在护卫舰的电制问题上不谋而合。于是三位志同道合的技术人员首先走访了几个关键的部门，以取得他们的支持与帮助。

第一个部门是上海的船舶科学研究所，这个机构当时是国内船舶设备研究的权威部门。潘镜芙等三人和他们认真沟通，给他们分析未来军事舰船的发展以及船用电机与电气设备的重要性，希望得到他们的帮助。该研究所本就对该问题有相似的想法，因此同意他们的意见，着力研究船用电机及电气设备。

接着潘镜芙等又走访了新安电机厂、五岳电机厂、上海电机电器开关厂等制造发电机、电动机、启动器及开关等电器的企业，向他们阐述制造船用设备系列的前景，以取得这些企业的支持。这些企业承诺按照需求研制生产船用电机及电气设备，从而确保了护卫舰使用交流电制的设备条件。

待船用设备问题有了着落后，潘镜芙等三人又在第七〇八研究所等技术部门的支持下，着力研究解决船用发电机与柴油机降速、降压、降频问题及交流电机的调速问题。

经过相关部门的技术攻关，他们相继研制出了发电用柴油机的调速器、发电机的调频调压器，以此保证船用电站的稳定运行与电力输出。

船用发电机组是采用交流电制的核心技术问题，仅有技术设想及研制几台设备还不行。为了稳妥起见，潘镜芙说服护卫舰的制造厂江南造船厂开展陆上柴油发电机组配套和并车试验，试验结果完全印证了潘镜芙的设想，柴油机调速稳定，发电机调频调压性能良好，可以稳定并联运行，保证持续的电力输出。

南充号护卫舰

对于交流电机的调速问题，潘镜芙认为，虽然无法复制直流电机无级调速的优势，但可以采用有级调速的方法来匹配船用机械设备的速度需求，最终通过技术攻关，采用交流双速、三速电机解决了配套机械及电气设备的调速问题。

在潘镜芙精心统筹和相关机构的密切配合及共同努力之下，经过一系列辛勤的试验及试制工作后，江南级护卫舰采用交流电制的方案基本成熟。在时任海军副司令员赵启民主持的护卫舰设计审查会议上，潘镜芙系统地阐述了采用交流电制的优势以及相应技术方案与工作措施，并从容地回答了专家们的提问。最终，江南级护卫舰采用交流电制的方案得以顺利通过。

经过俞伯良、潘镜芙及相关单位的共同努力，1964 年 8 月，江南级护卫舰首舰（舷号 529）在上海的江南造船厂开工建造，1965 年 12 月下水，1966 年 8 月顺利通过船舶检验局的验收，按计划交付海军使用。据当时的报道及资料查证，这艘江南级护卫舰是中国自行设计建造且全部采用国产材料和设备的第一型护卫舰。由于其设计的成功、建造质量的优秀及其在国防事务中发挥的重要作用，该型护卫舰于 1978 年获得了全国科学大会奖。[①]

江南级护卫舰交付海军使用后，其采用交流电制的优势得到了军方的充分肯定，也在国内产生了巨大反响，当时媒体对此进行了大量报道。不久之后，不仅新生产的军事舰船全部采用交流电制，而且部分已经服役的军舰也进行了交流电制改造。后来，交流电制被运用到民用船舶，所有水面舰船都陆续实现了船用电力系统的交流化。

潘镜芙主持的舰船直流变交流工作具有十分重要的意义。

首先，舰船采用交流电制以后，电力系统稳定、生命力强，电机及电气设备重量轻、体积小、维护保养方便、实用性好，电力系统的安全性和可靠性大大提高，而且军舰靠岸后的供电更加方便。

其次，军事舰船电制由直流向交流的转变，推动了国内船用交流电设备的研究与试制工作。船用发电机、电动机、开关、接触器、继电器、启动器、磁力站等交流电气设备品种繁多，交流产品系列实现了从陆用到船用的

---

① 武林樵子 . 中国海军 65 型护卫舰 . 舰载武器，2006(2): 28–31.

全覆盖，企业的产品范畴大大拓展，也为大规模的船用交流电制改造创造了设备条件。

第三，促进了船用交流电力系统的研究工作。在江南级护卫舰的交流电制设计过程中，初次进行了交流电力系统的各种计算，如短路电流计算、大功率异步电动机启动时电压降压计算等，这些研究课题开启了我国船用交流电力系统的研究工作，为我国后来的交流电力系统的升级换代奠定了基础。[①]

潘镜芙主持江南级护卫舰电力系统的设计工作，促使我国舰船从直流电制转变为交流电制，使得我国的船舶电气设计跟上了国际发展潮流。

在潘镜芙主持江南级护卫舰电气系统设计工作的四年间，有三件事需要补充交代。

其一，1963 年初，潘镜芙所在的七〇一所集体参军，潘镜芙穿上了军装，被授予大尉军衔。那个年代，参军是一件无比光荣的事，潘镜芙及同事们都很高兴。可惜的是，这军装只穿了三年，1965 年潘镜芙及同事们就集体退役了。

其二，1962 年，正在主持江南级护卫舰电气系统设计工作的潘镜芙由电气科副科长晋升为科长，正式全面主持第三研究室电气科的工作。1964 年，由于严谨踏实的工作作风及过硬的专业技术能力，潘镜芙被任命为第三研究室副主任，成为七〇一所中层领导干部。

其三，1966 年，七〇一所整体迁往南京，潘镜芙从此与妻子许瑾开始了长达 31 年的夫妻分居生活。

江南级护卫舰直流变交流的成功，是潘镜芙作为主持人在大型研究设计项目中取得的第一项重要技术成果，它让潘镜芙在七院及七〇一所崭露头角，成为大家关注的技术明星。

[①] 宋明达 . 潘镜芙传 . 北京 : 人民出版社，金城出版社，2014: 50−51.

第五章

担纲 051 型总设计　武器系统获突破

在现代各国海军中，航空母舰、核潜艇和导弹驱逐舰是最核心、最具攻击力及威慑力的三大战斗舰艇，也是各国海军实力的象征。导弹驱逐舰是一种多用途的军舰，自 19 世纪 90 年代至今一直是海军重要的舰种之一。现代驱逐舰能执行防空、反潜、反舰、对地攻击、护航、侦察、巡逻、警戒、布雷、火力支援以及攻击岸上目标等作战任务，有"海上多面手"称号。在战列舰、巡洋舰逐渐退出现代海军序列之后，导弹驱逐舰逐渐成为各国海军重点发展的中型舰艇。

毋庸讳言，就技术实力而言，在三大战斗舰艇中，我国导弹驱逐舰的水平是相对最高的，与世界军事强国的差距是最小的，甚至在某些技战术指标上已经具备一定的优势。而这些成就，与我国"导弹驱逐舰之父"潘镜芙的努力与奠基性作用是分不开的。

开启自主设计导弹驱逐舰之路

新中国成立之初，我国不具备自主设计与建造千吨级以上作战舰艇的能力，发展海军只能依靠购买或者定制苏联及英国的退役舰船，并且代价高昂，即便如此，因为当时国际环境错综复杂，我国依然难以买到驱逐舰来加强我国的海军实力。

1953 年 6 月 4 日，经过长达一年多的艰苦谈判，中苏政府终于签订了《关于海军交货和关于在建造军舰方面给予中国以技术援助的协定》。其中的重要一项就是向苏联购买即将退役的四艘 07 型驱逐舰，该型驱逐舰满载排水量为 2500 吨，装有四门舰炮和两座鱼雷发射管。

1954 年 3 月，人民海军筹建了驱逐舰部队，并于 1954 年 10 月 14 日和 1955 年 6 月 28 日分两个批次接收了四艘苏联 07 型驱逐舰，将其命名为"鞍山""抚顺""长春""太原"，人民海军第一次拥有了比其他舰艇性能先进的驱逐舰。

20 世纪五六十年代，这四艘总价格相当于 68 吨黄金的驱逐舰是人民海军火力最强、吨位最大的水面作战舰只，它们被称为人民海军的"四大金刚"。但是，这四艘驱逐舰毕竟是二战时的产物，而 20 世纪 60 年代军事强国的驱逐舰已经发展为导弹驱逐舰，因此我国在 20 世纪 50 年代末开始对这四艘驱逐舰进行改装，加装双联装导弹发射系统，至 70 年代初完成。

如今，在亚洲最大的海军博物馆——中国人民解放军海军博物馆（青岛）中，那艘舷号为 101 的驱逐舰就是人民海军拥有的第一艘驱逐舰，也即当年显赫一时的"四大金刚"之首——鞍山舰。

潘镜芙的工作笔记记载，1957 年我国从苏联购买了 56 型（也称科特林级）驱逐舰的部分技术图纸及资料，1959 年 2 月海军正式提出研制新型导弹驱逐舰的设想，其时第一机械工业部船舶产品设计院第一产品设计室的俞伯良、潘镜芙等人依据该设想于当年底就完成了代号为 017 的驱逐舰草图设计。1960 年 2 月，海军科研部在审查同意 017 方案的基础上，提出据此研制 08 型驱逐舰的技战术要求。3 月底，第一机械工业部船舶产品设计院在苏联专家指导下，完成了代号为 017K 的驱逐舰草图设计。其后，海军通过总参谋部的同意，拨出专款用于驱逐舰关键配套设备的仿制。

1960 年 5 月，李复礼和潘镜芙等人在 08 型驱逐舰设计方案的基础上做了一个更加详细的方案，并将其命名为"63 型"，意思是希望 1963 年能够造国产驱逐舰。在 63 型的设计方案中，潘镜芙和魏乃文还做了一个回转式导弹发射架布置方案。

成立于 1961 年的七○一所作为我国海军装备研究设计的主力军，自成立之初就很关注驱逐舰这个重要项目。据潘镜芙回忆，虽然当时高层并未下达设计驱逐舰的任务，但是海军计划发展国产驱逐舰的意图已经非常明显，因此七〇一所成立后不久，就在有关部门的默许下未雨绸缪，开始部署国产驱逐舰的设计工作。

七〇一所在内部启动驱逐舰的设计工作之后，曾对随舰资料进行分析，发现不仅资料不全，而且其中所述为落后的常规火力舰，没办法加装符合国际发展趋势的导弹发射系统。在当时中苏已然交恶的情况下，依靠苏联建造和改进该型驱逐舰也是没有任何可行性的。

七〇一所当时参与驱逐舰设计的核心技术人员是俞伯良、李复礼，潘镜芙也参与了初期的设计工作。俞伯良 1950 年毕业于上海交通大学造船工程系，李复礼 1950 年毕业于同济大学造船系，他们虽然年轻，但在业内已经具有一定的声望。除了俞伯良、李复礼、潘镜芙之外，还有从苏联归国的留学生华绍曾、陈裕师及一大批从名牌大学毕业的青年学生（如袁敦垒、李利标等）。他们精力充沛、思想活跃，对驱逐舰设计充满热情，先后在 63 型驱逐舰设计方案的基础上做出了十几个驱逐舰设计方案，热切地盼望能快点设计出中国自己的驱逐舰。然而，也许因为当时的国家经济尚处于困难时期，生产制造条件还不具备，驱逐舰研制立项迟迟没有消息。

赴盐城参加"四清"工作

1966 年 5 月，对国产驱逐舰设计立项翘首以盼的潘镜芙等到了一个意想不到的通知，要他作为技术干部与另外一名政工干部一起，带领七〇一所"四清"工作小组赴江苏盐城参与当地的"四清"工作。

到盐城后，潘镜芙等三人组成的"四清"工作小组被分配至南洋公社五星大队。潘镜芙带领工作小组与大队社员同吃同住同劳动，具体负责大队的"四清"工作。

"四清运动"是指 1963 年至 1966 年上半年在部分农村和少数城市开展的社会主义教育运动。前期在农村中主要是"清账目、清仓库、清财物、清工分"，后期在城乡统一为"清政治、清经济、清组织、清思想"。

潘镜芙在五星大队住在一个仅有奶奶和孙女两人的家庭中，孙女叫阿秀，奶奶叫什么名字潘镜芙已经记不起了。祖孙俩对潘镜芙很好，潘镜芙对她们也很照顾。苏北当时特别贫困，祖孙俩的生活非常清苦，日常的伙食基本上就是青菜烧线粉，没有油，更见不到荤腥。潘镜芙很理解她们的境况，从不挑剔，每天和她们吃着同样的饭菜，相处也很融洽。

潘镜芙苦笑着说，那段日子真是艰苦，由于长期见不到油水，偶尔去城里开会才能稍许改善伙食。潘镜芙以往从不吃肉，可"四清"时期却破例吃了几次大肥肉。

在"四清"工作中，潘镜芙的工作小组主要按照上级要求清理五星大队的工分、账目、仓库和财物。大队很穷，其实也没有多少需要清理的。不过有一件事令潘镜芙印象深刻。当时五星大队正、副队长闹矛盾，副队长向"四清"工作小组检举大队长有历史问题，要求工作小组进行审查。

潘镜芙作为"四清"工作小组的副队长，只好按照上级要求清查这位大队长的历史问题。潘镜芙做事认真，按照资料线索去上海外调审查，结果发现这位大队长确实参加过国民党，于是按照程序将调查结果如实向上级汇报。

此事过后不久，潘镜芙他们就结束了"四清"工作，那名大队长最后的处理结果潘镜芙也不得而知。谈起这件事，潘镜芙露出苦笑，说不知道自己这件事办得对不对，但当时有政策纪律，他只能照章办事。

1966年12月31日深夜，潘镜芙疲惫地背着行李，也不知转了多少趟车，总算回到自己位于上海西康路南沙公寓112号1楼1室的家。女儿潘丽达对这件事至今记忆犹新。她说当时母亲许瑾因为"安亭事件"作为有线电视厂的赤卫队去保护老干部了，家里只有哥哥潘伏波和她，

全家福（1966年，潘镜芙提供）

由于街道上到处"噼里啪啦"不太平，兄妹俩很害怕，也没睡着，这时突然听到"梆梆梆"的敲门声，他们以为是有坏人来骚扰，潘丽达吓得紧紧地抱着哥哥。

当敲门声再次响起时，当时才八岁的潘丽达在被子里瑟瑟发抖，哥哥抱

着她问外面："谁呀？"大约是潘镜芙的回应声有些熟悉，兄妹俩才战战兢兢地打开了门。

打开门一看，竟然是父亲，潘丽达扑上去抱着潘镜芙哇哇大哭起来。潘镜芙等兄妹俩平静下来之后，才发现潘丽达脖子上挂着一串钥匙，就问他们妈妈哪里去了，他们回答说"闹革命"去了。

是夜，妻子许瑾一宿未归，潘镜芙带着两个孩子担心了一夜。

潘镜芙回来后，"一月风暴"爆发，上海进入了"文革"最为动荡的时期。潘镜芙回家没多久就是春节，同时南京七〇一所那边也在"闹革命"，没法正常工作，也没有谁催潘镜芙回南京上班，于是潘镜芙难得在家好好陪家人过了一个春节，前后差不多休整了两个月的时间。

由于心中还是牵挂着驱逐舰的设计工作，春节后不久，潘镜芙把家里约略安顿一下，就把两个年幼的孩子交给许瑾，急切地去南京报到上班，参与到已经下达研制任务的 051 型驱逐舰设计工作之中。

受命主持 051 型总体设计工作

1966 年 6 月，就在潘镜芙离开七〇一所并赴江苏盐城参与"四清"月余之后，出于我国将要进行的洲际导弹发射试验必须具备海上全程护航及警戒的现实需要，也出于增强我国海军实力的迫切诉求，中央军委终于批准了"海军装备科研'三五'计划"，决定开工建造 051 型驱逐舰。为此，中央军委组织了一大批相关研究院所及工厂参与该计划。七〇一所承担全舰总体设计任务，自行研制火炮驱逐舰。海军官兵、舰艇设计及相关装备制造人员自主设计制造我国自己的驱逐舰的愿望终于可以实现了。

潘镜芙虽然身在盐城，但当他得知我们终于能够设计建造自己的驱逐舰时，也是兴奋不已。

研制任务下达后不久，为顺应世界各国新造舰艇纷纷装备反舰导弹系统的发展趋势，适应未来海战的需求，在七〇一所刚刚开始方案论证时，上级就进一步明确该型驱逐舰必须适应新的技术发展趋势，加装反舰导弹系统。因此，该型驱逐舰必须按照导弹驱逐舰的要求进行研究设计，必须配有舰炮、反舰导弹、反潜武器，采用大功率蒸汽动力装置，同时具备导弹系统，以及声呐、雷达、通信、导航设备和作战指挥与武器控制系统等。[①]

七〇一所立刻集结了一大批技术人员，由李复礼担任该型驱逐舰的总设计师，以苏联科特林级驱逐舰为参考依据，与相关研究院所一起开始了自行设计导弹驱逐舰的历程。

1967 年 3 月，潘镜芙回到所内时，051 型总体设计方案已经基本完成，技术设计工作即将开始。

潘镜芙的回归让李复礼喜出望外，他非常看重潘镜芙。一来潘镜芙以前就和他一起做过驱逐舰的设计方案，合作设计了回转式导弹发射架；二来潘镜芙亲身经历了苏联基地扫雷舰从设计、制造到下水试验的全流程，主持过江南级护卫舰的电气系统的研究设计及直流变交流工作，相对于其他技术骨干而言有着更丰富的舰艇设计制造及相关技术攻关经验；第三，潘镜芙不仅年富力强，而且意志坚韧、组织能力强，更重要的是，潘镜芙眼界开阔、技术功底扎实，对驱逐舰的设计既充满热情，又脚踏实地，能给予李复礼极大的支持。

潘镜芙到位后，所领导和七院征得李复礼的同意后对 051 型设计的组织工作进行了调整，成立 051 型总体设计技术领导班子。潘镜芙被吸纳为技术领导班子成员，受命与李复礼一起主持 051 型的总体设计及相关技术攻关工作。按照专业相近、发挥专长的原则，李复礼负责驱逐舰总体、船体及型线等的设计工作，同时负责技术抓总，潘镜芙具体负责 051 型的动力、电气、电子、武器装备及机械设计工作，研究制订这些问题的最终技术方案。[②]

严格地说，051 型的研制在当时确实非常艰难，潘镜芙认为他们至少面临以下四个方面的困难。

一是三年困难时期过去不久，国家财政还相当紧张，项目经费并不充裕，新舰的研制受到经费制约。

二是当时我国整体技术水平与发达国家存在较大的差距，导弹驱逐舰的设计及制造涉及声呐、雷达、通信、导航、控制指挥等一系列配套技术及设

① 《现代舰船》编辑部. 驰骋大洋——国产驱逐舰总师访谈录. 现代舰船，2005(1): 6-10.
② 宋明达. 潘镜芙传. 北京：人民出版社，金城出版社，2014: 54.

备，而我国当时在这方面不仅技术落后，而且许多配套设备还是空白。

三是自行设计排水量如此之大的舰艇没有可以借鉴的经验，缺少与之相匹配的绘图仪、设计软件及先进计算设备，甚至连最为基础的技术资料及技术标准都极度欠缺。

四是任务下达时恰逢"文革"，推进研制工作困难重重。

潘镜芙回忆说，即便如此，年轻的七〇一所及年轻的技术人员没有被这些困难吓倒。他们和配套设备研制单位一起，依据保留的苏联各种军舰的设计资料及通过各种途径所获取的技术情报，系统梳理导弹驱逐舰设计所涉及的各种配套技术，制订协同攻关及研制的方案。没有计算机等先进计算及设计平

潘镜芙所用制图工具（苏州名人馆提供）

台，就用计算尺、圆规、角尺、曲线板和木制压条这样原始的设计及计算工具。需要进行大型复杂的计算时，就轮流操纵一台手摇式计算机来解决。当时数以千计的舰船图纸，数以十万计的技术线条，都是设计人员忍着酷暑和寒冬在绘图板上一笔一笔绘制出来的。[①]

然而，当时让设计人员最难忍受的还不是资源的缺乏、条件的简陋及工作的艰苦，而是设计工作频频受到时局动荡的干扰。"文革"开始后不久，工宣队和军宣队就进驻七〇一所，他们认为七〇一所这种知识分子扎堆的地方、如此重要的设计部门必定存在反革命分子和特务，于是学习整顿、监督检查、审查批斗成了家常便饭，数以百计的设计人员只能白天参加学习揪斗，晚上聚在一起研究问题、设计图纸。[②]

---

① 宋明达.潘镜芙传.北京：人民出版社，金城出版社，2014：55.
② 宋明达.潘镜芙传.北京：人民出版社，金城出版社，2014：57.

主导武器系统研发与装舰

在 051 型驱逐舰总体设计工作中，潘镜芙的核心任务就是完成舰上武器装备的设计与装舰，并保证 051 型技战术指标达到规定的要求。

潘镜芙说，舰载武器装备设计与安装方法经历了一个漫长的发展历程。由于技术水平、作战观念与海战方式的局限，早期在设计舰艇上的机枪、火炮、鱼雷、深水炸弹等单机武器装备时，仅需考虑合理布局，设计好后上舰分别安装，不需要考虑彼此之间的相互联系、影响及其组合打击，甚至也不用考虑这些单机武器装备与声呐、通信系统之间的联系，指挥也只是靠各级指挥员的层层口令传达，人工选择安排武器装备的使用，没有作战指挥系统，故此武器装备的上舰安装实行"拿来主义"。[①]

潘镜芙举例说，在导弹上舰之前，军舰最核心的武器是舰炮。舰炮分为主炮、副炮、高平两用炮、高射炮等，无论哪一种炮，都一直是在指挥员的口令下单炮射击，没有配置相应的指挥仪和炮瞄雷达，未形成火炮系统，无法进行有效的组合射击，快速反应能力相当差，实战中的命中率及总体作战效果完全取决于指挥员、炮手的能力及武器质量的优劣。其他武器装备大体与舰炮类似。[②]

潘镜芙进一步强调，自二战以来，随着科学技术的飞速发展，海军作战理论与观念发生了颠覆式变革，超视距的雷达及声呐的探测技术、导弹技术完全改变了海战模式，传统武器装备的装舰模式越来越不适应现代作战理论及作战方式，因此，必须运用全新的思想与观念来综合考虑舰上武器装备的设计与上舰安装。

潘镜芙回忆说，他在接手武器装备的设计时，通过评估国外驱逐舰设计的发展趋势，结合上级要求导弹上舰的指示，就思考绝不能按传统的单机设计装舰的思路简单堆砌武器装备，必须采用新的观念和模式对武器装备进行合理配置，从而达到驱逐舰立项时确立的技战术目标，进而确立我国未来驱逐舰研制的基本原则与技术路线。

---

① 宋明达 . 潘镜芙传 . 北京：人民出版社，金城出版社，2014: 59.
② 《现代舰船》编辑部 . 驰骋大洋——国产驱逐舰总师访谈录 . 现代舰船，2005(1): 6–10.

　　驱逐舰需要上舰的武器装备非常复杂，涉及多个部门与学科，潘镜芙明白当务之急是给自己找几个得力助手，协助自己评估各种武器装备所需的性能与特点，设计上舰安装的技术路线。通过一番努力，潘镜芙找来了精通火炮与导弹的李利标、研究雷达的杜公谋、擅长通信的孔祥础以及水声专家赵为文作为自己的助手，共同研究 051 型驱逐舰武器装备的设计与上舰问题。

　　在后续的工作中，陆续又有既擅长弱电又精通武器装备专业的郭永华以及强电专家朱忠兴、周毓秀等加入潘镜芙的团队。这些人员的加入奠定了该团队解决各种问题的专业人才基础，也充分体现了潘镜芙的组织协调能力。

　　潘镜芙带领自己的团队通过多种途径收集关于国外驱逐舰的新闻和技术性资料，进而分析和研究国外驱逐舰设计的观念与思路。他们通过资料了解到，美国陆军于 1944 年装备了一套自动化防空火炮系统，该系统的雷达能够自动搜索和跟踪目标，带动高炮群自动对准飞行中的敌机，自动计算出炮弹发射方向，以便准确击中目标，该火炮系统还可以连续自动装填、自动上膛和击发，直到敌机被击落或逃走为止。一个过去十分复杂的作战过程居然能够全部自动化操作，而且操作灵巧，命中率高，给敌方带来了巨大威慑。潘镜芙等人被这份资料深深吸引，并从中体会出了"系统"的内涵与作用。[①]

　　同时，潘镜芙积极与国内协作配套设备研制单位的技术人员讨论，如何才能让舰载武器各自的功能得到更好的协调与发挥。在他们团队内部，潘镜芙也经常同李利标、杜公谋、孔祥础、赵为文等人一起学习与讨论舰载电子设备及武器控制方面的新技术，从中体会与摸索一些新的思想。

　　潘镜芙坚定地认为，我国第一代自主研制的驱逐舰的舰载武器的设计立意一定要高，应当对所有上舰武器进行总体设计，综合分析与评估上舰布局及功能，实现所有武器装备功能的最优化、最大化。

　　就在潘镜芙对国产驱逐舰舰载武器设计理念初具雏形而又不够明确之时，一次重要的会议、一个重要的人物让潘镜芙拨云见日、豁然开朗。

　　1968 年 2 月 24 日，国防科委在北京主持召开确定导弹系统上舰的技术

---

① 宋明达 . 潘镜芙传 . 北京：人民出版社，金城出版社，2014: 61.

性会议，钱学森出席了这次会议。潘镜芙作为051型驱逐舰的总体设计负责人之一，带领李利标和杜公谋全程参与了这次会议。

在这次会议上，钱学森非常关心"海鹰一号"导弹上舰后能否正常发挥出应有的功能，他对潘镜芙等主要设计人员说："你们舰是个大系统，我的'海鹰一号'导弹是这个船上的小系统，系统之间要协调，这个小系统装到你们船上，你们一定要发挥我们导弹的最大作用。"钱学森一再叮嘱他们要运用系统工程的思想来组织051型的设计与制造工作。

潘镜芙对钱学森所说的系统工程的思想非常感兴趣，择机向钱学森请教了关于系统科学的若干问题。钱学森认为一定要将系统工程思想运用到我国的航天、航空及造船领域，并反复嘱咐潘镜芙务必要将051型的武器装备当作一个系统工程来进行设计，将单个的武器装备发展成为"武器系统"。

至此，我国在国产军事舰船的设计上第一次出现了"武器系统"的概念，这个概念的出现，标志着系统论、控制论的思想开始在我国军事舰船的设计制造中得到运用。

钱学森的一席话，既让潘镜芙醍醐灌顶，又让他如释重负。他觉得他的想法与钱学森不谋而合，只不过他不知道这种思想就是当时前沿的系统科学的基本理论。同时他觉得既然这是一种世界领先的工程思想，那自然应该在051型上运用和践行，只有这样，才能让第一艘自主设计的驱逐舰符合工程科学的发展潮流。

潘镜芙不仅非常感激钱学森的指导与点拨，而且觉得有了系统工程思想的支撑，设计051型武器系统的技术方案应该会得到各方的全力支持。至此，潘镜芙明确了在051型的武器装备的设计之中，用系统工程的思想来组织武器系统的设计，并努力使之成功装舰，力图将051型的设计研制打造成我国系统工程的典范。

决心既下，潘镜芙立马付诸实施。

潘镜芙首先找到第七研究院科技部部长邱简休，向他提出，为了确保051型设计与安装武器系统的成功，必须对此展开专题研究，并成立专门的研究机构——武器系统组。

邱简休对潘镜芙的提议非常认同，很快就推进了这项提议的落实。为了保证新成立的武器系统组更好地开展工作，邱简休将武器系统组设在第七研究院，并经潘镜芙的推荐，抽调相关研究院所的李白云、朱锡斌分别任正、副组长。

钱学森听说第七研究院为研制 051 型驱逐舰设立了武器系统组后对此大加赞赏，并对潘镜芙说，这个提议是你做出的，你也应该加入武器系统组，这样不仅便于工作，还能让武器系统组的研究工作更加具有针对性。于是，潘镜芙、王才生及从其他专业院所和设备制造工厂抽调的专业人员作为组员加入武器系统组，共同探索 051 型驱逐舰武器系统的设计问题。

武器系统组的成立，让系统工程的思想在 051 型的设计中得到落实，也让 051 型的武器装备由单机升级为系统有了组织与科学保障，由此开启了武器系统设计的先河。

在武器系统组的支持下，潘镜芙带领自己的专业设计团队仔细分析舰载武器系统的框架，确定每一个武器系统应该由传感器（如声呐、侦测雷达等）、控制器、指挥仪和投射器等组成。潘镜芙等依据上级下达的 051 型研制目标，基于国内当时的装备制造能力，实事求是地确立了 051 型驱逐舰的导弹、主炮、副炮和反潜四大武器系统。[①]

对于四大武器系统的研究、构思与设计，潘镜芙的团队和武器系统组经过详细的论证，认为应该围绕以下核心技术问题展开：

确定各个武器系统的功能、组成、装舰要素，确定武器系统的上舰布置方式及安装方式；

解决各系统内、设备间的精度指标分配，确定哪些仪器设备可以一机多用，实现功能整合；

确定武器系统之间的分工、协作及协调方式；

确定系统内外的机械和电气接口，制定接口协议；

编制各系统及电子设备之间的电磁兼容方案；

解决各种武器发射时的火焰温度、气浪、噪声等防护问题。

当时要研究和解决这些问题困难重重，且不说武器装备、电子设备的

---

① 《现代舰船》编辑部 . 驰骋大洋——国产驱逐舰总师访谈录 . 现代舰船，2005(1): 6–10.

各个研制生产单位分布在全国各地，组织协调困难，也不说生活艰苦、舟车劳顿、饥一餐饱一顿，更不用说技术基础薄弱、生产条件不足、设备配套艰难，单说当时时局混乱、研制工作迟滞、因家庭出身而遭遇撤职的打击，就让潘镜芙等苦不堪言、举步维艰。

从1967年到1968年，潘镜芙天南海北地跑遍导弹、火炮、雷达及各种电子设备制造厂，旨在沟通设计细节、获取设备资料，其间发生了许多让人啼笑皆非的故事。

一次，潘镜芙、严洪寿、汪福瑞一行三人去河南某研究所，了解他们的舰载火炮的研制情况。当时全国交通处于混乱状态，他们好不容易到了这个研究所，办完事、拿到资料后准备回所休息，计划第二天返回武汉。谁知在从火炮试验场回研究所的路上，遇到了跟踪而来的造反派。当晚，两个不同派别的造反派轮流对他们进行询问审查，直到次日凌晨才允许他们去睡觉，并要求他们不得离开驻地，随时听候传唤。

三人被送到指定住所后，感觉情况不妙，商量认为绝不能让这种意外情况影响设计工作，决定借机逃走。为了麻痹对方，三人假装上床睡觉。凌晨四时，发现看守人员熟睡后，立刻悄悄离开招待所，急行到汽车站，坐最早的长途汽车回到武汉。

1968年3月，潘镜芙去研制舰载导弹的机构出差，那里一位技术人员调侃说："我们正在'闹革命'，还干啥生产呢？我们这里没有人在搞生产。"

潘镜芙茫然而无奈地说："那怎么办？你们至少要告诉我这个资料到底什么时候可以提供给我们吧。"可是，没有人回答他的问题。

潘镜芙的父亲潘星阶在新中国成立前苦心经营"潘聚盛"纸行，一度家境殷实，在新中国成立后被划定为"地主"。在那个时期，这样的家庭成分让潘镜芙在劫难逃。不久，有人在研究所里贴出大字报，要把潘镜芙从研究团队中揪出来，防止他搞破坏。所幸当时研究所领导对潘镜芙的情况非常了解，坚信他的思想觉悟及其对驱逐舰设计的执着，于是顶住压力，做了个折中处理：撤销潘镜芙担任的研究室副主任的行政职务以应对政治需要，但仍保留他主持导弹驱逐舰总体设计工作的技术领导职位。[①]

---

① 陈玲，陈志远.总设计师潘镜芙院士忆西安舰诞生记.武汉晚报，2007-10-20.

潘镜芙对这一处理抱以最大程度的理解与释然，他本就不喜欢行政工作，这样处理反而让他能够心无旁骛地投入驱逐舰的设计与研制工作中。

面对各种困难和打击，潘镜芙从没抱怨过，始终像上满发条的时钟一样精准而不知疲倦地工作着。经过一年多筚路蓝缕的开创性研究，大量的陆上探索试制及联调联试，结合在基地扫雷舰和江南级护卫舰的设计、制造及试验中积累的大量实践经验，潘镜芙团队充分运用系统工程的思想和方法，群策群力、逐个攻关，终于对 051 型驱逐舰四大武器系统的设计与装舰方式有了具体的方案。

导弹系统是 051 型驱逐舰最核心的武器系统。潘镜芙等必须解决导弹如何上舰并发挥出应有的作战效能的问题。导弹系统上舰在我国尚属首次。051 型驱逐舰的母舰科特林级驱逐舰本身就是一款火炮驱逐舰，但没有设计与考虑导弹上舰

在 051 型导弹发射架前研究工作（潘镜芙提供）

的问题。如何上舰部署、采用何种发射装置、如何保障它与系统的协调——这些问题需要逐一攻克。只有解决了这些问题，才能让导弹系统和其他武器系统正常发挥各自的技战术能力。

经与武器系统组及其他相关研究机构的研究人员共同研究，反复试验论证，并吸收前期的研究成果，潘镜芙终于决定在 051 型驱逐舰前后部署两座三联装回转式导弹发射装置，每座发射装置的三个发射筒呈"品"字形分布。在舰上，导弹发射装置由对海搜索雷达与火控雷达配合实施导引，特殊情况下，炮瞄雷达亦可协助控制。

导弹部署方案确定后，下一步就要解决导弹系统在 051 型驱逐舰上的安装问题并保证技战术性能的正常发挥。潘镜芙知道，导弹发射时所产生的高温、高压及超强大的后坐力，不仅会对操作导弹系统的人造成较大的伤害，而且会对艇体结构及稳定性产生巨大的影响。[1]

为了解决导弹系统的安全上舰问题，潘镜芙等在号称"四大金刚"的 07

---

① 《现代舰船》编辑部 . 驰骋大洋——国产驱逐舰总师访谈录 . 现代舰船，2005(1): 6-10.

型驱逐舰中选择了一艘进行试验，装上将要安装在 051 型驱逐舰上的导弹发射器，通过实弹发射来测量温度、压力等因素，测试其对人体及船体的影响。在一年的时间里，潘镜芙等经历了多次导弹发射，其间不断改进和完善舰体防护措施。为了阻挡发射时的高温，他们加厚发射器周围钢板并设立防护栏，并通过改进钢板的架构和周围防护结构来缓解发射过程中的高压。[1]

为检验舰体在以不同方向和航速行驶过程中发射导弹时弹体是否会侧滑入水，他们在舰上安装简易发射架，在行驶过程中向舰后和舰侧 90° 方位进行导弹模拟发射试验。经过一系列的试验及修正，潘镜芙等验证了三联装回转式导弹发射装置方案是可行的，并通过在 07 型驱逐舰上的试验，找到了合理的安装方案，保证了导弹上舰的成功。

051 型驱逐舰的主炮系统最初是由海岸炮改进而成的，兼具对海、对岸和对空射击功能。对岸和对空射击是由炮塔右侧的光学矢量瞄准装置进行瞄准，而对海射击则由舰桥上的校射雷达和光学指挥仪控制炮塔随动射击。与此同时，他们还补充研制了火炮稳定系统和扬弹系统。1976 年，后主炮系统定型为双火炮。在解决主炮系统的设计及安装问题时，除了潘镜芙的设计团队及七院武器系统组的努力，设备系统研究所的任元林同志也给予了潘镜芙诸多帮助。

对于 051 型驱逐舰的副炮系统，潘镜芙是这样设计与上舰的。将四座副炮系统安装在主舰桥前部平台、舯部上甲板室两舷侧平台、艉楼甲板平台上的舰炮，后因故障率较高且与指挥仪配合不佳，在定型时做出了调整。此外，在舰桥两侧前后还配置了四座舰炮。因此，051 型驱逐舰具有强大的对空火力。在副炮系统的论证与安装中，设备系统所的秦登桥同志贡献了很多不错的建议，并在安装工作中自始至终密切配合潘镜芙的工作。

在反潜系统的设计及上舰方式上，潘镜芙采用了如下解决方案。在舰艏安装两座 12 管反潜火箭，电力传动瞄准装置可自动设定角度、装填、跟踪、射击。艉部配置有四座深弹发射装置，后期定型的型号还加装了两座六具三联装鱼雷发射管。该反潜系统通过深水炸弹指挥仪接收声呐及其他观通设备的测量数据，计算后对潜艇实施攻击。

---

① 《现代舰船》编辑部. 驰骋大洋——国产驱逐舰总师访谈录. 现代舰船，2005(1): 6–10.

按照当时的设计要求，每一个武器系统及装备设计完成过后，须依据图纸按比例"放样"，制作出一个模型。潘镜芙对此记忆深刻："现在有电脑，这个过程可以直接在电脑上进行，但那时的条件不允许，只能我们自己动手做。"一艘舰的放样过程需要数十人完成，所占用的绘图底板相当于几十间房，经常一弄就是一整天。一旦发现设计有问题，所有的设计人员都可以提出自己的处理意见。在这种"三个臭皮匠顶个诸葛亮"的宽松气氛中，设计人员经常碰撞出一些新的思路和办法，解决了不少的问题。至于一些重要系统设计与装舰方案的拍板定夺，则由李复礼、潘镜芙领衔的设计领导班子集体做出技术决策。

此外，根据 051 型驱逐舰的任务要求，为了提升武器系统的作战效能，潘镜芙在总体设计中安排了大量的新型电子设备上舰，譬如球鼻艏远程声呐、攻击声呐、三坐标对空警戒雷达、对海警戒雷达、炮瞄雷达、数字指挥仪等。我国过去从未有过这些装备，为了实现这些电子设备的研制及顺利上舰，潘镜芙与配套设备研制单位一道进行攻关，并安排了大量相关结构材料的性能对比试验。

潘镜芙说："051 型这项工作意义重大，通过声呐、水声、雷达、通信、指挥仪等设备的上舰，把我们国家舰载配套设备的设计制造全部带动起来了，推动了我国自行研制新型舰用武器装备及舰用电子装备的进程，促进了我国海军舰用装备研制巨大科研及产业链的建立与形成，为我国后续新型舰船的设计制造奠定了研制基础。"[1]

李复礼、潘镜芙等设计人员及众多配套设备研制单位克服种种困难，经过锲而不舍的艰苦攻关，至 1968 年底，基本明确了船体、动力及武器系统等核心问题的解决方案。此时，尽管 051 型驱逐舰已从技术设计转入施工设计，但驱逐舰的设计尚未定型，而国家出于 051 型驱逐舰立项任务的实际需要，决定在大连造船厂动工建造首舰，将一些未解决的问题留待建造过程中不断解决与完善。

自此，潘镜芙转战大连，驻厂协调首舰的建造并参与后期试验及完善定型工作。

---

① 《现代舰船》编辑部. 驰骋大洋——国产驱逐舰总师访谈录. 现代舰船，2005(1): 6-10.

第六章

再接再厉　051型臻完善

1968 年 12 月 24 日，051 型驱逐舰首舰在大连造船厂开工建造。约一个月后，051 型第一批次 2 号舰也在大连红旗造船厂开工，我国自主设计导弹驱逐舰制造大会战在大连展开。世界舰船发展历史中首次出现了中国人自主设计的导弹驱逐舰。

就在 051 型驱逐舰开工建造后不久，七〇一所于 1970 年从南京迁往武汉，潘镜芙距离他上海的家更远了。

坚守在首舰的建造现场

潘镜芙回忆说，051 型驱逐舰开工建造非常仓促，不仅设计没有定型，而且各个武器系统的研制、相关装备的设计与制造也没有定型，有些设计甚至尚处于构思阶段，因此率先开工的两艘舰实际上经历的是一边设计、一边制造、一边安装、一边试验的建造过程。

潘镜芙回忆道，当时舰上新设计的武器系统涉及的很多设备、仪器都是新型的，国内过去都不曾有过，全国多个研究机构与工厂依据七〇一所提出的设计要求进行研制与试验，最多时调动了 22 个省、直辖市的人力物力，上百家单位承担了所需的几百种材料和千余项配套设备的研制任务，其中具有全新概念、全新功能的设备和仪器有一百余项。①

---

① 陈玲，陈志远 . 总设计师潘镜芙院士忆西安舰诞生记 . 武汉晚报，2007-10-20.

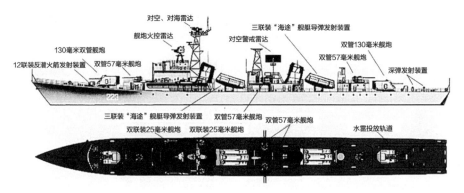

051型驱逐舰首舰济南舰在1971年12月交付的状态。此时舰上的部分武器和设备还没有安装到位，技术性能状态并不是很理想。

051型驱逐舰首舰济南舰交付状态示意

　　潘镜芙向访谈人员简要介绍了051型驱逐舰首舰的建造过程：先分段造船壳，再安装武器系统的各种设备，接着装管系，然后上船台焊接、下水、试航、交船。建造船体的时候，工人要从船中开始施工，先做好船底，慢慢垒上去，像金字塔，从中间向两边铺。在这个过程中，最为困难和复杂的是装管系。051型驱逐舰当时选用的是蒸汽轮机系统，管系特别多，大概比柴油机动力系统多出20余个管系。①

　　在051型驱逐舰首舰的建造期间，潘镜芙仍以七院武器系统组的工作为主，但是作为总体设计的主要负责人之一，也间或来到大连参与一些责任范围内的工作。在首舰的建造过程中，潘镜芙对其参与的工作依然留有较为深刻的记忆。

　　051型项目启动时，对航速提出了很高的要求。由于动力完全采用母舰科特林级驱逐舰的蒸汽动力装置，功能不可能增加，又由于需要加装导弹发射系统，舰体就必须加长，排水量也随之增加，因此要保证051型的航速与母舰相当，就必须修改舰总体的设计，尤其是必须对舰的型线进行完善。

　　为此，李复礼、潘镜芙等设计人员费了不少心思。设计人员通过反复周密的设计计算，改进了船尾的造型，又做了多次流体试验，终于达到在动力不变、排水量增加的前提下保障最高航速与母舰相当的目标，在船体型线设

① 《现代舰船》编辑部. 驰骋大洋——国产驱逐舰总师访谈录. 现代舰船，2005(1): 6-10.

计上实现了对母舰的超越。[1]

可是，当首舰建成后在船厂做高速试验时，高速运转的螺旋桨产生了剧烈的空泡现象。大量的空泡不仅剥蚀叶片，造成螺旋桨叶片中部出现了20多毫米的深沟，而且影响航速的进一步提升。对此，李复礼、潘镜芙等设计人员研究探讨了很久，依旧苦无良策。

一筹莫展之际，潘镜芙脑海里突然灵光一闪，想到了一个人。此人叫袁敦垒，原本在潘镜芙领导的总体科工作，跟潘镜芙很合得来。袁敦垒在技术上很有一套，喜欢看书钻研问题，"文革"开始不久后，便因为莫须有的问题被下放养猪。想起此人后，潘镜芙立刻派人赶回武汉，请所里赶紧想办法让袁敦垒赶来大连支援。

袁敦垒对这段旧事亦记忆犹新。他回忆说："当时我在武汉被下放养猪，忽然有一天，组织通知我赶紧去船厂，我去了一看，推动船体前进的两个大螺旋桨出现了大问题，后来请示了上级，大家决定在叶片上打一个孔来缓解这个压力，试验的结果证实了这种做法的正确性。到现在，所有船的螺旋桨上都有这个洞。"[2]

潘镜芙回忆说，袁敦垒过谦了，在螺旋桨上打孔并非集体提出的，而是袁敦垒一个人的建议。

据潘镜芙回顾，袁敦垒的知识面很广，他在抵达大连造船厂后立刻去现场调研，然后就扎进资料堆里去了。几天后，他跟潘镜芙分析说，螺旋桨高速运转时过热并产生空泡，进而损坏螺旋桨，因此可以在螺旋桨上打个孔，用来导流，从而缓解或者解决空泡问题。当时，许多人并不信服他的分析，但潘镜芙认为他的建议似乎有道理，兴许管用。

参观北调990合影（左二为袁敦垒，左三为潘镜芙）（2012年，潘镜芙提供）

---

[1] 《现代舰船》编辑部. 驰骋大洋——国产驱逐舰总师访谈录. 现代舰船，2005(1): 6–10.
[2] 陈玲，陈志远. 总设计师潘镜芙院士忆西安舰诞生记. 武汉晚报，2007–10–20.

在潘镜芙的支持下，上级同意了袁敦垒的建议，并让他亲自负责在螺旋桨上打孔这件事。于是，袁敦垒又一头扎进船厂的加工车间，反复摸索试验，最后选定了打孔的位置。最终，经他打孔后的螺旋桨被装到驱逐舰上，试验后，果如其然，空泡问题迎刃而解。

有业内专业人士对袁敦垒能够找准螺旋桨上的打孔位置表示钦佩，因为现在可以利用仿真技术测算位置，而那个时候只能利用自己的经验与智慧。潘镜芙也说袁敦垒在螺旋桨上打孔的技术是独创，并竖起大拇指表示赞许。

首舰动力装置的上舰也是磕磕绊绊。051型驱逐舰原封不动地采用母舰科特林级驱逐舰上的蒸汽动力装置，用的是当时最成熟的动力技术，而汽轮机、锅炉是依据苏联资料，由国内单位仿制生产的。为了慎重起见，在动力装置上舰前，潘镜芙等设计及制造人员在陆上动力站进行了最大功率和超负荷运行试验。试验结果不错，证明国产动力装置的性能可靠。①

可是，蒸汽动力装置上舰后，大家发现由于舰上位置狭窄，进风管道和鼓风机布置与陆上出现了极大的差异，设计的风道进风阻力太大，两台透平鼓风机安装得太近，致使锅炉供风量不足，燃料不能充分燃烧，主机的最高转速因此达不到额定值，难以全功率输出，进而影响了航速。为解决这一问题，七〇一所设计人员在中华造船厂、杭州汽轮机厂的协助下，制成几种不同类型的风道模型，从试验着手进行阻力分析，改进导流帽型线和风机布局，采取减少涡流损失等措施，解决了两台风机的抢风现象，使锅炉燃料完全燃烧，让动力装置的功能达到满负荷，从而确保051型驱逐舰首舰能够达到设计航速。②

李复礼、潘镜芙带领七〇一所驻厂设计人员所做的主要工作就是在现场修改图纸。由于设计没有定型，设备研制单位又不具备随时与设计单位沟通的可能，因此大多数情况下，设备制造单位提供给设计人员的资料和运来装舰的实物是不一样的，故而必须对原有的设计进行修改。有些设备运过来质量性能不确定，还必须进行试验进而进行设计修改。

迄今，被分配到七〇一所工作的许多1966和1967届大学毕业生依然记

---

① 《现代舰船》编辑部. 驰骋大洋——国产驱逐舰总师访谈录. 现代舰船，2005(1): 6-10.
② 郑宪. 驶向深蓝——"中华第一舰"巡礼. 解放日报，1998-02-05.

得20世纪70年代初从武汉转战千里到大连造船厂参加造舰大会战的情景。当时的主要工作就是修改设计、重新设计及各种设备试验。当他们到来时，李复礼、潘镜芙等老同志已经坚持很久了。[①]

作为舰船总体研究设计的技术领导班子成员之一的潘镜芙，当时几乎是最为忙碌的人。

一方面，潘镜芙要常常待在北京，与七院武器系统组的同志们研究051型驱逐舰的武器系统设计问题。虽然051型驱逐舰头两艘舰已经开工建造了，但武器系统设计、设备研制及装舰问题并没有完全解决，相关研究是潘镜芙工作的核心，他不敢有丝毫懈怠。虽然人在北京，但他时时牵挂着大连的进展。

另一方面，驱逐舰已经在大连开工建造，船体的结构和建造与武器系统及相关设备的安装密切相关，为保证武器系统装舰成功，潘镜芙不得不频繁赶赴大连，经常穿梭于建造厂、试验基地和参试舰艇之间。潘镜芙与船厂的工人们一样每天早出晚归，守候在当时简陋的办公室里，应对随时可能发生的技术情况，并及时帮助解决相关疑难问题。[②]

潘镜芙与航天专家在第一代导弹驱逐舰上
（潘镜芙提供）

往返在北京与大连之间，间或奔赴全国各地的设备研制单位。潘镜芙没有节假日，不是在路上就是在工作。直到1971年首舰即将交付海军时，潘镜芙才结束在北京武器系统组的工作，全身心扎在大连从事首舰的各种试验工作。

当时大连造船厂的工作及生活条件都非常艰苦，工作及住宿条件是一个"挤"字，生活条件是一个"差"字。

① 王允明.守初心、担使命|追忆我国第一条导弹驱逐舰下水前的大会战.中国船舶701所（微信公众号），2020-04-23.
② 《现代舰船》编辑部.驰骋大洋——国产驱逐舰总师访谈录.现代舰船，2005(1): 6-10.

办公室里人挤人、身挨身，绘图桌、办公桌一张挨一张地紧靠着。船厂每天 24 小时三班倒，不间断施工，设计人员"与工人阶级紧密结合"，驻在现场处理技术问题。住宿是四人一小间，不分级别，不分年龄，床挨着床，只能睡觉，行李不是堆在床上就是塞在床下。①

在生活上，不分青壮老年，每人每月按计划供应三两油、三两肉、三两蛋，每人每天有一角二分五厘钱的补助。每天自费就餐，大部分时间是高粱米饭或者玉米糊就着咸菜、清汤。为此，潘镜芙曾经感慨地说："我们是一边啃着黑馒头和窝窝头，就着咸菜和清汤，一边造出了中国人自己研制的第一代导弹驱逐舰。"②

051 型驱逐舰首舰济南舰

经过数以千计的设计者和建造者们的共同努力，首舰终于在 1970 年 7 月 30 日下水，并按照计划于 1971 年 12 月 31 日交付海军。该舰服役于人民海军北海舰队后舷号为 105，被命名为"济南舰"。济南舰也就此成为我国第一艘自主设计建造的最大排水量的驱逐舰。

全程参与 105 舰扩大试验

由于"文革"的干扰与影响，加上建造过程仓促，上舰设备质量参差不齐，105 舰交付海军时面临着很多问题。潘镜芙坦率地告诉访谈人员，当时

---

① 《现代舰船》编辑部. 驰骋大洋——国产驱逐舰总师访谈录. 现代舰船，2005(1): 6–10.
② 张卫华. 总设计师潘镜芙院士："我要到武汉来看西安舰！". 楚天金报，2007–10–23.

无论是接舰的海军领导人，还是潘镜芙等核心设计人员，都意识到了问题的重要性。因此上级领导批示，自1972年开始，对105舰进行大规模的扩大试验，以期实现该型舰的设计定型，同时使其满足规定的技战术性能与作战指标。

051型驱逐舰是当时我国自主设计建造的最大的舰艇。为检验其总体性能及武器系统的技战术能力，必须进行科学的试验，这一方面可以验证设计的合理性，另一方面有利于后期的定型与完善。可是，如何开展扩大试验也是个未曾经历过的大问题，没有成熟的经验可以借鉴。潘镜芙依据此前在基地扫雷舰制造及试验过程中的经历，结合051型驱逐舰的总体性能及技战术指标要求，与李复礼等设计人员及海军负责人郑明一起认真编制了扩大试验的大纲，并依据大纲的计划与内容逐步实施。

据潘镜芙回忆，051型驱逐舰首舰的扩大试验主要包括适航性试验、全速试验、水幕试验、电磁兼容试验、通信试验、武器系统试验、导弹发射系统试验等内容。

为保证试验顺利进行，必须选择合适的试验场地。为此，潘镜芙不辞辛苦，马不停蹄地跑遍了祖国的海疆，渤海、黄海、东海、南海等海域都留下了他匆匆的身影。何处海况适于做适航性试验、何处海域适于开展深水全速试验、何处适于做水幕试验，他都仔细摸排、比较分析，最终大体确定了各项试验的备选场地，为扩大试验的顺利完成提供了保障。[①]

扩大试验遵循循序渐进的原则，首先在大连附近的渤海及黄海海域做适航性及全速试验。这些海域海况良好，因此不能完全检验舰艇的适航性能，而且由于水深不够，航速达到30节之后怎么都提不上去，因此必须转移试验场地，去东海、南海等地进行极端海况下的适航性及全速试验。

潘镜芙主持了在东海的适航性及全速试验，而其中的适航性试验至今仍然让他心有余悸。

一次在东海某海域试验时，海况为理想的6级，海面阴沉，被狂风激起的成片浪花直飞过高高的驾驶室顶，舰球鼻艏时而露出水面，时而没入浪

---

① 《现代舰船》编辑部. 驰骋大洋——国产驱逐舰总师访谈录. 现代舰船，2005(1): 6–10.

中，偌大的驱逐舰如一叶轻舟在海上摇曳。舰体在 5 米多高的风浪里颠簸着前行，不断接受着顺浪、顶浪、斜浪和旁浪的撕扯与冲击，以此检验着舰体的横摇、纵摇、升沉等航行性能。①

潘镜芙始终坚守在位置最高、摇摆幅度最大的指挥室。他无数次跌倒，无数次坚强地爬起来；一边呕吐，一边沉着地进行技术指挥，直到当日计划的试验科目全部完成。试验完成后，他整个人像散了架似的瘫了下来。

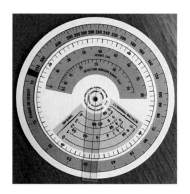

051 型驱逐舰研制中所用的雷达性能比较盘（潘镜芙提供）

潘镜芙认为，这样的经历不仅磨炼自己的意志，也强壮了自己的体魄，造船的人一定要经受过这样的考验，才能真正获得成功。

在南海主持适航性试验的李复礼同志同样经历了这样的过程。051 型驱逐舰首舰在东海、南海多种恶劣海况下的适航性试验中均表现良好，这证明李复礼、潘镜芙等人在 051 型驱逐舰的舰体设计上是成功的。

全速试验是在位于东海的宁波舟山港区的螺头水道进行的。螺头水道素以流态湍急、潮涌复杂著称，虽然此处水深符合全速试验要求，但这里在 20 世纪 80 年代以前暗礁密布、岛屿密布，水道似"螺头"一般复杂，有的地方还很狭窄，历来就是航行的高风险水道，大吨位的舰船在此全速航行具有极大的风险。

是日，潘镜芙早早起床，认真把试验方案及航道资料再仔细检视一遍。试验开始后，潘镜芙在舰艇指挥室镇定自若，指挥着狭长的舰体在水流湍急的逶迤航道中劈波斩浪、御风而行。经过多次试验，试验结果达到了该型驱逐舰的设计目标，全速试验顺利通过。在定型时考虑安全余量，将最高航速确定为 35 节。

二战以后，军事舰船的设计必须考虑舰艇在遭到敌方各种类型袭击时进行的防护，水幕系统就是舰艇上重要的三防装备之一。当舰艇遭遇核爆炸或通过沾染化学、生物武器的海域时，水幕系统启动，喷射出的高压细微水流

① 《现代舰船》编辑部. 驰骋大洋——国产驱逐舰总师访谈录. 现代舰船，2005(1): 6-10.

像一幅巨大的幕布一样均匀笼罩着整个甲板和上层建筑，以减轻核爆产生的光辐射对人员、舰艇的伤害，或消除毒剂、生物战剂、放射性物质对舰艇的污染。此外，舰艇水幕系统还可降低光电制导的反舰导弹的能见度，干扰反舰导弹的攻击，平时亦可用于舱室降温、隔火和灭火。

我国过去没有设计建造过051型驱逐舰这么大吨位的舰艇，自然也没有进行过类似的水幕试验。051型驱逐舰首舰的水幕试验怎样进行？潘镜芙分析认为，当时的技术条件和舰艇环境有限，水幕试验不能在海上进行，这是因为试验产生的大量海水会对舰体甲板、武器装备造成极大的腐蚀，因此必须在淡水环境中进行试验。这样既能检验水幕系统的有效性及功能性，又能最大限度地保护舰体及舰载武器装备不受损害。

基于这种考量，潘镜芙选定上海黄浦江作为051型驱逐舰首舰的水幕试验场地，最终的试验结果也很圆满，验证了我国首制导弹驱逐舰具备在核爆及生化武器攻击下的生存与作战能力。①

051型驱逐舰不仅有大量的电子设备上舰，而且首次将单个武器装备集成为武器系统，因此电磁兼容试验非常重要，这不仅关系到各个武器系统能否正常发挥作用，避免相互干扰，而且与舰艇内外部通信密切相关。

电磁兼容及通信试验初期，各个武器系统的雷达及电子设备相互干扰、难以兼容的问题比较普遍，通信也无法同时多路畅通，只能单线工作。潘镜芙带领各专业的技术员们逐个摸排分析，将存在电磁干扰的设备统统拆开检验，许多雷达及电气设备的机柜都重新改过，通信的天线也重新设计，没有实现联通的武器系统和电磁设备重新设计接口、铺连管线，经过前后长达两年的艰辛工作与试验，051型驱逐舰的电磁兼容及通信问题全部得到解决，这个长期压在潘镜芙心头的包袱也终于卸了下来。

扩大试验的最后两项是武器系统和导弹发射系统的试验。

主炮系统、副炮系统、反潜系统的试验非常顺利，体现了051型驱逐舰的强大火力，充分展示了我国自主设计制造的驱逐舰的作战威力。

尽管导弹系统装舰时曾经在引进自苏联的07型驱逐舰上做过试验，但在051型驱逐舰的导弹发射系统试验还是出现了一些波折。

① 《现代舰船》编辑部. 驰骋大洋——国产驱逐舰总师访谈录. 现代舰船，2005(1): 6-10.

首次导弹发射试验时，潘镜芙站在主炮位置，导弹发射的响声震耳欲聋。潘镜芙讲到这里时，对笔者笑着说："那可真是响，真是厉害啊！"其表情就像一个玩爆竹的孩子。

第一次导弹发射时，导弹确实顺利地发射出去了，可是发射架也连带着飞出去了。事后检查发现，是发射架强度设计得不够，后经修正得到解决。

此外，为考察导弹发射时后方喷出的炙热燃气流对舰面人员和设备的影响，在第一代驱逐舰首舰上，他们还用小动物等做了危险射界试验。之后通过分析试验结果与数据，优化设计，修改相应的装备、结构和工艺，很好地解决了导弹发射时的相关安全问题。

令潘镜芙难忘的是这艘舰正式服役后不久，叶剑英、李德生、萧劲光、苏振华等领导前来视察我国首次装上导弹的051型驱逐舰实弹发射演习。指挥员一声令下，巨大的声响如盛夏暴雨前的炸雷，弹体旋即喷射而出，拖曳的火焰尾巴有五六米长。接连发射四弹，弹弹命中目标。现场官兵欢呼雀跃，领导们亦情难自禁，连连击掌高呼："打得好！打得好！"[①]

无论哪种类型扩大试验，潘镜芙等设计人员都要承担极大的责任和巨大的工作量。每一次试验出发前，他们都要仔细检查舰体及设备的状况，试验结束回来，又要检查和评估舰体的变化及设备的状况。舰上的300余名海军有自己的舱室铺位休息，可他们没有。没有试验的日子或者试验结束后，他们只能去陆上找招待所居住，或者寄宿在附近百姓家里，不仅居无定所，生活饮食也不规律。然而，潘镜芙等人没有抱怨，默默承受着这一切。[②]

至此，经过两年多的不断试验、攻关与改进，1974年底，051型驱逐舰105舰扩大试验结束，正式服役于人民海军，成为当时最强大的主力舰艇。通过扩大试验的051型驱逐舰亦正式定型并进入后期整图阶段。自此，051型驱逐舰进入快速建造、渐次服役的发展阶段。

从首舰交船到这艘舰定型的两年多时间里，潘镜芙一直跟着它转战各海域，其间妻子许瑾接连患上肾病、高血压、心脏病及梅尼埃病，家中还有年迈体弱的老人和一双稚嫩的儿女需要照顾，可他完全顾不上这些，基本是在

---

① 《现代舰船》编辑部.驰骋大洋——国产驱逐舰总师访谈录.现代舰船，2005(1)：6-10.
② 张卫华.总设计师潘镜芙院士："我要到武汉来看西安舰！".楚天金报，2007-10-23.

海滨的船厂、海上、试验现场、基地之间来回奔波，甚至多次在上海出差办事也没时间回家中看看。①

当然，当时不只有潘镜芙为了我国自主制造的驱逐舰而抛家别子，许多设计及制造人员都是长年辛苦坚守在船厂、舰上和试验场。

潘镜芙告诉访谈人员，当时大家都穿那种口袋特别多的工作服，每次跟船试验时，口袋里都装着苹果、咸菜、饼干、面包等，都是吃的，一二十个人，人人如此。为何呢？潘镜芙笑着解释说，大部分试验都选在海面出现台风或风急浪高的恶劣天气进行，为的是检验舰艇能否适应各种极端海况。在现场工作的每一个人，尤其是那些初上舰的工程师们，在试验开始不久后就会晕船。晕船后头昏脑涨、天旋地转，且不住地呕吐。为了防止把胃液吐尽，他们往往都是肚子里东西一吐光，便立刻吃点随身带的食物，再吐，再强迫自己吃。两年多的试验期间，潘镜芙及其同事们不知经历过多少次这样的痛苦，以至于到后来都习以为常了。

"不经历风雨怎么见彩虹！"051 型驱逐舰定型后，潘镜芙及其同事们才结束两年多艰辛的漂泊生活，班师回到武汉，与家人团聚。而对于家在上海的潘镜芙而言，只能算是回到了另一个工作起点，等待新的挑战。

领衔改建 051 型指挥舰

1977 年初，我国明确将于 1980 年进行向南太平洋某海区发射洲际弹道导弹的飞行试验，要求海军对执行这一任务的测量船队实行护航并实施统一的海上编队指挥。基于重大国防安全任务的需要，海军决定研制一艘指挥舰，以对测量船队和护航编队实施统一指挥。

如同集体行动和个人行动的差异一样，编队出海与单舰出海有很大不同：编队出海需要一个负责行动指挥与协调的中枢，也就是一艘指挥舰。指挥舰不仅自己要具备强大的作战能力、应急快速反应能力、油水后勤补给能力，还需要具备强大的通信能力，以保障远洋复杂条件下编队内的通信以及与党中央和海军总部的联络。

---

① 郑宪. 驶向深蓝——"中华第一舰"巡礼. 解放日报，1998-02-05.

该任务下达到七〇一所并明确指定由潘镜芙同志担纲该指挥舰的总设计师后，潘镜芙立刻组织各专业设计人员对任务进行研究，寻求指挥舰的设计研制方案。

潘镜芙认为，051型驱逐舰作为当时我国最先进、作战能力最强大的舰艇，已经被指定为护航编队主要力量，重新设计研制一艘具备执行指定任务能力的军舰在时间上显然不可能，因此他提出对在建的051型驱逐舰进行改装，优化舰体设计与布局，加装油水补给装置，增强通信指挥能力，升级部分武器系统，将是一个非常现实的指挥舰设计制造方案。

七〇一所经过充分的研究分析后，认为潘镜芙提出的方案是可行的，于是上报海军等有关部门。很快，潘镜芙提出的方案获得了海军和上级领导机关的批准，潘镜芙立刻着手实施指挥舰的设计建造工作。

潘镜芙选中了在1976年10月由上海中华造船厂承建的一艘051D型驱逐舰作为改装舰，并迅速在总体上进行运筹安排，组织各个专业的技术人员编制改装方案，于1977年4月启动改装建造，1977年底该舰就上至船台，开始大规模的建造施工。

首先，潘镜芙组织动力专家对蒸汽动力装置的锅炉和进气管路进行优化设计，动力装置的功率得到了进一步提升，指挥舰的航速明显提高。

其次，通过优化舰体结构及布局，设计部署编队指挥室，增加海上油水及干货补给装置的接口，采用低压头自流注油法和流量平衡法解决了航行状态下每小时接收210吨以上大流量补给的问题，使该舰具备了远航生存能力。

再次，使用新型电子设备，加装长波、超短波天线，增加多通道通信接口，使指挥舰的通信指挥能力成倍提升，使该舰具有多路、超短波及长波通信能力。

最后，增加及升级部分对空对海的搜索雷达、警戒雷达、火控雷达及敌我识别装置，将导弹发射系统升级为HY-2型舰舰导弹系统，使整体作战能力进一步增强。

潘镜芙主持改建的 132 舰

设计工作接近完成时，潘镜芙组织技术力量进驻船厂，积极配合施工。他自己身先士卒，几乎天天上船台与设计人员、施工工人一起奋战。现场出现问题时，他立即组织技术人员研究解决，这极大地提高了工作效率，保障了施工的进度。

潘镜芙说，指挥舰的建造与 051 型驱逐舰的建造大不相同。其时"文革"已经结束，各项工作得到拨乱反正后渐入正轨，各项配套工作进展顺利，因此设计及施工进度得到了保障。经过仅一年多的齐心协力，该舰于 1978 年 11 月建成下水，舷号为 132。再经过一年多时间紧张的舾装、系泊、航行和中等海况下的航行补给试验，132 舰于 1980 年 3 月交付海军，并被编入海军东海舰队某驱逐舰支队战斗序列。

至此，051 型驱逐舰指挥舰研制正式完成，并定型为 051Z 型驱逐舰。1981 年 9 月，该型指挥舰第二艘正式下水，舷号为 110，后来被命名为"大连舰"。

在首舰交船仅仅两个月之后的 1980 年 5 月，作为由 18 艘舰船组成的远航的特混编队的准备指挥舰兼第一护卫群指挥舰的 132 舰，赴南太平洋参加东风 5 号洲际导弹的

132 舰经受风浪考验

发射试验，承担观测运载火箭、打捞回收以及为编队护航的任务。132舰带领由六艘051型驱逐舰组成的护航编队在浩瀚广袤的太平洋上劈风斩浪、勇往直前，航行8000余海里，不仅出色地保障了测量船队的航行安全，而且圆满地完成了规定的测试任务。

此次由18艘舰船组成的大洋远航是新中国海军首次大规模的远洋军事行动，不仅证明了中国的运载火箭及地对地战略导弹技术达到了新的水平，而且标志着人民海军第一次冲破第一岛链，逐渐走向远海，真正实现从"黄水"海军到"蓝水"海军的蜕变，而这种蜕变完全得益于我国自主设计制造的051型驱逐舰。

这次大型海军编队的护航行动通过征服远洋陌生的水域，不仅检验了051型驱逐舰的远航能力与作战能力，还收集了太平洋海域的大量航道及气候水文数据，为我国今后的海军出访、科学考察积累了宝贵的经验和珍贵的资料。当然，我国此举吸引了多国的高度关注。我国测量船队和护航编队在太平洋航

132舰油水补给（宋明达提供）

行途中，发现不断有国外直升机在编队上空飞行拍照。051型驱逐舰在大洋上进行油水补给时的照片也很快在国外公开刊载出来了，此次护航及洲际导弹发射试验一时成为国际新闻热点。[①]

当特混编队首次驶过赤道时，按照国际航行惯例，全体舰船汽笛长鸣一分钟，以这种独特的"过赤道仪式"宣告新中国具有了征服大洋的能力。

1985年11月16日，132导弹驱逐舰和丰仓号综合补给舰组成远洋编队，在海军东海舰队司令员聂奎聚的率领下，对巴基斯坦、斯里兰卡和孟加拉国三国进行正式友好访问，这是人民海军组建36年以来，首次派军舰出国访问。

---

① 陈玲，陈志远. 总设计师潘镜芙院士忆西安舰诞生记. 武汉晚报，2007-10-20.

132 舰抵达斯里兰卡首都科伦坡后，有一位老华侨在参观完军舰后激动地说："过去只看到美国、苏联、法国等国的军舰来到这里，现在祖国也能造出这样好的军舰，确实令人扬眉吐气。我真是看了还想看啊！"[①]

1986 年 1 月初，编队在返航途经马六甲海峡时突遇大风浪，阵风达到 11 级，浪高超过 9 米，132 舰在 8 级海况下进行了纵向补油，并获得成功。经过四天四夜的搏斗，132 舰经受住了风浪的考验，胜利冲出风暴区，于 1986 年 1 月 9 日抵达上海吴淞军港，完成了一次历史性的远洋航程。

这次 132 舰编队出访，跨过太平洋、印度洋，途经五个海区，穿越七个海峡，总航程 12430 海里，历时 65 天，中国军舰和人民海军终于迈出了走向世界、穿越蓝海的重要一步。

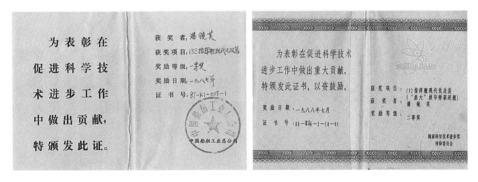

中国船舶工业总公司 1987 年科技进步奖一等奖证书（潘镜芙提供）　　1988 年国家科学技术进步奖二等奖证书（潘镜芙提供）

1986 年 7 月，132 舰被中国人民解放军海军命名为"合肥舰"。该舰改装后成为当时我国驱逐舰系列中性能最优良的舰艇，出色地完成了多项重大任务，其总体设计和建造荣获 1987 年中国船舶工业总公司科技进步奖一等奖、1988 年国家科技进步奖二等奖，其横向油水补给装置荣获 1980 年国防科委国防重大技术改进成果二等奖。

---

① 宋明达 . 潘镜芙传 . 北京：人民出版社，金城出版社，2014：80.

两访英伦谋引进

20 世纪 80 年代初，在合肥舰服役于东海舰队以后，051 型驱逐舰的研制大体告一段落，国家开足马力先后建造了一大批 051 型驱逐舰，其间也对其中的部分舰型进行升级改装，包括 051 型的济南舰（舷号 105）、西安舰（舷号 106）、银川舰（舷号 107）、南京舰（舷号 131）、广州舰（舷号 160）、长沙舰（舷号 161）、南宁舰（舷号 162），051D 型的西宁舰（舷号 108）、开封舰（舷号 109）、重庆舰（舷号 133）、遵义舰（舷号 134）、南昌舰（舷号 163）、桂林舰（舷号 164），以及 051Z 型的合肥舰（舷号 132）、大连舰（舷号 110）。这 15 艘 051 型驱逐舰在 20 世纪 70 至 80 年代是人民海军的核心力量，为守卫祖国的海疆立下了不朽的功勋。

舷号为 106 的西安舰于 2007 年 9 月 29 日退役，同年 10 月 22 日被移交给海军工程大学，用作教学实习舰，051 型驱逐舰正式进入渐次退役的阶段。2019 年 5 月，北部战区某驱逐舰支队官兵在旅顺某军港整齐列队，为四艘国产 051 型驱逐舰举行了退役仪式。这四艘驱逐舰

2019 年退役的四艘 051 型驱逐舰

分别为开封舰、大连舰、遵义舰和桂林舰，均服役超过 30 年，航迹遍布祖国的万里海疆。2020 年 8 月 28 日，20 世纪 80 年代中后期建造的 051G 型的湛江舰（165 舰）、珠海舰（166 舰）也正式退役，至此，17 艘 051 型驱逐舰全部退役，给人民海军留下了一段传奇。

作为 051 型驱逐舰的总设计师之一，潘镜芙对我国自主研制的第一代驱逐舰有着客观的评价。

首先，051 型驱逐舰实现了我国自主研制驱逐舰的突破，结束了我国海军依赖国外废旧舰艇的时代，并使我国海军获得了中大型舰艇的研制、设计、试验、使用和维护经验，为日后设计更大型的水面舰艇奠定了基础。

其次，051 型驱逐舰实现了三个前所未有的突破：一是成功实现了导弹

上舰,二是基于系统工程的思想形成了导弹、火炮、反潜的武器系统,三是布置列装了大量的新设备。这些突破不仅给国产大型水面舰艇的设计带来了新的理念,而且带动了国产舰载武器设备产业的发展。

第三,051型驱逐舰不仅航速高、火力强,是当时世界上速度最快的驱逐舰之一,而且还具有抗风浪、适航性强等优点。

当然,潘镜芙对自己主持研制的051型驱逐舰也有着冷静的认识,认为其存在结构设计落后、全舰吨位过小、舰的长宽比过大等缺陷,以及防空与反潜火力较弱、通信与电子设备落后、各个武器系统没有实现连接、机炉舱温度高、没有餐厅、生活条件非常艰苦等问题。这些缺陷和问题也始终困扰着潘镜芙,他渴望尽快找到新的技术与方法来破解051型驱逐舰存在的瓶颈,并为新一代驱逐舰的发展开辟方向。改革开放的曙光让潘镜芙看到了一线希望。

就在132舰交付海军的20世纪80年代初,我国的改革开放已经全面铺开,国家鼓励大力引进国外先进技术来助力我国各项事业进一步发展与提高,尽快赶超发达国家的技术水平,国防军事工业也不例外。

随着现代海军作战观念的演进,驱逐舰已经成为世界各国优先发展的大型水面舰种,改革开放使我们加强对外军事合作、尽快提升国产驱逐舰的技术水平与作战能力成为可能,因此在132舰改进即将收尾之际,海军、船舶部门及航天部门开始谋划考察进而引进国外相关技术及成熟的系统,以迅速提升051型驱逐舰的综合作战效能。

此时的潘镜芙,从事舰船研制设计已历20余载,对运用系统工程思想研究驱逐舰作战指挥控制及自动化技术的应用很感兴趣,并结合自己的经验及现实工作的需要,认真探索采取怎样的组织与管理模式才能在舰船武器装备系统的设计中付诸实践。

自改革开放以来,潘镜芙开始关注世界先进的驱逐舰研制技术及舰载武器装备的发展,深感我国的驱逐舰与发达国家的差距之大。他认为我国与国外先进技术的差距千万不能再继续扩大,仅仅靠自主研究并不是正确的选择,必要时可以大胆引进与使用国外最新的技术成果,以期在特定时期"抄近道"迫近发达国家的水平,并带动国内研制观念及装备研制技术的进步。

没想到高层及船舶行业的意图与潘镜芙的观点不谋而合，1980 年冬，在我国计划购买英国 42 型驱逐舰并进行仿制的计划因预算问题而流产后，由海军、船舶部门、航天部门三方组成的中国造船代表团出访英国，对英国相关的造船厂及武器制造商进行考察，计划引进英国驱逐舰的部分武器系统与机器装备，并对已服役及正在建造的 051 型驱逐舰进行全面的现代化改装；同时，也希望通过此行收集英国乃至西方水面舰船发展情况的资料，为我国新型水面舰艇的后续设计和发展提供技术借鉴。

据潘镜芙回忆，出发之前，经过对英国海军情报资料的研判，代表团就是冲着英国的水面舰艇作战指挥系统、电子战系统、"海标枪"舰对空导弹系统去的。与此同时，经过有关部门沟通，英国方面也知道中国造船代表团此行的意图，有意加强军事合作并向中方出售相关系统。

代表团抵达英国后，英国厂商由于急于想做成这笔生意，不仅热情接待了他们，还让他们参观几个舰载武器系统，了解相关情况，并将相关技术资料提供给中方。潘镜芙作为中方代表团的技术组长，要求作战情报、雷达、通信、水声、电子等各专业技术人员珍惜这次考察机会，开阔

潘镜芙（左）与陈冠茂（右）在英国伦敦合影（1980 年，潘镜芙提供）

眼界，仔细观察，认真交流，不管最终引进能否达成，都要将观念、资料及技术信息带回去，为即将开始的新型驱逐舰研制服务。

在参观交流和考察学习的过程中，潘镜芙等人表现出的专业水平让英国专家感到惊讶。他们起初认为，由于我国此前长期处于闭关锁国的状态，一定没人了解军事舰船上的全武器系统，他们所展示的武器装备肯定具有绝对的诱惑力。可是潘镜芙对全武器作战系统极为专业的认知，让英国了解到中国也有这方面的专家，这让后期的技术谈判变得更为轻松。英国制造厂商也表现出较大的诚意，双方基本达成了关于上述三个系统的合作意向，潘镜芙等代表团成员于 1980 年底带着满满的心得和成果返回祖国。

回国后，潘镜芙迅速组织相关专业的技术力量，制订了多个驱逐舰武

器装备设计与发展的方案，目的是运用英国三个系统的装备改进051型驱逐舰，进而在此基础上逐步进行自主研制，最终替代进口。方案的核心就是对原自主研制的舰载武器系统进行大步改进，在单个武器系统的基础上，让舰上各种武器和电子装备形成相互关联的全武器作战系统，有效提高作战指挥控制的自动化程度，并初步让051型具备区域防空的能力，尽快提高舰船综合作战能力。

潘镜芙一方面将方案提供给上级部门作为决策依据，另一方面积极做好改进051型驱逐舰的技术准备，甚至将拟改进的驱逐舰命名为051S型。

1981年冬，中国造船代表团经过周密准备后再赴英国，就引进的三个系统及相关武器装备的技术细节进行谈判。潘镜芙所在的船舶部门已就作战指挥系统、电子战系统及相关雷达、通信、水声设备的引进与英方厂商签订了技术引进合同，潘镜芙作为技术负责人在相关合同文件上签字。可是，航天部门在"海标枪"舰对空导弹系统的引进谈判上出现了分歧，考虑价格及后期武器、配件的配套问题，航天部门最终未能就该导弹系统的引进签订合同。

1982年，潘镜芙等人第二次赴英洽谈归国后不久，马尔维纳斯群岛战争爆发。战争中，英国42型驱逐舰沉没两艘，重伤一艘，而我国计划引进的系统就是42型驱逐舰的舰载武器系统，所以国内立刻出现反对引进该系统的声音，再加上费用超出预算、中英两国关系不稳定，最后高层综合考虑各方面的因素，终止引进英国的三个舰载武器系统及相关武器装备的计划。

作为一名务实的科技工作者，潘镜芙对此次引进的搁浅还是心存遗憾，并实事求是地还原了他所经历的整个过程。他认为，这两次对英国的考察访问，极大地拓展了他和同事们的视野，让他们更直观地了解到世界发达国家舰船设计的发展动态与趋势，学习到很多新的观念与知识，并获得了重要的技术资料。

时至今日，潘镜芙依然对这两次访英所取得的收获感到满意，而在技术引进未果之后不久，国家自主研制改进型驱逐舰的计划正式启动，潘镜芙又被委以重任，开始了新的征程。

第七章

攻关 052 型　践行全武器作战系统

1979 年，美国的阿利·伯克级导弹驱逐舰完成可行性研究。这种型号的驱逐舰装备有先进的宙斯盾作战防御系统，拥有较强的区域防空能力，其武器装备、电子装备高度智能化，代表了当时美国海军驱逐舰的最高水平。这种驱逐舰的作战能力把我国第一代导弹驱逐舰远远甩在了身后。同年 8 月 2 日，邓小平同志登上国产的第一艘驱逐舰——济南舰，乘舰出海视察，并亲笔题写了"建立一支强大的具有现代战斗能力的海军"的光辉题词[①]。

虽然引进购买国外武器系统及电子装备的计划最终未能实现，但马尔维纳斯群岛战争所体现的海军军事技术的发展趋势及国际局势的变化让国家决策机构意识到 051 型驱逐舰的改进及新一代驱逐舰的研制迫在眉睫，并很快将此事的论证与实施提上议事日程。

致力改进 051 型，铺垫研制 052 型

新型导弹驱逐舰集合了多项高精尖技术的系统工程，连美国这样的超级大国研制出阿利·伯克级导弹驱逐舰也花了数十年时间。20 世纪 80 年代，我国的国力较为薄弱，当时在许多相关技术领域还是一片空白。对于研制新一代（第二代）导弹驱逐舰，国家决策机构给出了"10 年计划"，即 1985 年至 1989 年完成设计，1989 年至 1994 年完成建造。10 年，在历史长河之中只不

---

① 刘建华，刘丽 . 邓小平纪事 . 北京：中央文献出版社，2012：724.

过是短短一瞬，但对于一个跨时代的工程而言，却充满挑战与艰险。

1983 年 4 月 26 日，当时的国防科工委召集相关部门及行业在北京召开新一代驱逐舰发展论证会议，会议由时任海军司令员刘华清将军主持，听取有关部门对新一代驱逐舰发展的建议。

在这次会议上，潘镜芙经过深思熟虑，代表驱逐舰研制单位做了关于051 型驱逐舰技术改造及相关改进型驱逐舰研制可行性论证分析的报告，提出了新舰研制的工作思路。第二代导弹驱逐舰最好分为两步走：第一步，在现有已服役的第一代驱逐舰上做出改进，加快研制出一型改进型驱逐舰；第二步，研制出一种新型驱逐舰。改进型驱逐舰放在新舰之前，为新舰的研制开路，同时形成自己的全武器系统。

潘镜芙在这次会议上所提出的新一代驱逐舰研制采用"承前"与"启后"两步走的策略十分符合我国的具体情况。这样既能保证国家集中有限的力量发展国民经济，又可以依据当时国防工业的实际情况，在第一代改进型驱逐舰上验证新一代驱逐舰上需

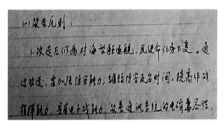

技术改造可行性论证意见（局部）
（潘镜芙提供）

要解决的问题，取得经验后可以直接在新一代驱逐舰上成功实现。这种思路既科学稳妥，又经济快捷，也与"10 年计划"的指导思想相吻合，自然得到了国防科工委和军方的大力支持，也被其他相关机构普遍认同。

国家高层很快批复了潘镜芙这个建议，同时决定正式启动新一代（第二代）导弹驱逐舰的设计和建造工作，确认改进的两艘舰和新造的两艘舰要大致同步进行（改进型驱逐舰代号为051Z，新一代驱逐舰代号为052），并任命潘镜芙同时担任这两型驱逐舰的总设计师兼作战系统总设计师。[1]

为配合潘镜芙的设计工作，上级同时任命了负责动力系统的华绍曾、负责电子装备的梁国太、负责对空导弹系统的钟山、负责对海导弹系统的姚绍福四人为两型舰的副总设计师。总设计师和副总设计师分工明确，协调做好两型舰的设计研制工作。

---

① 《现代舰船》编辑部 . 驰骋大洋——国产驱逐舰总师访谈录 . 现代舰船，2005(1)：6–10.

承担起这个更加艰巨的重任后，潘镜芙首先按照自己的思路分析 052 型驱逐舰相对于 051 型驱逐舰必须取得哪些方面的突破，而哪些核心问题必须提前在 051G 型驱逐舰上率先取得突破与验证。换言之，要研制新舰，首先需要思考如何对 051 型驱逐舰进行改进。

潘镜芙意识到，051 型驱逐舰的母舰是一艘注重反舰能力的制海型驱逐舰，051 型驱逐舰前期型号虽然加装了导弹系统，但是其防空和反潜能力非常薄弱，无法适应现代海战，因此，必须改进 051G 型驱逐舰作战指挥系统的自动化以及雷达、通信和电子设备的电磁兼容性，提升近程防空能力和反舰能力，兼顾舰体优化及生活条件的改善。

1983 年 11 月，潘镜芙经过周密的论证，确定了 051G 型驱逐舰设计方案。

潘镜芙对访谈人员解释说："根据当时的发展计划，在第一代驱逐舰的两艘改进型舰上，要先实现一个小型的作战系统，而下一步研制的新舰，则要实现真正的自动化全武器作战系统。"

051Z 型驱逐舰及前期型号虽然已配备武器系统，但各个武器系统是独立的，基本上是单机单控，并未实现武器系统之间的关联及协调协同。而在 051G 型驱逐舰的设计上，潘镜芙强调作战指挥系统与武器系统的连接，确保其具备全武器作战系统的雏形。

通过对国外多个舰艇作战系统的研究，同时吸收国内最新电子科学成果，潘镜芙在 051G 型驱逐舰上，将各种武器和电子装备组成了互相有机联系的作战指挥系统及电子战系统。

在武器系统上，051G 型驱逐舰换装了全封闭自动近防炮系统和反舰导弹系统，加装了三联装美制反潜鱼雷发射管，其防空和反潜能力较 051Z 型驱逐舰有大幅度提升。

在雷达系统及电子设备上，051G 型驱逐舰安装了三坐标对空雷达、火控雷达系统，采用了仿制的新型导航雷达以及具有变频能力的新雷达，并加装了电子对抗系统和引进的作战数据系统，其近距防空、反舰探测预警能力及电磁兼容性得到明显提升，作战指挥能力也得到增强，电子设备整体达到西方国家 20 世纪 70 年代后期水平。

在舰体设计上，051G 型驱逐舰采用了封闭式舰桥和舰体，既能有效降低雷达反射波，又优化了作战指挥环境。

在 051 型驱逐舰最初几艘未定型舰的建造过程中，由于时间紧迫以及当时认知上的不足，有些新研制的仪器设备未经充分试验就直接装上了舰船。当试验和使用中发现问题时，拆卸起来非常困难，只好在狭窄的舰舱中艰难地反复改动、反复调试，部分设备由于始终无法调整到位，最终只好拆卸下来重新研制。因此，设备贸然上舰，反而可能加长海上试验周期和齐装配套时间，导致时间和经费的浪费，可谓欲速则不达。①

鉴于过去的教训，潘镜芙认为所有拟上舰的新研制的武器系统及设备，必须事先在陆上的试验场进行对接测试和联调，只有在确认这些单机武器设备能正常运行且能够与舰上的其他相关设备有机协调后，才能装上舰船。因此，潘镜芙在借鉴国外的先进经验的基础上，提出了在陆地上建立全武器系统对接联调试验场的建议。

由于该建议乍一看似乎会影响舰艇的建造速度，因此开始时受到了多方面的阻力。但潘镜芙非常坚决，积极与上级机关及相关单位沟通，力陈陆上全武器系统对接联调试验场的诸多优点。最终，上级机关支持了潘镜芙的建议，决定择址建设陆上全武器系统对接联调试验场。

在访谈时，潘镜芙发现笔者依然对此一知半解，就进一步解释说，唯有通过陆上试验场的质量检验与系统的联调联试，才能尽可能提前发现设备的问题并检验与考察系统性能，才能确保设备及系统装舰后能正常发挥作用并迅速达到最佳匹配与工作状态，从而控制与减少上舰风险，促进舰上全武器系统的顺利建成。这能大大降低后期各项试验的风险及成本，缩短研制及交舰周期，保障舰艇早日形成战斗力。

在确定建设陆上全武器系统对接联调试验场后，上级机关将选址工作也交给了潘镜芙。潘镜芙认为必须找一个临海的地方，这样对海对空试验都比较便利，于是带着年轻的马骏四处奔波。该试验场不仅要求占地面积比较大，而且要能容纳相当数量的人员。潘镜芙等人在与许多地方交涉无果之后，终于得到某沿海城市的支持，陆上全武器系统对接联调试验场也迅速在

---

① 《现代舰船》编辑部. 驰骋大洋——国产驱逐舰总师访谈录. 现代舰船，2005(1): 6-10.

潘镜芙主持设计的165舰

该地建成，后续为两型舰的研制发挥了巨大的作用。

陆上全武器系统对接联调试验场建成后，潘镜芙亲自主持了051G型驱逐舰新上舰作战系统的陆上对接联调试验，对其他升级的武器系统所涉及的设备同样进行测试与检验，然后逐步安排已通过陆上测试与联调的设备及系统的上舰安装计划。[1]

1986年8月、1987年10月，051G型驱逐舰首舰和第二艘舰相继在大连造船厂开工建造。由于所有新设备及系统都通过了陆上试验场的测试与联调联试，因此两艘舰的建造速度都很快，分别于1988年8月1日、1990年10月16日陆续下水；后期的各项试验也因为设备及系统迅速进入最佳状态而进展顺利，很快，两艘舰分别于1989年12月30日、1991年11月21日交付南海舰队正式服役。051G型驱逐舰首舰舷号为165，被命名为"湛江舰"，次舰舷号为166，被命名为"珠海舰"。

两艘051G型驱逐舰顺利建成，并很快成为当时我国最为先进的水面舰艇，潘镜芙所提议的陆上全武器系统对接联调试验场的建立功不可没。潘镜芙的这条经过实践验证的宝贵经验，不仅仅是051G型驱逐舰全武器作战系统研制的成功秘诀，也成为后续研制各型舰船都严格遵循的规则。

潘镜芙由于在051G型驱逐舰作战指挥系统上的突破、陆上全武器系统对接联调试验场的建设及其武器系统的有效升级而荣获国家科技进步奖二等奖。该驱逐舰的成功，不仅增强了潘镜芙等设计人员的信心，也奠定了研制新一代驱逐舰的技术及军工基础。

---

[1] 《现代舰船》编辑部. 驰骋大洋——国产驱逐舰总师访谈录. 现代舰船，2005(1): 6-10.

创立新型管理和技术攻关模式，谋工程管理创新

在 051G 型驱逐舰的研制方案大致有了明确思路之后，潘镜芙即开始思考新一代驱逐舰，也就是 052 型驱逐舰的研制设计问题。

作为 052 型驱逐舰的总设计师，潘镜芙深知自己肩上的责任，虽然自己参与主持设计的 051 型驱逐舰取得了从无到有的突破，其作战能力基本达到二战时期发达国家的驱逐舰的水平，让我国积累了设计大型水面作战舰艇的技术及经验，同时推动了舰船制造军事工业的巨大发展，但 051 型驱逐舰存在的不足也是有目共睹的。潘镜芙明白，新一代驱逐舰不单是要规避 051 型驱逐舰的缺陷，而且要实现我国大型水面舰船设计的巨大跨越，努力攀登舰船工程设计的高峰。

潘镜芙认真总结了 051 型驱逐舰研制所取得的经验与教训，认为新一代驱逐舰的设计应该继续坚持系统工程的思想并将其作为设计新舰的要求。通过实践和进一步的学习，潘镜芙对系统工程有了新的理解。他认为，系统是由相互作用、相互支持、相互反馈的若干子系统组成的，同时它也可能是一个更大系统的组成部分。系统工程设计方法就是基于任务的要求，从整体出发，研究系统整体和组成系统各要素的相互关系，准确分配与把握各系统的功能，提出系统的设计目标，并再次根据要求及试验结果对设计做出评价，然后优化设计，如此反复循环，以完成最佳设计方案。[1]

潘镜芙没有教条般照搬系统工程的设计思想，而是科学总结前期系统工程的实践经验，借鉴国外的先进成果，依据 052 型驱逐舰的技战术要求，将全舰视为由平台和负载，或曰由舰总体和作战系统组成的一个全武器大系统，保持平台与负载之间、负载内的各子系统之间的相互协调与支持。

在 052 型驱逐舰的设计中，为了切实践行系统工程的思想，潘镜芙首先从管理入手，在领导机关的支持下，在海军部队及相关研制单位的密切配合下，对管理和技术攻关机构进行变革，以保证系统工程思想在设计研制中得到充分的贯彻落实。

一方面，在管理上进行革新，设立总设计师办公室，简称总师办。这个

---

[1] 《现代舰船》编辑部. 驰骋大洋——国产驱逐舰总师访谈录. 现代舰船，2005(1): 6-10.

机构是潘镜芙依据系统工程设计的思想，借鉴钱学森倡建的"总体设计部"所成立的。

总师办刚一成立，立马办了一件大事，就是将所有两型舰的舰总体、系统、设备技术负责人及设计师召集至武汉开会，对舰总体和作战系统方案论证，基于海军提出的新型舰的技战术要求和作战目标，首先确定舰总体和作战系统的研制任务书，然后向各分系统分解相应的目标及技术要求，分系统制定研制任务书。①

这次会议持续了一个多月，开得非常成功。大家集思广益，认真讨论与研究了平台与负载系统之间的各种问题，对系统之间的接口与精度等关键问题进行了深入分析，协调了研制进度与配套措施，并基于舰总体、系统、设备研制任务书的制定，通过技术协调实现了技术状态控制、技术信息联系反馈和反复迭代完善并形成了相应机制，这对推动两型舰的成功研制起到了很好的作用。

051 型驱逐舰办公室致潘镜芙关于成立总设计师办公室意见的信（局部）（潘镜芙提供）

总设计师办公室职责（局部）（潘镜芙提供）

另一方面，将技术研发人员进行集中，成立专门进行技术攻关的研究部门。该思路源于 051 型驱逐舰研制时由潘镜芙提议而设立的武器系统组。

潘镜芙参与主持设计 051 型驱逐舰时强调，将单个设备形成武器系统，这在 20 世纪 70 年代是一个新的观念。他在钱学森的支持下实现了这个目

---

① 《现代舰船》编辑部 . 驰骋大洋——国产驱逐舰总师访谈录 . 现代舰船，2005(1): 6-10.

潘镜芙（右二）在总师办与刘凤学、齐平、　　总师办技术分析会（1993年，潘镜芙提供）
李绪禄看图纸（1993年，潘镜芙提供）

标。但是，在051G型驱逐舰之前的所有型号驱逐舰中，各个武器系统单机单控，相互之间并未实现联通，也没有与雷达系统、电子战系统实现对接，系统之间难以协调支持，甚至出现相互影响和干扰的问题。两型舰研制立项后，潘镜芙希望在051G型驱逐舰上建立一个小型的作战系统，然后在新一代052型驱逐舰上建立真正意义上的全武器作战系统。

要实现这个目标并不容易，不仅需要具有新的观念与知识的人才，还需要组织上的保证。为此，潘镜芙在成立总师办的同时，成立了技术攻关机构，专门负责设计和研制新一代驱逐舰的全武器作战系统。

潘镜芙在两型舰研制中所创立的新型管理和技术攻关模式，既打破了舰船总体设计单位过去的工作传统，也改变了原组织结构，虽然最初有一些不理解的声音，但他没有妥协，在取得一定成效后，终于得到了各方的认同。潘镜芙充分发挥这两个关键组织的作用，仅用了两个月的时间，组织总体所（现七〇一所）、系统设备所技术骨干，集中工作，确定了两型舰作战系统方案、新一代驱逐舰总体设计方案及其他重大技术问题。

在潘镜芙的关怀、鼓励和引导下，一批从总体及顶层设计的角度研究舰载武器系统技术的后备青年技术人员迅速成长并脱颖而出，逐步成为我国新型驱逐舰研制设计的中坚力量。

倡导性能综合兼优，求设计理念创新

对于新一代驱逐舰的研制设计，潘镜芙认为要运用系统工程的思想来处理平台与负载之间的关系。而且，通过剖析 051 型驱逐舰在试验、服役中显露的问题，他认为不能再恪守旧观念，不能片面地追求某些技战术指标，而应当研究新的军事理论与作战观念，分析未来海战模式及国外舰船设计的技术发展趋势，提出新的设计理念，只有如此，才能使得新一代驱逐舰实现跨越式发展，缩小与发达国家驱逐舰的差距。

作为一名朴实的技术专家，潘镜芙从不喜欢夸夸其谈、坐而论道。他是在深思熟虑后才提出了新舰设计理念：全舰有机协调、性能综合兼优。也就是说，新一代驱逐舰的研制设计，不应刻意追求单项技战术性能的优越，而要达到各项技战术性能综合兼优。

作为 051 型驱逐舰的主要设计师之一，潘镜芙从不讳言国产第一代驱逐舰存在的问题，也不止一次和笔者讨论过特殊历史时期的战争观念对 051 型驱逐舰设计所产生的影响。

潘镜芙认为，我国发展自己的驱逐舰首先借鉴苏联的技术是恰当的，也符合当时的国际形势和国情，当时我们在选择母舰时看中的就是科特林级驱逐舰的速度。我们在抗日战争、解放战争时期以小米加步枪、凭两条腿追赶汽车轮子的精神赶走了日本侵略者、建立了新中国，因此我们骨子里崇尚"快"和"猛"，追求"速度快""火力猛"自然成为改革开放以前我国武器设计中优先得到青睐的选项。

以科特林级驱逐舰为母舰的 051 型驱逐舰长宽比过大，速度固然无与伦比，但是留下许多问题。

首先，"速度快"不仅让型线设计受限，而且舰体的刚度与强度也相对低，同时也对适航性、抗风能力、操纵性和机动性等性能不利。

其次，"火力猛"需要上舰的武器装备特别多，051 型驱逐舰曾被誉为火炮最猛的驱逐舰，上舰武器装备多，让本就狭长的舰身布局更为受限，容易引发相互干扰、操作空间狭窄、机炉舱内温度高等一系列问题。

最后一个问题其实一直藏在潘镜芙心里，在 051 型驱逐舰服役后尤甚。

这个问题就是舰上官兵生活环境较差，这让作为总设计师的潘镜芙有些自责。船身狭长，加上武器装备多，造成舰上官兵工作环境较差，居住条件简陋，吃饭都没有餐厅，只能蹲在舰甲板上将就，而应对这一问题的方法是教育战士们吃苦耐劳。然而，在寒暑交替、风浪雨雪的环境中工作与生活，战士们就算是钢铁之躯也难以长期承受。

因此，对于新一代驱逐舰的设计，潘镜芙不仅要避免片面追求单项技战术指标，而且要坚持以人为本，贯彻"全舰有机协调、性能综合兼优"的设计理念。

新一代驱逐舰没有可供参考的母型，潘镜芙的设计理念虽让设计难度变得更大，但也让设计师们可以更好地发挥想象力，可以创造性地寻求综合性能最佳的方法。

譬如，在舰体主尺度选择及型线设计上，不用受限于一两个特定性能指标，而是兼顾舰体大部分性能的平衡及各项系统功能的正常发挥，避免顾此失彼，着力实现各项性能、各项系统功能的最佳匹配状态。

为此，新一代驱逐舰的舰体得到较大幅度的加宽，达到了最佳长宽比。舰的空间尺度增大后，舰体能够容纳更多的舰载武器和更多的生活物资与燃料，居住环境得以改善，舰体的稳定性也得以提高，武器系统作战效能得以稳定发挥。

负责 052 型驱逐舰总体设计的袁敦垒充分理解了潘镜芙的设计理念，他将舰总体、各个武器系统、各种设备配置的技术协调贯穿于从方案设计、技术设计到施工设计的设计全过程。在方案设计阶段，基于新舰的总体技战术性能来明确舰总体、系统、设备的研制任务书，实现综合性能的初步设计控制；在技术设计阶段，编制舰总体、系统、设备较为详细的技术规格书，并反复进行相关技术协调，优化各种技术性能参数；在施工设计阶段，编制舰总体、系统、设备的生产安装的工艺规程，落实经过优化的技战术性能与系统功能。正是这种不断联系反馈、反复迭代的设计理念，最终实现了潘镜芙所期望的"全舰有机协调、性能综合兼优"。[1]

---

① 《现代舰船》编辑部. 驰骋大洋——国产驱逐舰总师访谈录. 现代舰船，2005(1): 6–10.

对于舰载作战系统，潘镜芙意识到以前先依据既定设备设计武器系统等分系统，再把它们机械地联系起来形成作战系统的自下而上的设计方法不再适用于新一代驱逐舰，这种设计方法很难实现作战系统的实质性突破，很难快速推进国内新武器装备的研制及作战系统的快速迭代升级。因此，除了将系统工程思想作为指导思想之外，同样需要用"全舰有机协调、性能综合兼优"的理念来设计新一代驱逐舰的作战系统。

潘镜芙与施宗伟等设计师决定，新一代驱逐舰的作战系统应从顶层抓起。他们先对作战系统进行总体综合论证，确定作战系统对各分系统的具体要求，再进行分系统论证以及新设备的研制论证。这种自上而下的统筹设计，不仅能确保作战系统的成功研制，还能推动国内作战系统研究及配套军工科技共同发展。

潘镜芙在新舰的设计上首次考虑隐身性的设计技术要求。对于加宽后的舰体上层建筑，要求整体采用外飘、内倾、圆角造型艺术设计，从而减少探测雷达的反射。对于舰上系统中通信、雷达、电子监控等射频设备，要求采用集成设计，尝试使用集成桅杆，从而让新一代驱逐舰具备一定的隐身性。

为了实现新一代驱逐舰的"性能综合兼优"，潘镜芙与海军院校在设计上进行合作，依据规定的技战术性能，从定量的角度计算新舰的作战能力和生存能力，进而分解相应的技术参数，通过这种设计理念的创新，使得新一代驱逐舰的战时生存能力有了实质性提升。[①]

在 052 型驱逐舰下水服役后，从国内外的军事评论来看，它的确做到了"全舰有机协调、性能综合兼优"。

攻关与引进结合，实现新舰跨越发展

在国产新一代驱逐舰的研制设计中，在舰用装备的选型上，潘镜芙高屋建瓴，基于我国当时的技术水平及新舰技战术性能的要求，大胆提出了"两条腿走路"的方针。

所谓"两条腿走路"，就是一方面尽可能自主攻关，采用在预研中已经成

---

① 蒋华 . 走向世界的中国新型导弹驱逐舰——访中国两代驱逐舰总设计师潘镜芙 . 舰船知识，1997(5).

型或短期内可以取得突破的一大批国内先进技术成果；另一方面，有针对性地引进某些急需的先进系统与技术装备，并进一步谋求对引进技术的消化和吸收，提高我国在该领域的技术起点，从而保证新一代驱逐舰的技战术性能实现跨越式发展。

坚持技术引进及国产化

新一代驱逐舰的排水量及综合性能指标相比 051 型驱逐舰有了巨大的提升。051 型驱逐舰采用的蒸汽动力系统不仅体积大，还存在动力准备时间过长、不利于战时机动的巨大缺陷。因此对于新一代驱逐舰的动力系统，无论是当时的海军司令员刘华清将军，还是新一代驱逐舰总设计师潘镜芙，都主张采用当时世界上比较先进的柴燃联合动力系统。

由于当时国内的蒸汽动力系统非常成熟，因此有人认为不必浪费宝贵的外汇，可以继续采用国内成熟技术。

"花钱买时间！"这是刘华清在此问题上开放型思维理念最直白的阐释。他进一步指出："不要一提到花钱，就动摇我们的决心。动摇来动摇去，什么事都干不成……我们的总体设计水平还很低，花点学费引进国外先进技术，比关起门来一步一步摸索快得多。"

潘镜芙（右一）与英国宇航公司员工合影（1990 年，潘镜芙提供）

潘镜芙非常认同刘华清的理念。他回忆说，就动力系统而言，我们当时都没有燃气轮机、高速柴油机，所以我们非买不可。就是要趁着改革开放的大好形势，有针对性地引进先进技术，提高我们的技术起点，只有第一步这样做，第二步我们才可以国产化。

最终，潘镜芙在新一代驱逐舰上采用了从德国引进的由美国通用动力公司的燃气轮机及德国生产的柴油机组成的柴燃联合动力系统。

这四套引进的柴燃联合动力系统就安装在两艘052型驱逐舰上，而后期国内通过消化和吸收引进的技术，又实现了柴燃联合动力系统燃气轮机的零配件及柴油机的国产化。

在新一代驱逐舰的对空导弹系统的选用问题上，也曾出现过分歧。051型驱逐舰所使用的对空导弹系统明显难以满足新舰的防空要求，而国产的某型对空导弹系统的研制进度也难以满足新一代首舰的装舰要求。于是，潘镜芙再一次把眼光投向了国外。基于当时的国际环境，潘镜芙初步规划在首舰上选用法国的某型对空导弹系统。

为此，1985年，潘镜芙带领施宗伟等技术人员与有关部门一道赴法国考察相关对空导弹系统，最终经过比较研究，和法国签订了全套引进合同。签订合同后，后面的引进工作也比较顺利，新一代驱逐舰的研制进度得到有效保障。

潘镜芙告诉访谈人员，这套系统的引进同样非常有价值，其雷达系统、作战系统对于新一代驱逐舰相关技术的提升以及引进技术的消化和吸收都起到了很大作用，大大缩小了我们在相关技术上与发达国家的差距。

考察法国某公司（1985年，潘镜芙提供）

对于新一代驱逐舰的通信系统，潘镜芙也采取了引进国外先进技术的路径，使得052型驱逐舰的通信能力相较于051型驱逐舰有了极大的提升，能够满足各种复杂环境的通信需求。从英国引进的系统装舰之后，潘镜芙及有关部门立刻组织某研究机构

参观法国某船厂（1985年，潘镜芙提供）

对这套系统相关技术进行消化和吸收，进而仿制提升，并很快在 052 型驱逐舰的 2 号舰上实现了国产化替代。

研制新一代驱逐舰时，上级单位及海军明确要求直升机上舰，这在我国未有先例。为了顺利实现这一目标，潘镜芙力主引进法国的舰载直升机舰面系统，确保了两架某型反潜直升机顺利上舰。其后，再次安排对该直升机舰面系统技术的消化和吸收工作，最终在 052 型其他型号上实现了国产化替代。

在新一代驱逐舰的技术引进中，潘镜芙等几位主要设计师告诫同事们对引进的技术不要过分迷信，而要善于发现应用中的错误及不匹配问题。果然，设计师们在新舰引进的动力装置的电力系统设计中发现了两个错误，并且据理力争，最终，外国公司在事实和数据面前不得不承认错误。外国公司立刻修改设计，重新确定设备技术参数，更换相应的核心设备。对错误的及时发现，不但确保了军舰主电机的安全可靠运行，而且为国家节约了一大笔资金。[①]

在新一代驱逐舰有限的几个系统和技术装备的引进及装备上舰的过程中，的确出现过由一些设计安装及零部件配套等问题而引发的顾虑，一些质疑也因此而起。潘镜芙并没有忽视这些问题的存在。经过调研与试验，他提出对这些数量有限的国外引进系统及设备有针对性地采取措施。

第一项措施是确定引进系统或设备在国内的技术责任单位，让这些单位签署责任书，承诺承担系统或设备装舰后的技术服务及维修保养工作。如果出了问题，首先由责任单位解决，若责任单位解决不了，则由他们负责请国外专家来解决。

第二项措施是在引进系统或设备的同时，统筹安排好相应的国产化工作，落实国内单位开展国产化研究，借此填补我国相关技术的空白并促进配套技术的形成。只有这样，才能在确保引进设备的后续供应和长期正常使用的同时，促进国内相关技术的跨越式发展，提高国内技术起点。[②]

上级领导不仅完全采纳了潘镜芙的建议，而且部署落实了引进系统和设

① 王新. 舰魂——中华第一舰的故事. 湖北日报，1997-07-19.
② 《现代舰船》编辑部. 驰骋大洋——国产驱逐舰总师访谈录. 现代舰船，2005(1): 6-10.

备的国产化工作，后来在次舰及后续舰型上相继完成了国产化替代，并迅速刺激了配套系统和设备的研制及工业制造水平的全面提高。

指导攻克全武器作战系统

在大力引进并消化吸收国外先进系统及设备的同时，潘镜芙同样不遗余力地推进新一代驱逐舰相关系统及设备的自主攻关。

最能体现新一代驱逐舰自主攻关的作战指挥系统、电子对抗系统、雷达系统等重要系统，都是在潘镜芙、施宗伟、沈长云等设计师及配套系统研制单位的密切协作下，经历无数个日日夜夜和无数次失败才研制完成的。它们让新一代驱逐舰在最能体现现代海战观念与模式的关键技术上基本赶上了世界先进水平。

所谓作战系统，本质上就是把武器系统、传感器直接连接起来的通信控制系统，简单地说，就是把所有的电子武器系统通过一个信息网络连起来。无论在 051G 型驱逐舰上实现部分武器系统的联通，还是在新一代驱逐舰上实现全武器作战系统，其难度都很大。虽然知悉国外尤其是海军军事实力极为强大的美国在军舰的设计上采用的是全武器作战系统，也明白这是我们新舰研制的不二选择，但真要做起来，却不知从何入手。没有资料，没有先例，技术选择千头万绪，潘镜芙经常陷入茫然无措之中。

舰上雷达系统很多，导弹系统有自己的制导雷达，火炮系统有自己的炮瞄及火控雷达，舰上的预警及跟踪也需要雷达。因为技术配套及利益驱动因素，每个系统的研制单位都强调只能用自己的雷达。这个问题怎么应对？各系统自带的雷达都上舰肯定不行，舰上空间宝贵，且不同的雷达系统相互干扰，也不经济，更关键的是无法协调和共享数据，各系统无法联动。可是要共享雷达系统，用哪一家的？要联通，采用怎样的接口与精度？各系统的功能如何保障？

潘镜芙的头脑非常清醒，没有被这些纷繁复杂的问题困扰，他强调："在这个问题上一定要选准技术路线，一定要瞄准我们的目标及主流技术发展方向，方向不能选错，走偏迷路了再回来，就要付出很大的代价。"

　　为此，潘镜芙指示年轻设计师们，技术研究重点及工作重心主要是两个，一个是构建"全系统"，另一个是构建接口，而核心是接口问题，只有把接口搞好了，才能够顺利实现"全系统"。

　　面对各个系统上五花八门的"土接口"，设计师们在这个问题上牢记潘镜芙的叮嘱，分析发现这些"土接口"基本不具备"全系统"的功能需求，必须找到一种更加科学的方法与思路。

　　20世纪80年代末90年代初，国际上计算机技术开始兴起，闵绍荣等改革开放后培养的大学生由于具备计算机技术基础，因此对这一行业的发展较为关注。他们查阅相关资料后，觉得采用计算机技术中已经发展起来的标准通信接口可能是一种科学的方案，于是想尽办法了解并获取了美国电子工业协会制定的一种物理接口标准RS232C的技术细节及传输速度参数。于是，设计师们拟将RS232C作为051G型驱逐舰的接口标准。

　　潘镜芙充分而认真地听取了施宗伟等设计师关于接口标准的意见，告诉他们，对国内外众多的串行、并行接口进行系统的比较与分析，接口标准是经过实践充分检验的相对成熟的技术方式，只要符合我们的需要，完全可以采用，但是能否为我们所用，一定要通过实践来检验与判断。

潘镜芙（左）在112舰机电室
（1995年，潘镜芙提供）

　　在潘镜芙的鼓励下，设计师们在海军基地进行试验。当时基地的试验条件非常艰苦，年轻的设计师们克服重重困难，经过大约一个半月的实船实测实演，发现采用RS232C接口标准完全可行，有疑问的技术难题也都有相应的解决方法。

　　不久，年轻的设计师们又发现了一个同样由美国电子工业协会制定的物理接口标准RS422A，该接口相对于RS232C具有抗干扰能力强、传输速率高、传输距离远的特点，而相关试验显示，该接口标准同样可以在051G型驱逐舰上实现应用。

　　经过稳妥的权衡与比较，设计师们向潘镜芙等领导及决策层提出了

051G 型驱逐舰作战系统的接口方案，高速骨干线路采用 RS422A 接口标准，与各个子系统连接的支干线采用 RS232C 接口标准。潘镜芙等领导对该方案给予了大力支持，并在各个武器系统及设备研制部门强推，最终的结果证明了设计师们选定的技术路线的正确性，而设计师们也由此更加钦佩潘镜芙的远见卓识。

在 051G 型驱逐舰小试牛刀并获得成功后，潘镜芙鼓励年轻设计师们再接再厉，力图在 052 型上再次创新与突破，实现真正意义上的全武器作战系统。

在技术路线的选择上，设计师们在 052 型驱逐舰的接口标准选用上瞄准了更为先进的总线标准，并再次通过大量试验，克服了采用该标准所遇到的一系列技术性问题，终于实现了新一代驱逐舰上所有武器系统的有机连接，让全舰所有电子设备形成一个网络系统，达成了潘镜芙所构想的全武器作战系统的愿景。

由于在新一代驱逐舰上各种武器和电子装备组成了有机联系的作战系统，潘镜芙就提出在 052 型驱逐舰上仿照西方先进舰艇的样式，设计一个战情中心。科研人员按照潘镜芙的设想反复琢磨、试验，终于设计制造了一个彩色的"三人显控台"作为战情中心，并将其安置在舰上的指挥中心内。舰上每一个作战系统的终端都体现在战情中心里。战情中心让新一代驱逐舰的舰总体、系统、设备有机协调，做到早期预警、即时判断、集中指挥、分散控制，软硬武器综合使用，大幅度提高了作战自动化程度和快速反应能力。

选择与控制加工新型钢材

新一代驱逐舰在尺寸规格及排水量上与 051 型驱逐舰相比有很大的提升，在动力上采用了较为先进的柴燃联合动力系统，其综合作战能力更是提升了一个档次。鉴于 051 型驱逐舰所采用的 903 钢抗低温冲击能力不佳且抗腐蚀能力较弱，决策层希望 052 型驱逐舰能采用新研制完成的 945 船用钢，但最后的决定可由总设计师潘镜芙依据具体情况拍板。

945 钢具备各种温度下抗冲击强度高、耐腐蚀性好的特点，基本克服了

903 钢的缺点。但是，945 钢在焊接时需要低温环境，而钢板自身却要预热加温，工艺条件不好满足，在船底实施焊接操作的难度更大。

为了验证 945 钢的工艺性，潘镜芙决定在某造船厂做模拟分段试验，可在试验中发现钢板焊接有裂纹，反复试验亦如此，且操作的工艺性很差。于是，各种分歧、争论纷至沓来。有人对潘镜芙说："老潘啊，船体钢板的强度涉及舰体的安全性，这如果出问题，那是颠覆性的问题啊。这样焊接有裂纹你要负责，你决定，到底还用不用这个钢材？"[1]

而当时的领导对这种情况也很犯难，不敢贸然拍板，所以将是否采用 945 钢的问题交由总设计师潘镜芙决定。直面巨大的风险和责任，潘镜芙没有退缩，他发出了果断坚毅的声音："将来有任何问题，我这个总师负全责！"

于是，潘镜芙把设计部门、钢厂、材料研究所、船厂的相关责任人召集在一起商讨。大家畅所欲言，有时甚至争论得面红耳赤，把问题都讲出来、摆清楚。潘镜芙安静地记录与分析他们的观点，等大家说完了、吵累了，潘镜芙才笑眯眯地发言，胸有成竹地拿出自己的解决方案。[2]

首先，他要求钢厂、材料研究所一起研究，确定钢的碳含量标准范围，既要强度好，又要能够焊接；并严格要求每一块发到船厂的钢板都有编号，每一块钢板都要测碳含量。

其次，材料研究所要依据船厂的实际情况，制定详细的工艺技术要求，要完善工艺，明确焊接环境、预热方法，保证船厂能够达到这些要求。

最后，船厂要制定一丝不苟的施工要求，并对每一块钢板实施重点监控检查。对焊接的要求更是严格：对全部焊缝及焊接关键部位进行 X 射线检查。为此，船厂制定了六项施工工艺加强措施，结果全部合格。[3]

有关各方充分展示了各自的能力和责任感，依据这个工作方案，最终在新一代驱逐舰上顺利采用 945 钢，证明了潘镜芙决策的科学性和正确性。

---

[1] 郑宪.驶向深蓝——"中华第一舰"巡礼.解放日报，1998-02-05.
[2] 郑宪.驶向深蓝——"中华第一舰"巡礼.解放日报，1998-02-05.
[3] 蒋华.走向世界的中国新型导弹驱逐舰——访中国两代驱逐舰总设计师潘镜芙.舰船知识，1997(5).

945 钢及其配套焊接材料六项课题鉴定会（潘镜芙提供）

这里有一个插曲。某些媒体的报道中写到，945 钢的焊接问题是船厂的一位老工人师傅解决的，方法是在焊接的钢板下面放垫板。笔者就此求证过潘镜芙及几位专业人士，大家均认为此报道比较片面，如果没有钢板碳含量的严格量化、细化，如果没有研究机构制定的严格的工艺规程，如果没有严格的施工管理及 X 射线检测，仅靠放垫板这个土方法，是不可能解决焊接问题的。潘镜芙没有否认这位工人在焊接施工中的局部创新，但这不是解决问题的根本方法，仅是工艺上对一处细节的完善。

当然，最具权威的检验来自实践。在新一代驱逐舰远航美洲和东南亚归来后，经过检查发现，舰体完好如初，舰体水线以下，除了舰尾双桨上挂了少许渔网外，基本锃亮光顺，极少附着海蛎子，这证明船体结构与质量、钢板及焊接工艺都是优秀的。

试验磨砺，成就"中华第一舰"

经过潘镜芙等设计师及无数研制人员近五年的共同努力，新一代驱逐舰从总体、结构、动力到武器系统、作战系统的设计与研制工作相继完成，1989 年 9 月 8 日，新一代驱逐舰的首舰在江南造船厂正式开工建造，1991 年 8 月 28 日建成下水，随后进入长达两年零九个月的海上试验阶段。

从新一代驱逐舰的系泊试验、航行试验、武器系统试验到扩大试验，潘镜芙大部分时间都坚守在各种试验现场，一方面通过试验验证设计的正确性，以总结经验教训，另一方面及时发现问题并研究解决，以提升试验的水平与效率。为此，他夏冒酷暑、冬披严寒，辗转在各个试验海域、陆上试验场及各系统设备研制单位，处理了数不尽的矛盾，解决了数不清的难题，让新舰的各种设计构想逐步得到落实，预期的技战术性能也逐步得以实现。

设计只是一种思想的表达，能否变成现实必须经过实践的检验。潘镜芙在新一代驱逐舰的试验过程中所遇到的技术挑战丝毫不少于设计研制过程中的，而试验过程同样需要创新的思维与坚强的意志。

据潘镜芙回忆，在新一代驱逐舰的试验中，最具挑战性的问题是解决各个系统电子设备的电磁干扰问题，以确保整个系统实现电磁兼容，否则，再好的观念、再好的设计、再强大的作战性能都无从发挥。

为此，潘镜芙给笔者讲述了马尔维纳斯群岛战争的实例说明这一问题。战争中，英国海军谢菲尔德级驱逐舰具有很强的防空能力，装有先进的"海麻雀""海标枪"舰对空导弹，还有密集阵弹炮结合装置，其通信及作战系统在当时也在先进之列，可是它偏偏被阿根廷空军的"飞鱼"导弹给击沉了，一时举世震惊。

究其原因，就是电磁兼容性不够完备。舰上的卫星进行通信时，预警雷达就不能开机，一开机就会干扰通信。1982 年 5 月 4 日，两艘谢菲尔德级驱逐舰正在给英国伦敦进行卫星通信的中转，舰长命令关闭雷达。阿根廷抓住了雷达电子眼关闭的有利时机，发射了两枚"飞鱼"导弹，让享有盛名的谢菲尔德级驱逐舰葬身海底。

潘镜芙主持设计的新一代驱逐舰同样首次装上了先进的卫星通信系统。装舰后第一次调试发现，雷达和卫星通信相互干扰十分严重，谢菲尔德级驱逐舰的电磁干扰问题同样出现在我国自主设计建造的新一代驱逐舰上。

有了前车之鉴，焉能让我国新一代驱逐舰重蹈覆辙。潘

潘镜芙主持设计的 112 舰

镜芙披星戴月，饿了就凑合吃一口，困了就和衣打个盹。他白天奔波在试验场地，晚上回来翻阅各类资料书籍，不断向相关专家甚至年轻技术人员请教。面对英国人也没有解决的难题，他心里默默下定决心，一定要攻下电磁兼容性的难题。

彼时已年过花甲的潘镜芙带领一个攻关小组奔波在上海、南京、石家庄等地，组织配套设备研制单位技术人员寻找干扰源，探索抗干扰的途径，提出相应的改进方案。好几次拟定的方案在陆上试验时取得了良好的效果，可投入海上联试后却效果欠佳。为此，好几个跟随他的人都灰心了，劝潘镜芙放弃，寄希望于让海军通过严格操作规程来规避这个问题。[1]

可潘镜芙不服气，他不仅不气馁，反而愈挫愈勇，坚信自己能够解决这个问题，于是又一次带领攻关小组从头再来。

在一个酷热的夏天，60 岁的潘镜芙整天一身汗水地与攻关小组的同志们一道，分析抗干扰效果不佳的各种可能原因，把它们排成队，然后一点点进行测试，比较与观察试验结果。终于，他们的勤奋与努力得到了回报——在数百条的可疑原因中，他们找到了干扰源。为此，向来不苟言笑的潘镜芙风趣地笑着说："我们抓住了'暗藏间谍'，这下有办法对付了！"

112 舰俯视图

接下来经过几天的研究，潘镜芙和同事们设计了相应的"屏蔽隔离"方案。该方案不仅顺利通过陆上试验，而且在上舰海试中，卫星通信和雷达同时开机，干扰不见了，各系统设备工作正常，问题圆满解决。潘镜芙的双眼禁不住噙满了泪水。

业内专家评价，现代海战本质上是电子战，类似驱逐舰这种大型水面舰艇上舰

---

[1]　郑宪 . 驶向深蓝——"中华第一舰"巡礼 . 解放日报，1998-02-05.

电子设备及其系统相当庞杂，电磁兼容性是困扰各国舰船研制的核心问题；潘镜芙在新一代驱逐舰抗电磁干扰试验中所确定的解决方案为我国大型水面舰艇研制过程中解决电磁兼容问题积累了经验和方法，为我国大型水面舰艇研制取得突破奠定了基础。

1994 年 5 月 8 日，圆满完成各项试验的 052 型驱逐舰交付海军，入列北海舰队，该舰舷号为 112，被命名为"哈尔滨舰"。该舰服役于人民海军后，迅速引起国内外的广泛关注。

在 112 舰驾驶室留影
（1995 年，潘镜芙提供）

笔者综合国际颇具影响的《简氏战舰年鉴》（1996—1997 版）与《中国海军百科全书》对该舰的评价、部分军事专家及网上军事专栏文章的分析结论，认为新一代 052 型驱逐舰相对于国产第一代 051 型驱逐舰，在以下几个方面有了显著提升。

第一，052 型驱逐舰的作战系统与警戒探测系统、战情系统、电子战系统、对海对空导弹系统、主副炮系统、水声系统、反潜系统、直升机系统实现了高速数据连接。早期预警、实时判断、集中指挥、分散控制、快速反应、软硬武器综合使用等性能的实现，使新一代驱逐舰的作战能力成倍增长，并极大地促进了我国舰载作战情报、指挥、控制系统设计水平的提高。[1]

第二，工作及生活条件改善，保障能力提升。相对于第一代国产 051 型驱逐舰而言，新一代 052 型驱逐舰的工作及生活条件完全是跨时代的改善：工作和居住舱室均是全空调环境，舱室宽敞明亮，隔音良好，娱乐休息室、盥洗室一应俱全。在舰上不仅能够吃上热腾腾的饭菜，还能够洗热水澡，充分体现了"以人为本"的理念，舰上官兵的战斗力得到了有力的保障。

此外，新一代 052 型驱逐舰的船舶保障系统也趋于完善，海上补给、舰船三防、船舶防护、生活保障和消防等分系统给舰体及人员提供了全面的防

---

① 蒋华．走向世界的中国新型导弹驱逐舰——访中国两代驱逐舰总设计师潘镜芙．舰船知识，1997(5)．

112 舰留影（1996 年，潘镜芙提供）

核、防化、防生物、防菌、消磁、降噪、红外抑制、海水淡化、污染处理等几十种防护与保障，确保舰艇的安全及艇员的健康。①

第三，艇身及上层建筑采用了隐身设计，动力系统采用了双层隔震的降噪措施，这使得新一代驱逐舰的隐蔽性好、水下噪声小，综合作战性能也得到进一步提高。

第四，电磁兼容问题得到了解决，所有系统都能同时开机且各自功能得以正常发挥。

第五，舰体的主尺度、长宽比及结构合理，型线流畅，船板的质量好、寿命长。

第六，柴燃联合动力系统性能好、启动快，舰艇的快速反应和机动能力大大增强。

第七，总体性能好。高速性、操纵性、适航性、稳定性都非常出色，各种技术性能均达到甚至超过了上级下达的技术任务书的要求。②

在吸取 052 型驱逐舰首舰研制经验的基础上，1992 年 2 月 29 日，052 型驱逐舰 2 号舰在江南造船厂开工建造，后于 1993 年 10 月 18 日下水，于 1996 年 5 月 28 日服役于北海舰队，该舰舷号为 113，被命名为"青岛舰"。与 112 舰不同的是，113 舰大量使用国产设备替代进口设备，并且对之前的部分系统和设备进行了更新，其性能与综合作战能力也有了更进一步的提升。

① 蒋华 . 走向世界的中国新型导弹驱逐舰——访中国两代驱逐舰总设计师潘镜芙 . 舰船知识，1997(5).
② 郑宪 . 驶向深蓝——"中华第一舰"巡礼 . 解放日报，1998-02-05.

潘镜芙主持设计的 113 舰

　　与 051 型驱逐舰相比，052 型驱逐舰在排水量、操作性能、综合技战术能力、设计理念、新技术应用上都有了质的提升，并刺激和推动了与舰船研制相关的军工技术及军工产业的快速发展与迭代，因此，112 舰和 113 舰被誉为"中华第一舰"。

　　1997 年 2 月 20 日至 5 月 28 日，由 112 舰和 166 舰以及南仓号综合补给舰组成的舰艇编队从湛江港出发，赴美国、墨西哥、秘鲁、智利四国五港口访问，这是中国海军和中华民族有史以来首次环太平洋洲际远航。这次访问是中国海军舰艇第一次成功横渡太平洋、第一次到达美国本土、第一次访问拉美国家，历时 98 天，历经春夏秋冬四个季节和 12 个时区。舰艇编队两次跨越国际日期变更线，两次穿越赤道，纵贯南北美洲以西沿海，总航程超过 2.4 万海里，开创了中国海军舰艇编队出国访问国家最多、航行时间最长、航程距离最远的纪录。[①]

　　以 112 舰为旗舰的中国海军舰艇编队抵达美国西海岸圣迭戈市的美国海军基地后，4 天内有 5 万美国居民、美国海军和华侨兴致勃勃地登上军舰，一睹"中华第一舰"的风采。他们把中国海军编队访美视为 1964 年中国原子弹试验成功后影响最大的事件。

　　1997 年 2 月 27 日至 3 月 29 日，由 112 舰的姊妹舰 113 舰即青岛舰以及

---

① 王新 . 舰魂——中华第一舰的故事 . 湖北日报，1997-07-19.

铜陵号导弹护卫舰组成的舰艇编队从上海出发，访问泰国、马来西亚和菲律宾三国。舰艇编队相继停靠这三个国家的港口，先后有 10 万多人登舰参观。在马来西亚卢穆特港，参观者的汽车排队长达 3 公里，这是该市从来没有发生过的事。许多华侨全家人从数百公里外驱车赶来，场面十分感人。一位老华侨说："我们一直盼望你们来，今天终于把你们盼来了。我们站在自己国家的军舰上看到五星红旗，就是回到了自己的家！"[1]

112 舰和 113 舰这分别赴美洲及东南亚的两次访问，在多个海域经受了极端恶劣海况的考验，舰体承受了巨大的冲击，但均完好无损，这证明新一代驱逐舰的性能质量良好。同时，112 舰和 113 舰也在多个海区进行了基于实战要求的防空及反潜演练，其演习过程、演习水平展示了新一代驱逐舰设计所

113 舰交付海军时潘镜芙（右二）与朱英富等人的合影（1996 年，潘镜芙提供）

体现的现代海战的模式及场景，达到了演习目的，证明了新一代驱逐舰的综合作战效能完全达到预期目标。

新一代驱逐舰的研制是一项全国协作的大工程。据不完全统计，参加研制新型舰的单位涉及当时 11 个部委和多个大公司，遍布 19 个省、直辖市和经济特区，参研人员达 10 万之众，仅在 112 舰上装备配套的国产设备就近 1500 项、5 万余台（套）。这不仅带动了相关军工技术的大飞跃，也培养了一大批大型水面舰艇的研制设计人员，为我国后续制造更大排水量、性能比肩世界先进水平的舰船搭建了平台，积蓄了力量。

新一代驱逐舰的建成与服役，让我们彻底摆脱了"黄水"海军的帽子。从此，悬挂五星红旗的中国舰艇时常游弋在世界各大洋湛蓝色的海面上，潘镜芙年轻时的梦想也彻底实现了。

---

① 郑宪. 驶向深蓝——"中华第一舰"巡礼. 解放日报，1998-02-05.

第八章

相濡以沫　无情未必真豪杰

　　于呕心沥血的事业而言，潘镜芙无疑是成功的。他参与主持及领衔设计的 051 型系列舰艇实现了我国大型水面舰艇自主设计制造的突破，并首先践行了基于系统工程理念的全武器系统设计的指导思想。潘镜芙主持设计的 052 型驱逐舰，不仅让我国大型水面舰艇的设计制造迫近世界先进水平的门槛，而且将全武器系统提升为作战指挥系统，奠定了我国新型驱逐舰设计制造取得快速突破、逐步达到世界先进水平的思想基础、工程技术基础、管理基础和军事工业基础。于我国海军的发展而言，潘镜芙的成就是划时代的、开创性的，他让我国海军全面走向"深蓝"，成为保卫世界和平的重要力量。

　　但是，于家庭而言，潘镜芙无疑是感到辛酸和愧疚的。谈及妻子及孩子，潘镜芙不免心中惭愧，不仅面色变得分外凝重，神情流露出落寞和不安，话语也偶尔禁不住哽咽，以至于笔者都不忍心去触碰。

相遇意中人，穷追结连理

　　1953 年 3 月，潘镜芙所在的华东电工局电器设计处与机械设计处一并划归一机部，合并组建成第二设计分局，工作地点迁至苏州河口的上海大厦。原专业加工科相应改称为电器专业科，科长仍为江泽民同志[①]。潘镜芙亦转任电器专业科电机组组长，仍然在江泽民同志领导下工作。潘镜芙的具体工作就是负责上海电机厂汽轮发电机车间的设计。在这里，潘镜芙认识了一位漂

[①]　宋明达 . 潘镜芙传 . 北京：人民出版社，金城出版社，2014: 31.

亮活泼的女青年——许瑾。

许瑾入伍时的照片
（1951 年，潘镜芙提供）

许瑾，许家三姐妹的老幺，1933 年出生于上海嘉定的一个大户人家。到许瑾姐妹们成人时，许家已家道中落。1949 年 11 月，许瑾在上海以初中毕业生的身份参军，是某装甲兵部队炮兵团政治处图书管理员，因为热爱文艺而经常参与文工团的演出。1952 年，许瑾退伍转业至华东机械局下属柴油机厂，1953 年"一五"计划开始时被调至华东电工局下属机械设计处。大概因为她在部队从事图书管理工作，所以在华东机械设计处继续从事图书管理工作。1953 年，由于华东电工局的电器设计处和机械设计处一并转隶一机部并合并为第二设计分局，许瑾被分配至第二设计分局人事科工作，潘镜芙和许瑾的人生在此出现交集，继而擦出爱情的火花。

在第二设计分局，潘镜芙是团总支的文体委员，共青团经常组织合唱等文艺活动，需要较多的青年积极分子参与。这时，有人告诉潘镜芙，机械设计处有一个叫许瑾的积极分子，人长得很漂亮，而且在部队时还是文工团成员。

于是，潘镜芙找到许瑾，了解后知道她原先并不是部队文工团的，但的确热爱文艺活动，愿意加入合唱团。就这样，在一次又一次的文艺活动中，潘镜芙渐渐喜欢上了许瑾。然而，当时这个热情活泼、有着"黑玛丽"之称的许瑾却没有特别在意潘镜芙，因为在她的身边有好几个追求者。

据潘镜芙回忆，当时在几个追求者中，有一个人让他感到很有压力。此人是许瑾的战友，是部队里的一位年轻干部，同样也姓潘，各方面的条件都不错，他为了追求许瑾还多次跑到第二设计分局向许瑾表白，说他在部队时就喜欢她。不过，许瑾终究没有应允这位追求者，这让潘镜芙的心宽慰了下来。

一次偶然的急症，拉近了潘镜芙与许瑾的距离，进而让潘镜芙战胜了一众追求者，彻底赢得了许瑾的芳心。

1953 年岁末的一天，正在和潘镜芙一起工作的许瑾突然感觉腹部疼痛，

潘镜芙（第四排左七）和许瑾（第二排左四）一起参加第二设计分局合唱团（1954 年，潘镜芙提供）

开始时以为忍一忍就能好，可后来越来越厉害，绞痛剧烈。潘镜芙见状，不由分说就拉着她去第一人民医院急诊科就医，结果检查出来是急性阑尾炎，需要立刻住院手术。由于许瑾并无亲人在身边，所以潘镜芙就留在医院照顾她。

几日后，许瑾基本痊愈，潘镜芙送她回长乐路的家。到家后，许瑾拿出一张照片送给潘镜芙，既有感谢也有暗许之意。

许瑾在家养病期间，潘镜芙对许瑾嘘寒问暖，关怀备至，许瑾对这一切很自然地接受，爱情的天平彻底倒向潘镜芙了。

上班后，潘镜芙积极鼓励许瑾向团组织靠拢，指导她读一些马列图书，协助她写入团申请书，并作为她的入团介绍人。很快，在潘镜芙的支持与帮助下，许瑾光荣地加入了共青团。

许瑾送给潘镜芙的照片（潘镜芙提供）

1954 年夏末，潘镜芙鼓起勇气向许瑾表达自己的情感。他给许瑾写信，问许瑾是否愿意做他的女朋友。许瑾虽然没有立刻回复潘镜芙，但见面后却以灿烂的笑容默允。潘镜芙的心变成了"解放区的天"，两人也就此开始正式恋爱。

当笔者请潘老回顾恋爱历程时，90 余岁的老院士竟然害羞地顾左右而言他，倒是其开朗洒脱的女儿潘丽达替老父亲复述了那一段恋爱经过。

许瑾退伍时，组织上给她分配了一间房子，房子位于长乐路 764 弄长乐新村 27 号，楼栋里装有公共电话。潘镜芙当时极其执着，不仅每天给许瑾送一枝玫瑰，而且晚上或者周末一得空就在办公室、宿舍门房或者公共电话亭给许瑾打电话，一聊就是很长时间。一开始，许瑾家的邻居都将这事传为美谈，可时间长了，传电话及其他要打电话的人就不免有些怨言。

潘镜芙宿舍的门房说："小潘，你这个电话打的时间也太长了，你可以不要打了。"

许瑾家的邻居说："许瑾啊，你电话结束了没有啊？"

可潘镜芙不管这些，照样每日一枝玫瑰、每天一通电话，浓情蜜意，风雨无阻。

架不住潘镜芙这般锲而不舍、穷追猛打的攻势，为了避免过于打扰邻居的生活，许瑾从家里搬到了集体宿舍，这样一来，两人恋爱就方便多了。

潘丽达有感于父亲追求母亲的劲头，多次对老父亲戏谑地说："看不出一生腼腆、寡言甚至有些木讷的老潘，追求起女孩子来，脸皮那是老厚的呢！"逗得笔者亦忍俊不禁。

恋爱期间，潘镜芙和许瑾两人平常既与大家一起游玩、打篮球、排练合唱，也单独出去约会，花前月下，享受恋爱的快乐。当时，潘镜芙和许瑾两人去得最多的一个地方就是东沟。东沟是黄浦江的一个小支流，位于浦东，当时东沟一带风景秀丽、枝繁叶茂、流水潺潺，既有情调，也有野趣，风和日丽的

潘镜芙和许瑾在东沟游玩时的合影
（潘镜芙提供）

日子里，潘镜芙和许瑾在那里亲密地牵手盘桓，书写青春与爱情。

1955 年，潘镜芙开始与许瑾谈婚论嫁，他去许瑾家正式向许瑾的母亲求娶许瑾。许瑾的父亲叫许鹏飞，1937 年在淞沪会战中被日寇的炸弹炸死了。许鹏飞的干爹是上海大名鼎鼎的金融银行家金国宝[①]，许鹏飞去世后，金国

---

① 金国宝（1894—1963），江苏吴江人，是我国最早把列宁的著作译成中文之人。金国宝为我国统计学权威学者。新中国成立后，其先后担任复旦大学、上海财经学院教授，上海社会科学院经济研究所教授。

宝对许瑾的母亲非常照顾，许瑾的母亲也很认可金国宝的意见，家里的大事情概由他拿主意。金国宝对许瑾宠爱有加，在许瑾长大后总是对许瑾说谈朋友一定要带给他看看，所以潘镜芙追求许瑾期间，金国宝已经多次见过潘镜芙，对憨厚诚实的潘镜芙印象颇好。

一直与许瑾母亲生活在一起的许瑾的外公外婆很喜欢潘镜芙，对于潘镜芙求娶许瑾自然没任何意见，但许瑾母亲未置可否，意欲让干爹金国宝定夺。于是许瑾领着潘镜芙，偕同自己的母亲、外公和外婆一起上金府，征求金国宝的意见。金国宝本就喜欢清秀老实的潘镜芙，对于潘镜芙求娶许瑾自是欣然应允，并一个劲地在许瑾母亲面前称赞潘镜芙。

金国宝一锤定音，潘镜芙就这样与许瑾喜结连理，携手人生。

1955 年元旦，潘镜芙和许瑾正式领证结婚，两人去王开照相馆照了一张结婚照，也没有正式的婚礼，仅潘家和许家两家人在许瑾母亲那里一起吃了一顿饭，那顿饭是由许瑾的外公外婆亲手做的。许家有许瑾的母亲、姐姐、外公外婆及许家一对过房夫妇参加，潘家仅有特地从苏州赶到上海的潘镜芙母亲庄钰芬及在上海工作的

潘镜芙和许瑾结婚照（潘镜芙提供）

一个舅父到场。双方家人在一起，热热闹闹、和和睦睦。潘镜芙很高兴，喝了一点点酒，当着双方家人的面承诺这辈子一定会好好对待许瑾。

潘镜芙和许瑾结婚的住房是由第二设计分局分配的，在重庆南路的巴黎新村。两人当时穷得叮当响，潘镜芙每月工资只有 40 多元钱，还要寄 15 元钱给苏州的父母亲，帮扶家里多病的父母及在家养病的弟弟硕民。许瑾工资更低，同样也要补贴母亲一大家子的生活及弟妹们读书。

因此，两人把手头的钱凑在一起买了一张大床，潘镜芙又去租了一个柜子放衣物和杂物，再把两人的行李并在一起，就算成家了。后来，潘星阶来上海到他们家后，得知那个柜子是租来的，于心不忍，托人把家里一个五斗橱从苏州运到上海。

据潘镜芙回忆，许瑾结婚时身上穿的一件看似很时髦、很高档的黑大衣还是用家里的黑毛毯裁剪而成的。

在两人刚刚组成的小家里，潘镜芙与许瑾深情相拥，共诺"执子之手，白头偕老"。

对于潘镜芙和许瑾的爱情与婚姻，他们的女儿潘丽达在她的博客"丽达老潘"中有一段有趣的描述，笔者在此分享给读者。

> 爸爸和妈妈，一个温雅，一个急躁。当年他们是设计院的同事，是在合唱团中相识的吧。爸爸是年轻有为的知识分子，妈妈是文工团的复员军人。现在看妈妈当年的照片还是怦然心动啊！大大的眼睛，挺直的鼻梁，两颗微微突出的门牙显出一种娇憨。黑油油的两根大麻花辫从耳旁下来，垂挂在丰满的胸前。爸爸年轻时的照片也有意思，五十年代的四六开分头，眼睛不大却很睿智专注，透过圆圆的镜片温和地看着世界，鼻梁高高、鼻尖圆实，嘴巴大大的，嘴唇还厚厚的，绝对不是俊男，但是一派江南儒生的清秀。能通过竞争获取胜利，靠的是每天一个电话或者一朵鲜花。不光这些，爸爸还把最喜欢妈妈的太公太婆搞定，他们可喜欢这个温厚敦实的读书人了。就这样，爸爸捧得美人归哦！

2010年12月30日，在许瑾去世的11天后，潘镜芙写了一首纪念许瑾的诗，这首诗追忆了他们美好的爱情。

> 明窗净室初会时，明眸双鬟体窈窕。
>
> 风和日丽东沟游，初携纤手心旌摇。
>
> 汉弥相会情切切，银线传声意绵绵。
>
> 不计清寒与俭朴，坚贞相誓结良缘。
>
> ——潘镜芙为纪念许瑾所作
>
> 2010年12月30日

无怨无悔尽奉献，三十一载两地思

1955 年 3 月，潘镜芙被调入船舶工业管理局产品设计分处，从事苏联军事舰船的转让仿制工作。自此，两人就不在一起工作了。潘镜芙被调入船舶工业管理局后不久，因为许瑾所在的第二设计分局机构进一步调整，许瑾被调至上海有线电厂。由于潘镜芙和许瑾相继调离，他们结婚时分配的房子必须交出来，在接连换了两个临时住所后，两人搬迁至船舶工业管理局产品设计分处分配给潘镜芙的房子。这个住处在西康路南沙公寓 112 号 1 楼 1 室，是一间 30 余平方米的房子。

潘镜芙和许瑾一家在这里一住就是 20 余年，儿子潘伏波、女儿潘丽达分别于 1955 年 9 月、1958 年 7 月出生，并在此度过了童年时光。20 世纪 80 年代初，潘伏波因为结婚成家才搬迁至玉屏路及天山五村。

1955 年国庆节刚过，潘镜芙所参与设计的扫雷舰开始在武昌造船厂建造，潘镜芙为了全面了解军事舰船的建造工作，也为了提升自己的专业能力及实践能力，想去武昌造船厂亲身参与扫雷舰的建造工作。于是，他一方面向领导请示，另一方面与妻子许瑾商量，希望得到妻子的同意和支持。

其实，依据当时家里的境况，潘镜芙是不适合去外地工作的。儿子伏波生下来还不到一个月，许瑾也即将休完产假返回工作岗位，母亲庄钰芬虽然暂时来沪照料儿媳及孙子，但是庄钰芬因为一年前做过一次大的外科手术，身体状况并不太好，再说当时也未退休，不能在此久住。因此，潘镜芙如果离开家赴外地工作，许瑾必将面临一大堆的困难。

但是，当潘镜芙回家跟许瑾谈了自己的想法后，许瑾毫不犹豫地表示支持，让他放心去武汉工作，一切责任由她来承担。就这样，潘镜芙离开了妻子和尚在襁褓中的儿子，远赴武汉工作。

潘镜芙这一走就是四五个月，直到 1956 年春节才回到上海。到家后，潘镜芙发现儿子伏波长得白白胖胖，而妻子许瑾则明显黑瘦了许多，潘镜芙既高兴又内疚，心里充满了对妻子的感激。

这是潘镜芙第一次为了工作将家交给妻子。然而，自从有了这个第一次，潘镜芙舍小家为国家，为了心中的梦想而抛家别子就成了常态。

1956 年春节过后没几天，潘镜芙又告别许瑾和不满一岁的儿子，赴武昌造船厂和海军基地参与扫雷舰的建造及试验工作。许瑾支持他的事业，无怨无悔，默默地用她那弱小的肩膀，既承担了她作为母亲的职责，又替潘镜芙分担了作为父亲的责任。

1956 年整整一年，潘镜芙仅仅短暂回家过两次，等到 1956 年底结束工作回到家中时，潘伏波已经会叫这个没见过几次面的陌生人"爸爸"了。

1957 年，许瑾不幸患上了肾病，并且日渐严重，非常痛苦，可偏偏又怀上了第二个孩子。即便在这种情况下，许瑾也很少影响潘镜芙的工作，并坚持将孩子生下来。1958 年 7 月 18 日，许瑾冒着生命危险生下了一个胖乎乎的女儿。潘镜芙既心疼妻子，同时也非常开心，他给女儿取了一个非常洋气的名字：丽达。

都说女儿是父母的"小棉袄"，此言非虚。至少在潘镜芙的晚年，笔者深切体会到了潘丽达对潘镜芙那种独特的亦父亦友的情感、对父亲无微不至的关照。就此而言，妻子许瑾搏命生下的女儿，确乎是给他送了一份人生厚礼，让他在晚年得到了悉心照料。

1962 年，潘镜芙在负责江南级护卫舰的电气设计时，负责该舰的直流变交流的工作。在承担这项工作后，潘镜芙要么泡在研究所里很少回家，要么就是长期出差，跑各种电气设备的配套生产厂家，一出去便是一两个月，一应家务及两个孩子的读书、生活都是许瑾拖着病体打理。

1966 年，七〇一所搬迁至南京，潘镜芙随迁去南京工作，不仅彻底地将这个家交给了许瑾，而且开始了长达 31 年的夫妻分居生活。其间许瑾的艰辛真不是三言两语可以形容的。

这 31 年，许瑾只身抚养教育儿女、精心伺候公婆、牵挂支持丈夫，尽职尽责、无怨无悔，为公婆、丈夫、子女默默地奉献了一辈子，直至病体缠身，天不假年。

许瑾首先需要将一双儿女照顾妥当。潘伏波、潘丽达从上幼儿园到读小学、初中，都是许瑾安排和落实，衣食住行、功课作业、娱乐安全，事无巨细，一概得许瑾专心操持。在许瑾的精心照料下，潘伏波、潘丽达兄妹倒也十分给力，身体健康、胖乎乎的，人见人爱。

不过，潘伏波、潘丽达兄妹均生不逢时，读书时正处"文革"时期，且不说没可能参加高考、读上大学，就连高中都没机会读，初中毕业就面临就业。

孩子就业是大事，父母没有不精心谋划的。潘伏波于 1972 年夏初中毕业，此时正值 051 型驱逐舰首舰 105 舰的扩大试验全面展开，潘镜芙为此忙得不可开交，完全顾及不到儿子就业之事。许瑾寻思，一来潘镜芙实在无法分心，二来他也是个书呆子，既没啥社会关系也不会搞关系，即使知道了也束手无策。没办法，只好听之任之，服从组织安排。就这样，按照父亲不在上海的，允许留一个子女在身边工作的政策，潘伏波可以留在上海，被分配至副食品公司，并被安排至菜场工作。

1974 年夏，潘丽达初中毕业。由于哥哥留在上海了，她必须去农村插队落户，因此年仅 17 岁的潘丽达于 1975 年被分配至上海市郊崇明岛红星农场，成为农场最小的"农民"之一。后来潘丽达因为符合"特困"条件被调回上海，其中许多复杂的关系、烦琐的手续都是许瑾东奔西跑才一步步落实的。

潘伏波、潘丽达都没能上全日制大学，这既是兄妹俩一辈子的遗憾，也是潘镜芙自认对孩子、对妻子的终生愧疚，至今虽一双儿女功成名就，他亦不能全然释怀。

许瑾不仅要打理一双儿女的事，还要料理远在苏州的日渐年迈的公婆的生活起居，处理他们的大病治疗及康复问题。

1985 年以前，许瑾的公公潘星阶、婆婆庄钰芬住在苏州，身体状况一直不佳，以至于两位老人在生活上出现了很多难以克服的困难。许瑾就经常从上海赶到苏州，安排他们生活上的一些事情，有时还要帮助处理一些工作上的问题。到了寒暑假，为了兼顾老人和孩子，许瑾就请假并带着潘伏波、潘丽达兄妹到苏州和老人一起居住，这样既能排解两位老人的寂寞，也让潘伏波、潘丽达兄妹俩与爷爷奶奶建立了深厚的感情。

20 世纪 80 年代中期，潘星阶、庄钰芬的年龄越来越大，身体日渐衰弱，而许瑾也年近半百，且身体多病，难以沪苏兼顾。在这种情况下，经潘家三兄弟协商，老三潘硕民偕同妻子应凤珠于 1985 年自太原迁回苏州，以便料理父母。自此，许瑾频繁往返沪苏照顾老人才算告一段落，压力方减，可仅在大事或年节时赴苏看望老人。

据潘镜芙的父亲潘星阶回忆，1961 年庄钰芬因为严重营养不良，患上了风湿性心脏病，身体浮肿以至于难以坚持工作，1963 年其所在的皮革厂要求她退休。其时，潘星阶亦患有严重痔疮加结肠炎，长期用药治疗，家里生活本就非常拮据，如果庄钰芬退休，生活必将雪上加霜。

许瑾得知情况后，立刻安顿好两个孩子，赶到苏州。许瑾办事能力很强，对相关政策理解很透。经多方沟通与争取，她终于和厂方达成让婆婆庄钰芬半退休的协议，这样既能让庄钰芬安心养病，同时也能暂缓家里的窘境。

1966 年，潘星阶受到其时的政治形势及新中国成立前的经商经历的困扰，无奈选择病退，退休金每月仅 16.5 元。庄钰芬也只有微薄的半退休收入。夫妻俩相依为命，全靠着子女的接济来维持生活及疾病治疗。许瑾经常从上海赴苏州料理两位老人的生活，四处寻医问药，虽然舟车劳顿、事务烦琐，但她对两位老人体贴入微，毫无怨言。

1971 年，潘星阶因为喉部不适，在苏州被确诊为喉癌，于是经许瑾张罗，到上海肿瘤医院治疗。由于挂号不易，许瑾天未亮就陪公公去医院挂号候诊。潘星阶自 1971 年 12 月至 1972 年 2 月底在上海肿瘤医院做手术及放疗，其间虽有妻子庄钰芬陪同照料，但其他诸如治疗方案的确定、日常住宿饮食、往返沪苏等一应事宜皆由许瑾打理。潘星阶做放疗异常痛苦，许瑾多方设法排解，细致周到，直至潘星阶病愈返苏。

1994 年秋，潘镜芙的母亲庄钰芬病重，潘镜芙正在筹划 052 型驱逐舰首舰的各种试验工作，实在抽不开身。于是许瑾从武汉赶往苏州，在苏州中医院给婆婆端水喂药、衣不解带，不怕脏、不叫累，伺候了整整十几个日夜，直到有其他亲属来接替她。

1994 年 11 月 13 日，庄钰芬于苏州病逝。在庄钰芬病危之时，潘镜芙的弟弟潘硕民分别电话告知了兄嫂。潘镜芙此时正处于 052 型驱逐舰首舰 112 舰的试验关口，不仅远在试验场地，而且也不可能丢下工作就走，必须把工作交代好才可能出发。

　　许瑾接到电话后，考虑到潘镜芙肯定不可能及时赶回，于是立马乘车赶往苏州，并通知潘伏波、潘丽达兄妹立刻赴苏。许瑾抵达苏州后，拖着虚弱的身体协助处理庄钰芬的丧事，等待潘镜芙赶回来参加葬礼。

　　四个月后的 1995 年 3 月 7 日，潘镜芙的父亲潘星阶逝世。此时潘镜芙又忙于 052 型驱逐舰 2 号舰（113 舰）下水前的各项工作，得到父亲病危的消息后同样不能及时赶赴苏州。许瑾再次带着一双儿女第一时间赴苏，不顾舟车劳顿和体弱多病，代丈夫潘镜芙恪尽长子的一应义务，等待潘镜芙回来送父亲最后一程。

　　当初潘镜芙随七〇一所迁至南京时，依据相关政策，许瑾可以随行一起去南京工作。可是考虑到一双儿女的教育与生活的需要，加上公婆在苏州需要人照料，许瑾选择只身留在上海，照料孩子成长并方便去苏州伺候公婆。就这样，潘镜芙与许瑾就一直分居。

　　1983 年，潘镜芙担任七〇一所副所长，同时担任新一代驱逐舰研制的总设计师，行政、技术攻关及相关配套协调工作让他异常繁忙。许瑾了解这个情况后非常心疼孑然一身待在武汉的丈夫，其时她已经 50 岁，符合办理病退的条件，于是就向厂领导申请病退，以便能有更多的时间去武汉看望和照料已经年过半百的老伴。

　　上海有线电厂的领导对许瑾及潘镜芙的情况比较了解，出于对许瑾负责及支持潘镜芙同志工作的考虑，主动与七〇一所联系，提出让许瑾同志以组织借调的名义去七〇一所工作，实则去照料潘镜芙同志的生活。七〇一所对这个提议欣然接受，这样许瑾就可以常来武汉居住。有老伴在身边照顾，潘镜芙也不用心挂两头，可以全身心投入工作之中。

　　1987 年，54 岁的许瑾以干部的身份正式办理退休手续。其时潘伏波、潘丽达均已成家立业，而丈夫潘镜芙已近花甲之年，工作却越来越繁重，需要有人照料，因此许瑾在武汉居住的时间比以往更加多一些，以便照顾潘镜芙的生活。但许瑾心里牵挂在上海的儿孙，还有苏州的公婆也时常需要照料，故经常往返于汉沪苏之间，多边兼顾。

　　许瑾虽然身体状况不佳，但性格开朗。与寡言且有些刻板的丈夫相比，许瑾的沟通能力、公关能力强很多。在武汉短住期间，作为副所长的夫人，她待人接物热情周到，许多潘镜芙不擅长处理的人际关系都是她代为处理或者从旁提醒辅助的。许瑾起到了贤内助的作用，客观上给潘镜芙的工作减少了许多阻力。

在武汉短住期间，许瑾还与黄旭华的夫人李世英建立了很友好的关系。两位先生不在家时，两位夫人经常相约逛街购物，气氛融洽，形同姐妹。

许瑾在七〇一所附近公园留影
（1990 年，潘镜芙提供）

1997 年，潘镜芙 67 岁了，其所承担的 052 型驱逐舰研制任务基本完成。上级综合考虑潘镜芙的年龄及其他因素，决定让潘镜芙退居二线。这样，潘镜芙就回到七〇一所上海分部工作，彻底结束 31 年夫妻分居、两地相思牵挂的日子。

关于这段历史，潘镜芙的女儿潘丽达在其博客"丽达老潘"的文章《我的父亲潘镜芙：潘丽达访谈提纲》中有过具体叙述。

> 妈妈为了我和哥哥，一直没有跟随父亲迁往南京和武汉，一个人承担起哺育我们兄妹、照顾苏州爷爷奶奶的重任。在我和哥哥都长大、工作以后，妈妈终于放心离开我们，于八十年代中期到武汉，陪伴父亲十余年，1997 年才随父亲正式迁回上海。

相濡以沫长相守，斯人已去念悠悠

除了恋爱期间外，潘镜芙和许瑾夫妻最美好的时光就是从 1955 年结婚后至 1966 年潘镜芙调离上海去南京之前的这一段时间。虽然这一时期潘镜芙也很忙，但每逢周末和节假日，他们常常一起去逛公园、看电影、逛书店。有了一双儿女后，一家人也常常一起玩，夫唱妇随、儿女绕膝，其乐融融。当时，潘镜芙和许瑾去得最多的是上海西郊公园。潘镜芙爱好摄影，自然成了妻子及儿女们的摄影师。

潘镜芙告诉笔者，许瑾一生的精力一半放在工作上，一半放在家人身上，抚养两个孩子读书成长、伺候公婆治病养老。20 世纪 80 年代中期，她以借调身份开始在武汉小住，她正式退休后，便以在武汉居住为主，尽力料理潘镜芙在武汉的生活，享受难得在一起的时光。

潘镜芙和许瑾带着儿女在西郊公园郊游
（1960 年，潘镜芙提供）

据潘镜芙回忆，在他们分居两地期间，潘镜芙偶尔回来探亲或者春节假期稍微长一点时，他们非常珍惜这样难得在一起的机会。这时，潘镜芙和许瑾就携手一起逛逛公园、看看儿孙，当然更多的时候是许瑾陪着潘镜芙逛书店。

许瑾的身体不好，不能站太久，因此潘镜芙在书店里忘我地翻阅各种图书时，许瑾就在书店外找一个可以坐着的地方，耐心地等待潘镜芙。无论等多久，只要书店不打烊，她就不会去催潘镜芙出来。反倒是潘镜芙出书店后看见久等的妻子，心里又多了一分内疚。

然而，即使在许瑾居住在武汉期间，潘镜芙也由于工作需要，不是跑北京七院等上级机关，就是待在船厂或者试验基地，偶尔还去某个地方的配套厂所。因此，许瑾大部分时间依然孤身在家，对丈夫归来也是望眼欲穿。这种对丈夫的思念在脑海里长久沉淀，成为一种记忆常态，以至于许瑾在最后的弥留之际竟然产生了幻觉。

2010 年 12 月 17 日，因患直肠癌住在上海普陀区人民医院的许瑾半夜突然醒了过来，挣扎着拿起床头的电话给潘镜芙拨了过去，待潘镜芙接通电话后，许瑾急切地对他说："老潘，我已经到武汉啦，你赶紧到招待所来接我！"

弥留之际，许瑾产生了她在武汉的幻觉，在她生命行将走至终点之际，在她的潜意识中，她还在等待、期盼与伴侣的团聚。

潘镜芙、潘丽达在讲述许瑾弥留之际的这个电话时，无不痛彻心扉，而在场的其他人也无不动容、潸然泪下。

潘镜芙退居二线调回上海后，工作相对轻闲了许多，每天除处理必要的工作外，把主要精力都用在陪伴疾病缠身的老伴许瑾身上。他想尽力弥补对妻子的亏欠，感恩妻子对这个家庭的无私付出。

彼时，许瑾的身体状况十分糟糕，可以说是一身的疾患。不仅困扰她几十年的肾病未能获得根治，她后来还患上了高血压，经常身体浮肿、大脑眩晕、行走不便，潘镜芙总是耐心地陪伴着妻子，搀扶着她走路，日常总是嘘寒问暖、悉心呵护、关怀备至。许瑾身体状况好些时，潘镜芙也偶尔

潘镜芙和许瑾在住宅楼下的绿地健身
（2010 年，潘镜芙提供）

陪她一起购物、买菜，或者在楼下绿地散步、健身、聊天。

在潘镜芙回到上海以后，由于中国工程院经常安排为革命事业做出突出贡献的老院士们去一些风景名胜地疗养，因此潘镜芙带许瑾一起去了几次，老两口留下了一些愉快的晚年记忆。不过，有一两次疗养旅途中，许瑾病情突然恶化，潘镜芙二话不说，立刻终止旅行，小心翼翼地陪伴许瑾返回上海就医。

2004 年前后，许瑾不幸患上了皮肤癌。潘镜芙耐心地陪着妻子去各大医院寻医问药、诊断治疗。2006 年，许瑾的心脏又出了问题，必须进行心脏搭桥手术。多少个日日夜夜，潘镜芙一刻也不离开妻子，一双瘦弱而有力的手总是紧紧地攥住许瑾的手臂，生怕有一丝的滑落。

潘镜芙和许瑾在青岛疗养时的合影
（1999 年，潘镜芙提供）

潘丽达给笔者描述过一个曾经多次出现的场面。在医院，手脚麻利的潘丽达在人流如织的病友中穿梭，排队挂号、缴费、预约检查，回头看见父亲潘镜芙左手抓着许瑾的手臂，右手支撑着许瑾的腰部，缓缓从人群中慢慢走来。潘丽达每每看见这个场景，内心都震撼不已，她说："这大约就是古人所

说的'执子之手，与子偕老'吧。"

2009 年，本就疾病缠身的许瑾又患上了直肠癌，潘镜芙立刻让潘伏波、潘丽达兄妹俩全力做好母亲的治疗工作，自己则终日陪伴在许瑾身边，送汤送药，寸步不离。

为了能让许瑾的病得到有效治疗，作为一名科学家的潘镜芙竟然都乱了方寸，在医院收集起一些乱七八糟的治病小广告，还与潘伏波、潘丽达兄妹商量小广告上的治疗方案、治疗药物是否可行。在兄妹俩苦口婆心地解释说这些都是骗人的把戏之后，潘镜芙依然小声嘀咕："你们去把这些东西买来吧，可能有用！说不定对你妈妈有用呢！万一有用呢！""你去买来吧，说不定有奇迹发生，都怪我照顾你妈妈太少了。"

此时，那种焦虑、无助、害怕、期盼的情绪写满潘镜芙蜡黄而苍老的面庞，让潘伏波、潘丽达兄妹非常揪心，同时他们又深刻感慨：这可能就是夫妻修为的最高境界吧！

在手术切除直肠后，按照治疗规程，接下来就是化疗。此时许瑾对潘镜芙说，她了解化疗的痛苦，不想做化疗，她希望在丈夫及家人的陪伴下有尊严地走完生命的最后一程。

潘镜芙非常理解许瑾的要求，也对她最后的要求给予了充分的尊重，在征得潘伏波、潘丽达兄妹的同意后，选择放弃最后的化疗，用爱情、亲情拥抱亲人的生命余光。

为了减轻和分散许瑾的痛楚，潘镜芙鼓励许瑾看书，并陪着她一起看，彼此交流对书中人物及事情的评价。这段时间许瑾看得最多的一本书就是潘镜芙推荐的《简·爱》。这是潘镜芙非常喜欢的一本书，在中学阶段就读过。他再次陪着妻子一起读，并畅谈主人公追求爱情、追求事业的态度，赞美主人公的宽容和善良。

通过对《简·爱》的阅读与交流，潘镜芙和许瑾仿佛看到了他们自己，非常享受这种在一起共同体验生命和人生的温馨场景。

许瑾与潘镜芙在家中合影
（2010 年，潘镜芙提供）

在许瑾生命最后的日子里，她的每一秒钟都是潘镜芙生活的全部。他几乎能够听到妻子的每一声呼吸、每一次脉动，许瑾身体中的每一分痛楚都仿佛发生在自己的身上。

他24小时不离妻子左右，每一次服药时间他都掌握得像机械一般精准，每一个护理动作都恰到好处，每一句安慰都能让她得到慰藉。

他们行动上的默契、眼神中的交流、彼此贴心的安慰，让这对风雨同舟半个世纪的夫妻融为一体。

毕竟也是70多岁的老人，长期无微不至的陪伴和担忧，也让潘镜芙身心疲惫，以至于有一次在陪伴许瑾去上海市第六人民医院的途中，潘镜芙突然在马路边晕厥倒地，幸得周边的好心人立刻拨打120急救电话，才及时被送到医院，否则后果不堪设想。此事之后，潘伏波、潘丽达兄妹再也不敢让两位老人单独行动了。

2010年12月19日，许瑾带着丈夫的体贴与温暖以及儿女的敬重与孝顺，永远合上了双眼。她走了，没有遗憾，只有对丈夫、子女的不舍和祝福。

这一天，潘镜芙写下了送别妻子许瑾的挽联①：

五十余载，风雨同舟，甘苦与共，一旦分离，情何能堪；
半个世纪，抚养子女，辛勤持家，追思往事，黯然神伤。

这副挽联贴在书橱玻璃门上已经十余年了，潘镜芙以此永远纪念爱妻。

许瑾逝世11天后的2010年12月30日，潘镜芙写了一首纪念许瑾、回顾他们爱情的诗作。大约由于这首诗主要是回忆潘镜芙和许瑾的恋爱过程，所以潘镜芙觉得不便公开给晚辈们看。笔者在访谈过程中将它挖掘出来，已呈现于本章首节末尾。

妻子的离去让潘镜芙痛彻心扉，他的眼神时而呆滞，经常翻阅的书也渐渐蒙上了灰尘，每天用来听新闻和戏曲的收音机很久没有发出声响。他经常长时间对着许瑾的照片默默地坐着，不讲一句话，就算潘伏波、潘丽达兄妹

---

① 原诗竖行书写无标点，本处标点为著者所加。——著者注

追着和他说话，他也爱搭不理的，甚至充耳不闻。他后来就在家里翻动着许瑾的衣物及日常用品，一件一件地摩挲，久久不舍得放下。

看见父亲这个样子，潘伏波、潘丽达兄妹俩非常着急，担心父亲经受不起失去爱妻的打击，可是他们俩的公司有大量事务要处理，很难分身贴身照顾父亲，交给其他人又放心不下。

彼时，潘丽达在澳大利亚墨尔本大学数学系读硕士的儿子周则禹因撰写硕士论文的需要回到国内，并可以在国内待一段时间。无奈之下，潘丽达就和儿子商量，可否在外公家住一阵子，一方面陪伴外公，另一方面也可以在外公家撰写论文。

潘丽达的儿子是一个学霸级的人物。潘镜芙喜欢会读书、爱读书的人，自然对这个成绩突出的外孙特别喜爱，而这个外孙对院士外公打小就十分崇拜，因此当母亲和他商量说去照顾外公一段时间时，他毫不犹豫，欣然应承。

中国的传统文化中有一个十分有趣的现象，就是隔辈亲。潘丽达这个主意收到了非常好的效果。虽然一开始潘镜芙依旧言语不多，但外孙和他打招呼时，他能够及时回应；几天后，两人开始有一些交流；后来，外公还主动关心起外孙的论文写作问题。潘镜芙僵硬的表情逐渐松弛下来，情绪自然也跟着一天天好起来。一个多月后，等到外孙要返回澳大利亚继续求学时，潘镜芙的状态已经有了很大起色，潘伏波、潘丽达兄妹也松了口气。

后来，潘丽达为了父亲的健康着想，希望他逐渐适应失去老伴的日子，便向父亲建议逐步清理母亲的遗物，以免父亲睹物思人。潘镜芙虽然心有不舍，但理智告诉他生活还得继续，孩子们也需要逐步回归正常的生活，他不能无休止地拖累孩子们。因此，他同意女儿的建议，在家中清理了许瑾的衣物及日用品，仅保留照片等物品。

2015年清明节前后，潘镜芙跟随潘伏波夫妻俩去给许瑾祭扫献花。见墓思人，百感交集，潘镜芙站在许瑾的墓碑前久久不愿离去。而在依依不舍地离开许瑾的墓地时，潘镜芙突然一阵晃悠，差点倒在地上，潘伏波及妻子马上搀扶起他，可接着没走几步，潘镜芙就倒在潘伏波的怀里。

潘伏波夫妻俩着实吓坏了，赶紧拨打120，可是救护车开不到墓地，潘伏波只好和几位热心人一起抬着潘镜芙穿越长长的墓地，将他送到救护车上。救护车先将潘镜芙送到嘉定区中心医院，见暂无大碍后，潘伏波开车将父亲送到华东医院进行系统检查。潘镜芙被诊断为大脑缺氧，估计为过度悲伤及些许疲劳所致。

此后，潘伏波、潘丽达兄妹俩再也不让父亲去母亲墓地纪念了。

潘镜芙得知笔者在写他的传记之后，曾委婉地要求一定要尽可能多地写写他的妻子许瑾。每每听到笔者提出需要关于许瑾的资料及照片，老先生都高兴不已，积极配合，不厌其烦。

潘镜芙不止一次对笔者及女儿潘丽达说："我的军功章不止一半是许瑾的，而是一大半，是全部。"

潘镜芙经常拿着妻子许瑾的照片端详与思念（2020年，潘丽达摄）

儿女曲折终成器，未助成长常自责

认识潘镜芙的人都很羡慕他有一双事业有成、豁达大度、孝顺敦厚的儿女。由于潘镜芙曾经做过七〇一所副所长，又有中国工程院院士的头衔，不免就有人思忖这双儿女多少拜父亲声望、人脉所赐，才能取得令人艳羡的成就。

笔者起初也有过这样的设想，但充分了解之后才发现并非如此。潘伏波、潘丽达兄妹俩获得的成就，完全是他们自己聪敏睿智、艰苦努力、不断进取的结果，与父亲的地位及人际关系没有一丝一毫的关系。而作为他们父亲的潘镜芙在言及他们兄妹俩时，反倒是无尽地自责，一如对妻子许瑾一般。

从对潘伏波、潘丽达兄妹的当面访谈及微信、电话交流中，笔者明白了潘镜芙缘何内疚，也对兄妹俩的品行、胸怀和自励奋斗的精神产生了深深的敬意。

既因为时间久远，年幼时期的记忆日渐模糊，也因为小时候父子俩聚少离多，潘伏波已经很难在关于少年时的些许记忆中找到太多父亲的印记，仅有三件事还有一些印象。

第一件事是在潘伏波五六岁的时候，一日他生病发烧，口燥心焦，潘镜芙遂用开水将西红柿烫了，剥去外皮后蘸上红糖送到潘伏波嘴里，很耐心地看着他吃完。可能是味道实在是太好了，或者这样的场景对于他们父子俩来说实在稀罕，故潘伏波记忆尚存。

第二件事是潘镜芙想教潘伏波游泳，于是在周末带他去当时尚在上海的七〇一

潘镜芙（前排）与女儿潘丽达（后排左）、儿子潘伏波（后排右）的合影（2019 年，潘丽达提供）

所游泳池游泳。潘镜芙虽然生于水乡，擅长游泳，可是在教儿子游泳时可不怎么得法，又有些急于求成，因此让潘伏波呛了几次水。幼小的潘伏波因此惊恐得说什么都不愿意再下水，潘镜芙无奈之余也不再强迫他。潘伏波因此一辈子没再学习游泳。

而第三件事则是父亲这辈子唯一给予他的一次小小的惩罚。可能因为惩罚同样太稀罕，故潘伏波至今没有淡忘。

潘伏波在向新中学读初中时，小伙伴中有偷偷瞒着父母抽烟的。潘伏波经不住伙伴们的蛊惑，觉得好玩，也偶尔抽过几次。有一天，潘伏波买了一个抽烟用的打火机，揣在口袋里就回家了。一向温文尔雅且从未搜过他口袋的父亲不知是闻到了什么异味还是得到了什么消息，竟然破天荒地搜了他的口袋。

潘镜芙拿着搜出的打火机，问从哪来的，潘伏波骗他说是路上捡的。潘镜芙追问在哪里捡的，并要儿子指给他看，调皮机灵的潘伏波就随便在路上指了个地方。潘镜芙找到地方并把打火机丢掉了，回来后命令潘伏波伸出手掌，拿起尺子在潘伏波的手掌上不轻不重地打了两下，很认真地告诫他不许

抽烟，更不许撒谎。

1972 年，年仅 17 岁的潘伏波初中毕业，其时正值"文革"，没有高中可上，潘伏波因此作为知识青年面临工作分配。按照当时的知青政策，作为长子的潘伏波必须去农村插队落户，但是由于父亲潘镜芙不在上海工作，这种情况属于知青"上山下乡"[①] 政策的"软档"[②]，潘伏波因此可以留在上海工作。

虽然可以留在上海工作，可是分配的单位却是全家人都不满意的静安区副食品公司，且具体岗位是在菜场。每天三四点钟就要起床，搬运、盘整各种菜品，工作又脏又累。潘伏波虽然不满意这份工作，但干起活儿来倒也踏实勤奋，在艰辛中磨炼自己。

潘镜芙虽然工作忙，但放心不下儿子。以潘镜芙的本意，当然是希望儿子能够继续读书，可在当时的形势下已经没有这种可能。按照政策，潘镜芙可以将儿子调到七〇一所，但是潘伏波当时仅有初中文化程度，即使被调到所里也不可能踏上有前途的岗位，因此潘镜芙很快打消了这个念头。所以，除了时常给儿子写信勉励他要抽空读书、要安心工作外，别的他也爱莫能助。

虽然无书可读且身处逆境，但许是遗传自父亲的文学基因，潘伏波打小也爱好写作，始终怀揣着一个文学青年的梦想，而且这个梦想在每日的艰辛劳作中渐渐变成了潘伏波对未来的憧憬。

潘镜芙对儿子的文学创作始终很支持。潘镜芙认真阅读、体会潘伏波的习作，并与他细细交流，向其指出需要修改及完善的地方。据潘伏波回忆，潘镜芙在"文革"期间回家的次数相对多一些，父子俩时常共享一些写作上的心得与观点。他还回顾说，父亲在用词上很有心得，作品有的地方换成父亲建议的词语后不仅更加恰当通顺，而且意境也有了更大的提升。

虽然文学创作之路非常艰苦，但在父亲的鼓励和支持下，潘伏波经过不懈的努力，陆续在《萌芽》等期刊上发表了一些习作，这给了他很大鼓励。

---

① 1968 年，毛主席发出"知识青年到农村去，接受贫下中农的再教育，很有必要"的指示，全国掀起知识青年上山下乡高潮。——著者注

② 当时，上海市的知青留在父母身边工作有"硬档"和"软档"政策。所谓"硬档"，就是如果哥哥和姐姐已经插队落户了，弟弟和妹妹可以留一个在父母身边工作。而"软档"则是如果父母有一方不在上海工作，子女可以留一个在上海工作。——著者注

1977 年，年满 21 周岁的潘伏波有了一个参军入伍的机会，他想去当兵，一来可以去部队更好地锻炼自己，二来也可以借此机会改变自己的人生。对于儿子的这个想法，潘镜芙和许瑾持积极支持的态度，鼓励他在部队里好好学习，通过自己的努力改变命运。

潘伏波参军后的驻地在湖南省邵阳市邵东某军用机场，他的工作是机场地勤。因为与军用飞机打交道，工作充满挑战性。在入伍的四年里，潘伏波工作踏实、默默耕耘，因为成绩突出，在 1980 年加入中国共产党。

这四年里，无论多么忙碌，潘镜芙总是尽可能每月给儿子写信，虽然有时仅三言两语，但推心置腹、极尽勉励。潘伏波把收到父母亲的来信作为期待之事，也尽可能告知父母他的工作生活情况。对于父子之间的书信往来，潘伏波至今印象深刻的一点就是父亲总是告诉他要进步、要努力、要积极入党。在得知潘伏波入党后，潘镜芙和许瑾非常高兴，他们知道儿子并没有因为无法继续读书而消沉，而是积极上进、追求进步。

在入伍的四年里，潘伏波依旧没有放弃他文学创作的爱好和梦想，仍然在工作之余坚持写作、投稿。但是，可能因为功底、阅历及工作上的诸多限制，文学创作似乎也遇到了天花板，作品难以有大的进步。

依据当时的政策和潘伏波在部队的表现，他符合提干的条件。可是，当时提干后可能会被分配去外地，再回到上海就非常困难，而潘伏波内心还是很有上海情结的，并且也希望回上海照料体弱多病的母亲，同时他还依旧在追寻文学青年的梦想。

基于自己的愿望和家中的现实，潘伏波选择退伍，回到上海。退伍就只能从哪里来，回到哪里去，所以潘伏波又返回静安区副食品公司上班。不过此时这家副食品公司已经由集体企业变为全民所有制企业。

潘伏波回到副食品公司上班后，依旧为实现他的文学梦想而努力。他锲而不舍，但始终没有什么大的突破。于是，潘伏波开始检讨自己的文学创作之路，并理性地认为不能再痴迷下去。与此同时，父亲潘镜芙也瞧出了端倪，他明白文学创作可能不适合自己的儿子。他告诉潘伏波，文学创作这碗饭其实是很难吃的，往往只能将它当作一种爱好，想靠它养家糊口或者将其作为职业，那实在是太过艰难了。

当然，潘镜芙并没有极力阻止或去打击潘伏波在文学创作上的积极性，而是非常委婉地建议他，不妨将文学上的热情暂时转移到读书上去，比如去考某一个专业的学历证书。

潘伏波认真地思考了父亲的建议。经过四年部队生活的历练，潘伏波深感自己知识储备不够，而改革开放后国家给因"文革"而耽误读书的广大年轻人提供了多种在职读书、提升文化知识并取得相应学历的机会和政策，因此潘伏波立刻采纳了父亲的意见，报名参加国家举办的自学考试学习，专业是会计学。[①]

得知潘伏波参加自考学习后，潘镜芙心里很是快慰，他最喜欢孩子们读书，他骨子里一直认为读书才是正途。潘伏波在父母的鼓励与鞭策下，一边上班，一边勤奋学习，经过三年的努力，终于拿到了会计学专业大专文凭，也算圆了父母和自己的一个小小愿望。

1992年，上海市的房地产开始蓬勃发展，读过几年会计学专业的潘伏波凭着自己的经济学知识与视野，加上在副食品公司摸爬滚打多年所建立起的对市场经济发展的认知，敏感地意识到这是一个前途不可限量的新兴行业，因此义无反顾地从副食品公司辞职，到房地产公司工作。他先是与人合伙经营，后来又自己成立商务咨询公司，并与政府有关部门合作，积极开拓上海的房地产市场，很快在这一行业做得风生水起。在取得财务自由后，潘伏波又急流勇退，不贪恋已然火热的房地产市场，陆续关闭相关公司，退休赋闲，专事含饴弄孙并时常听候老父亲潘镜芙的召唤。

虽然潘镜芙内心在很长时间里对潘伏波的学习、教育、工作都有遗憾和歉疚，觉得没有尽到父亲的责任和义务，但看着儿子一步步走上正轨并逐渐取得事业上的成功，尤其在成功后能谨慎做人、低调行事，潘镜芙心里也慢慢释然，渐感欣慰。

潘丽达是潘伏波的妹妹，比哥哥小三岁。据潘镜芙的回忆及潘丽达的讲述，这个女儿是计划外出生的。许瑾在意外怀上潘丽达时，已患上严重的肾病，可许瑾愣是冒着生命危险生下了这个孩子。在潘丽达六岁的时候，潘镜

---

① 潘伏波访谈.北京：老科学家学术成长资料采集工程馆藏基地.

芙经常出差不在家，到她上小学时，潘镜芙又随单位调离上海，此后见到父亲就是一件很稀罕的事情了。

潘丽达幼时的哺养、上学、参加工作等一应事务同样皆由母亲许瑾打理。潘丽达对父亲的认知和情感是从儿时在"锅把凳"①上摊开信纸书写"亲爱的爸爸"开始的。

据潘丽达回忆，她从会识字写字开始，就在母亲的教导下给父亲写

潘伏波（右）、潘丽达（左）幼年合影
（1959 年，潘镜芙提供）

信，"亲爱的爸爸"这句书信开头的称谓，她从幼时一直写到书信被便捷的电话、短信取代为止。潘丽达戏称她的文笔之所以还不错，可能就是因为常给父亲写信而逐步练就的。

潘丽达和哥哥潘伏波都在静安区第一中心小学就读，而且一至三年级的班主任都一样，是曾经荣获"全国劳动模范"称号的钱杭宝老师。小学毕业后，潘丽达进入培进中学念初中。在潘丽达的初中阶段，由于"文革"的冲击，学校的教学秩序很乱，正常的文化学习几近停滞。此时的潘丽达因为父亲不在上海、母亲或忙于上班或照顾爷爷奶奶、哥哥自个儿跑出去玩，只好在家里独自看书来打发时光。

据潘丽达回忆，那段时间她看书成瘾，到处搜罗书来看，也不挑剔，有书就看，甚至爬过学校图书馆的墙头找书、借书。这段时间的广泛阅读，在一定程度上弥补了没课可上的遗憾，也为她成年以后的学习、工作打下了文化与知识基础。

1974 年，潘丽达初中毕业时正值"文革"，无高中可上，求学无门。依据当时上海的政策，初中毕业的潘丽达作为知识青年必须上山下乡，接受再教育。由于哥哥潘伏波已经留在上海工作，她只能去农村插队。

1975 年，年仅 17 岁的潘丽达被分配至上海市郊崇明岛红星农场，到农

① 锅把凳，上海本地方言，就是用竹木做的专供小孩子坐的小板凳。——著者注

场报到后被安排在农场五连汽车附件厂，从事采购工作。

就这样，年轻的潘丽达经常往返于上海市区和崇明岛之间，一方面在上海市区采购生产汽车配件所需要的原材料，另一方面将汽车配件成品运送到上海市区的汽配公司。潘丽达虽然年轻，但工作认真细致，从未出过任何差错。

当然，除了做采购员，在农忙季节，潘丽达也在农场干一些农活。

在当时的红星农场，很多人都认识那个活泼可爱的潘丽达，她给人印象最深的就是特能讲故事。在农场的田地里，在打谷场、食堂及宿舍，潘丽达总是滔滔不绝地给大家讲各种故事，讲世界名著。她很善于讲，而且讲得很投入，绘声绘色，也善于制造气氛。很快，胖乎乎的潘丽达就在年轻人中脱颖而出。

采购员的工作给了潘丽达很好的锻炼，让她学会了怎么和人打交道，怎么组织和安排物资采购及运输工作。此外，这项工作还有一个好处：虽然累点，但可以经常回家看看多病且孤单的母亲，帮许瑾处理一些家务事。

潘丽达回顾说，虽然当时她在农场的生活看上去很丰富，但经过一年多的重复工作，日日面对没有多大变化的固定程式，她的内心生出了苦闷和彷徨的情绪。在她看来，这项工作固化而缺乏新鲜感，没有多大的趣味，她没有方向感，似乎看不到未来，也不知道这样做下去意义在哪里，乐趣在哪里，甚至觉得活着没意思。

讲到曾经这段虚无与迷惘的时光，潘丽达至今很感激自己的父亲，认为父亲在关键时刻帮助了她，挽救了她，不仅给她排遣了漫长的苦闷，而且给她树立了信心，指明了出路和方向，也让她感觉有了坚实而温暖的依靠。

原来，当潘镜芙知道女儿在人生方向上感到迷茫之后，作为父亲的责任感油然而生。潘镜芙对女儿的状态很是担忧，又无法亲自去陪伴她，因此无论当时的工作多忙，就算下班时已至次日凌晨，他都不顾疲惫，立刻拿起钢笔给女儿写信。

在信中，潘镜芙总是耐心地开导女儿，盛赞她工作的成绩及她给同事们讲故事的意义所在，并就此给她灌输朴实的人生道理，鼓励她在干好本职工作的基础上进一步读书学习，更好地丰富自己。一旦自己的内心得到了充实，生活就不会苦闷，未来也会变得更有希望。

据潘丽达回忆，大约在她 18 岁这年，父亲几乎每周都给她写一封信，从未间断。在阅读父亲一封封炽热的来信时，她感受到字里行间的殷切期望，深受鼓舞，她的心逐渐变得温润起来，情绪也随着父亲一封封来信的堆积而一天天变得活跃。不久，大家眼里的胖丫头又恢复了往日的灵动，继续给他们分享生动的故事。

说起这段往事，潘丽达非常内疚。她非常遗憾没有保存好这些极其珍贵的家书。父亲的那些信件，不仅让她走出了当时的阴霾，也让她一辈子受益无穷。正是父亲的开导与鼓励，让她一辈子开朗、达观，走出了一条愉悦的成功之路。

同时，父亲的那些信件、那些语重心长的文字，也让潘丽达过去对父亲较为模糊的印象变得温暖、怡然、坚实，从而生动起来，并最终让她与父亲形成一种令笔者艳羡的"亦父亦友"的关系。

1979 年，潘镜芙的得力助手袁敦垒得知，潘镜芙的妻子长期病重，儿子在湖南邵阳当兵，女儿在崇明岛农场工作，许瑾身边无人照顾，潘镜芙也为此长期忧虑。于是，袁敦垒通过上海市劳动局，与崇明岛红星农场沟通，希望将潘丽达调回上海市区，照顾病重的母亲。同时，许瑾的工作单位上海机电二局鉴于许瑾的身体状况，也愿意促成此事。就这样，通过袁敦垒的努力，潘丽达得以以"特困"的名义被调回上海，在母亲所在的机电二局下属的新卫电子设备厂工作。后来，该厂转隶上海航天局，改名为第八〇九研究所。

调回上海后，潘丽达从厂办打字员干起，其间在父亲的鼓励下一边工作，一边读书，后因为活泼的性格及突出的写作能力被调至宣传科，此后不断进步，担任所团委书记、所办副主任等职。

1991 年，受体制内一些特殊的人事制度、晋升制度所困扰，潘丽达萌生了从研究所辞职、去体制外的社会闯一闯的想法。那时，潘丽达已经是所里的中层干部，并且是所里重点培养的干部对象。当潘丽达就辞职一事征求一直在体制内工作的父母的意见时，潘镜芙非但没有保守反对，反而出乎意料地支持她，母亲也和父亲一样，支持她辞职，去社会上历练一番。

就这样，潘丽达离开了航天局的研究所，到中日合资的上海启明软件公司工作。她凭借自己的优秀品质和职场素养，一步步从总经理秘书干到人力资源部经理、人事总监的职位。

进入人力资源领域后，潘丽达找到了人生的发展方向，开始在此领域发力深耕。初入市场打拼，难免遭遇一些困境和挫折，每每如此，潘镜芙总是宽慰女儿说，"帮不了你的忙，但是你有不开心，就跟我们说"，并和老伴许瑾一起，给女儿一个个紧紧的、鼓励的拥抱。

20世纪末，潘丽达虽然已经在人力资源领域小有成就，但感觉到知识和视野不够，所以她打算去读书深造，目标是当时极具难度的MBA。然而，当她了解攻读MBA的行情后，发现她和丈夫经济上力有不逮。

潘镜芙了解到这一情况后，马上对女儿说："你去读！钱不够，我给你！"在父亲的慷慨资助下，潘丽达不仅得偿所愿，而且通过勤奋学习，于2001年获得澳门科技大学MBA学位，其后被华东理工大学聘为EMBA专家教师。目前，潘丽达已经是上海人力资源领域资深专家及名牌培训师。

此外，潘丽达还与丈夫周振邦先生并肩携手，积极开拓与政府经济开发区相关的信息咨询业务，同样做得风生水起，并相继兼任一些知名咨询公司的董事长及高级咨询顾问。

今天，无论从社会地位还是经济状况来看，潘伏波、潘丽达兄妹都是杰出与成功的。虽然他们小时候均缺少父亲的贴身陪伴，也因为遭遇"文革"而痛失享受高层次全日制教育的机会，但是他们在人生的重要节点上得到了父亲悉心的关怀和教导。他们也继承了父母优秀的品质，没有自暴自弃或者自怨自艾，而是凭借自己的努力与眼光，奋起直追，终于实现了人生的理想。

更加难能可贵的是，潘伏波、潘丽达兄妹从未因为幼时缺少父亲的关爱陪伴而与父亲有所疏远，从未因为父亲没有凭借自己的

职场中的潘丽达（潘丽达提供）

身份给他们带来生活、工作上的便利而有所抱怨。反过来，他们如同自己的母亲许瑾一样理解自己的父亲，劝慰父亲不要有丝毫的负疚感。他们认为正是父亲给予他们的关心、教诲，让他们最终凭借自己的能力达到了父亲对他们的期许。

潘丽达在一次接受媒体采访时告诉记者，这辈子有两个人对她的影响很大，"第一个就是我的父亲，在我青少年时代灰色虚无需要正确的思想启蒙的时候，是我的父亲引领我走到了积极的人生道路上，这是我一辈子不会忘记的"。

职场打拼的波诡云谲，让潘丽达愈加体会到父亲所从事的事业是何等艰难。20 世纪 90 年代后，每次在父亲结束短暂探亲，又将匆匆奔赴外地或者海疆忙碌的临行前，潘丽达都会提议父亲吹奏他最拿手的《送别》，潘丽达则和着父亲的旋律，动情地吟唱："长亭外，古道边，芳草碧连天……"①

潘镜芙（中）在一双儿女的呵护下颐养天年（潘丽达提供）

在潘镜芙晚年，潘伏波、潘丽达兄妹时常陪伴和伺候着老父亲，一起谈生活、话学习、聊未来，颐养天年、其乐融融。

---

① 宋明达.潘镜芙传.北京：人民出版社，金城出版社，2014：114.

第九章

桑榆不辍　不忘初心犹追梦

在 052 型驱逐舰 2 号舰下水服役后，由于年龄的缘故，潘镜芙不再在工程一线具体负责舰船的技术设计工作，转而退居二线，担任国产大型水面舰艇设计的技术顾问，并对我国前期军事舰船设计进行系统性总结，在此基础上结合海战发展的趋势，探索未来大型水面舰艇设计的技术发展方向，并向有关部门建言献策。

而在正式退休后，潘镜芙依旧淡泊律己，规律作息，一如既往地关注世界水面舰艇的技术发展动态，心系祖国海军的建设升级，勤奋学习、不忘初心，为人才培养、科普工作、技术创新发挥余热。

奋楫舟行，四十春秋结硕果

潘镜芙从 1955 年参与基地扫雷舰转让仿制起，到 1967 年负责第一代051 型国产导弹驱逐舰的设计研制工作，再到 1984 年出任全新一代 052 型驱逐舰总设计师，至 1997 年退居二线，具体从事舰船设计研制工作凡 40 余载。他不仅铸就了大国重器，见证了人民海军从弱到强、从"黄水"走向"深蓝"，让我国从此拥有了与世界军事强国平等对话的底气，而且为我国自主设计世界高水平大型水面舰艇奠定了思想基础、工程技术基础、管理基础和军事工业基础。

献身我国大型水面舰艇设计研制 40 余年，担纲两代四型国产导弹驱逐舰的设计与研制，潘镜芙皓首穷经、艰苦探索，取得了一系列丰硕成果与重大奖励。

1978年，因第一代国产导弹驱逐舰的成功研制而获得全国科学大会奖。

1987年，因主持设计的132指挥舰实现重大技术创新而获得中国船舶工业总公司科技进步奖一等奖，次年进一步因此获得国防科工委"有突出贡献的科技专家"称号。

1988年，因051Z型指挥舰现代化改装而获得国家科学技术进步奖二等奖。

1991年，因在国产导弹驱逐舰的设计研制上做出开拓性贡献而享受国务院政府特殊津贴。

1992年，因主持设计制造的051G型驱逐舰取得重大技术突破而获得中国船舶工业总公司1991年度科技进步奖一等奖、国家科学技术进步奖二等奖。

中国工程院院士证书
（1995年，潘镜芙提供）

1995年，因在国产导弹驱逐舰设计研制上取得卓越成就而当选中国工程院院士。

1998年，因在全新一代052型驱逐舰设计研制上取得跨越式发展而获得中国船舶工业总公司第七研究院1998年度科技进步奖一等奖、中国船舶工业总公司1998年度科技进步奖一等奖、国防科工委"有突出贡献的科技专家"称号。

1999年，因主持设计与建造的052型驱逐舰而获国家科学技术进步奖特等奖。

2001年，因在两代四型国产导弹驱逐舰的设计建造上取得巨大成就而获得何梁何利基金技术科学奖。

20世纪60年代中期以前，我国从未有过千吨以上大型水面舰艇的设计建造经验。1970年，第一代051型驱逐舰首舰下水，彻底改变了中国不曾自主设计建造大型舰船的历史；1980年，051Z型驱逐舰下水，继而实现远洋护航及率队出访，让人民海军走出国门，具备冲破第一岛链的作战能力；1988

年，051G 型驱逐舰顺利下水，我国自主设计的驱逐舰实现了质的飞跃，舰载作战系统初具雏形，让设计建造更大排水量、更加现代化的驱逐舰成为可能；1993 年，全新一代 052 型驱逐舰下水，这是一艘全面具备对空、对舰、反潜综合作战能力的现代化战舰，它让我国大型水面舰艇的设计建造从理念、技术、生态等各方面全面与世界先进水平接轨，实现了国产军舰在设计建造上的跨越式发展。052 型驱逐舰通过成功的环太平洋洲际远航，让人民海军真正成为"蓝水"海军，并因此被尊为"中华第一舰"。40 余年弹指一挥间，这些成就是潘镜芙带领我国自己培养的科技人员卧薪尝胆、艰苦求索获得的。

潘镜芙在推动人民海军走向"深蓝"的同时，给中国大型水面舰船的设计建造留下了四个方面的丰硕成果。

首先，潘镜芙在两代四型导弹驱逐舰设计建造上的成功经验为我国大型水面舰艇发展沉淀了宝贵的思想，或者说积累了观念层面的资产。

潘镜芙在主持 051 型驱逐舰武器系统设计及装舰工作时，坚持摒弃单机系统上舰的传统做法，提出要基于整体作战的需要进行设计与部署。经钱学森的指点，潘镜芙将整体思想上升到系统层面，并在钱学森的支持下，率先在 051 型驱逐舰上初步尝试将单个武器装备整合为"武器系统"，使我国在自主设计的首艘驱逐舰上就应用了系统工程的思想，并催生了早期的"武器系统"的概念。

之后，在 051Z 型、051G 型驱逐舰的设计中，潘镜芙进一步践行系统工程的思想，推动我国大型水面舰艇武器系统设计逐步成熟，并将武器系统整合为作战指挥系统。而在 052 型驱逐舰的设计中，潘镜芙更是创造性地提出了"自动化全武器作战系统"的设计理念，并致力于追求"全舰有机协调、性能综合兼优"的设计目标，将我国大型水面舰船的设计理论带到了与世界发达国家同步的思想观念层面，从而使新一代国产导弹驱逐舰在综合作战能力上实现了质的飞跃，完成了设计思想的快速迭代。

此外，潘镜芙在国产导弹驱逐舰的设计上秉持开放的观念，力主"技术引进与国产化相结合"。技术引进就是"花钱买时间"，以最快、最有效的方式消除我们与发达国家在驱逐舰设计上的代差，实现国产大型水面舰艇的跨越式发展。在引进技术之后，立刻致力于国产化工作，这样能够确保技术的消化和吸收以及国内产业化的形成。

其次，潘镜芙在长达 40 余年的大型水面舰艇设计建造中所取得的工程技术方面的成果显著。

从时间顺序看，初出茅庐的潘镜芙在工程技术上的第一项成就是在舰船电制的设计上力主直流变交流，成功破解了在电制转换中相关电气设备降速与调速、降压与降频等关键技术难题，形成了动力装备防盐蚀、防潮、防震的一整套工程措施。这项成就彻底解决了我国军用、民用船舶在各种使用环境中的用电问题，并直接促进了我国船用交流设备研制快速产业化。

第二项成就体现在我国自主设计研制的第一代导弹驱逐舰上。在 051 型驱逐舰的设计中，潘镜芙主导了导弹、主炮、副炮和反潜四大武器系统的设计及上舰安装方式，并成功研制了三联装回转式导弹发射装置。

第三项成就是在 051Z 型、051G 型驱逐舰的设计建造中，潘镜芙成功设计了军舰海上油水及干货补给方法和接口装置，研制了作战指挥系统和电子战系统，实现了封闭式舰桥和舰体的设计。其中陆上全武器系统对接联调试验场的建设是他独具匠心的工程技术成就，如今，我国所有大型水面舰船设计建造首先在陆上全武器系统对接联调试验场进行模拟实验安装已经成为必须严格遵守的工程规范。

第四项成就自然是新一代国产 052 型驱逐舰的设计建造。在 052 型驱逐舰的设计建造中，潘镜芙带领相关技术团队及配套单位，着力解决了柴燃联合动力系统的装舰及国产化、直升机舰面系统技术的消化吸收及国产化、全武器作战指挥系统及其通信接口标准化、武器系统的电磁兼容等一系列工程技术问题，创立与设计了"三人显控台"战情中心，发展了 945 钢的施工工艺、舰身隐形设计技术等，使得 052 型驱逐舰的技战术水平实现了跨越式发展，使得舰载武器系统及相关装备的研究制造能力获得显著提升。

再次，潘镜芙在国产导弹驱逐舰的设计建造上创新了管理模式，构建了我国大型水面舰艇设计制造管理的基本范式。在 051G 型及 052 型两型驱逐舰的设计建造中，总设计师潘镜芙为确保两型驱逐舰技战术目标的实现，基于其设计思想，在管理上创造性地建立了新的管理和技术攻关模式。

最后，潘镜芙在舰船电制直流变交流、两代四型国产导弹驱逐舰的设计建造中促进了我国舰用装备研制及配套设备制造产业链的形成，奠定了相关的军事工业基础，为全面提升我国国防装备研制及制造能力做出了积极贡献。

不忘初衷，推动航空母舰建设

在第二次世界大战中，航空母舰对海战的主导作用表现得淋漓尽致，以航空母舰为核心的海军编队成为大国海军力量的象征，也成为未来控制大洋的主要作战力量。作为权威驱逐舰设计专家的潘镜芙自然深知航空母舰的作用，而且明白虽然战力强劲的驱逐舰可以成为"蓝水"海军，但无法成为蓝海强军，驱逐舰只有与航空母舰形成强有力的海军编队，才具有与其他海军大国抗衡的实力。

2002年3月3日，锈迹斑斑的苏联库兹涅佐夫级航母瓦良格号历经曲折，停靠在大连港。瓦良格号的到来立刻引起许多军事专家及船舶专家的兴趣。作为资深的船舶专家及半个军事专家的潘镜芙自然也不例外，他非常渴望能到瓦良格号上看看，哪怕是近距离瞅瞅也行。

锈迹斑斑的瓦良格号航母

当潘镜芙急切地想去看看瓦良格号并渴望为中国人实现拥有航母的愿望做点什么的时候，后面发生的一切竟然都与此相关。

2002 年 12 月 5 日，潘镜芙在北京参加一个会议期间，获得了参观瓦良格号航母的机会。13 日，他登上了瓦良格号，在飞行甲板、机库、阻拦装置舱、后机炉舱、前汽轮发电机舱、动力集控室、电站控制室等处，以舰船专家的专业角度进行考察，下船后又在码头上仔细审视全船艏部那高高翘起的滑跃甲板、上层建筑和艉部，对全舰技术情况了然于胸。12 月 16 日晚 8 时，江泽民同志接见潘镜芙。潘镜芙在简要介绍自己的工作情况后，自然而然地汇报到这艘航母的近况。他说："我到大连造船厂看过了瓦良格号航母，这艘舰的飞行甲板钢板还很好，主蒸汽轮机和锅炉经调试也可以使用，如能够加装上国内自行研制的舰载机、阻拦装置、电力系统、武器和电子系统，就是一艘真正的航空母舰。改装后可先进行舰载机的起飞和着陆试验。在远海大洋中，没有航母作为制空力量是不行的。如果像以前的明斯克航母那样，还是改建成海上乐园，就太可惜了。"当时江泽民同志指出，造航母牵涉面大，国内各方面意见不统一，不赞成的意见也有一些；这件事可以由总装、海军、船舶重工按正常渠道上报。潘镜芙第二天就向总装、中国船舶重工集团公司等上级有关领导及时告知了这次接见的有关情况，郑重转达江泽民同志的指示。2003 年，中央领导来到大连造船厂观看了瓦良格号航母。随后，瓦良格号航母的改装工作便迅速开展起来。2006 年 4 月上海交通大学建校 110 周年庆典时，江泽民同志还关心了瓦良格号航母改装工程的情况。[①]

由瓦良格号航母改装而成的辽宁舰

---

① 宋明达 . 潘镜芙传 . 北京：人民出版社，金城出版社，2014：136.

2012年9月，经过我国工程技术人员的创新和努力，瓦良格号航母脱胎换骨，蜕变为我国首艘航母——辽宁舰，几代中国人的航母梦想变成了现实。潘镜芙闻此消息，心潮澎湃、兴奋不已，儿时的理想终于彻底地实现了。

桑榆不辍，探索水面舰船发展

潘镜芙虽退居二线，可心思一刻也没有离开我国的舰船。从繁忙的具体工作中淡出后，潘镜芙得以静下心来，对过去半个多世纪的舰船设计研究工作进行总结、反思；同时认真学习新的知识，凭借自己的知识与实践积累，潜心研究我国舰船设计研究的发展方向；继续科研攻关、撰写研究论文，为我国新型驱逐舰的研制提供参考。

在对他所主持设计的两代四型导弹驱逐舰的总结反思中，潘镜芙认为当时所采取的技术方案及研制步骤总体上是符合我国国情的，不过也存在两点遗憾。

一是"文革"的冲击延缓了051型驱逐舰的研制进度，且对第一代051型驱逐舰的质量和技战术性能造成了负面影响，进而导致试验改进工作繁重，定性工作困难重重。

二是当时对国外先进武器系统及装备的引进决策有些保守，同时对我国在有些方面的研究突破能力过于乐观，这造成某些关键武器系统迟迟无法装舰，延缓了部分型号驱逐舰的技战术水平的形成。

作为一名成就巨大、作品丰富的设计师，潘镜芙非常乐见自己亲自设计的驱逐舰快速退役和被现代化改装。他既清醒又达观：如果自己设计建造的驱逐舰在发达国家驱逐舰不断迭代的今天却长时期服役，那么这意味着我国的驱逐舰设计建造发展缓慢，会被发达国家进一步拉开距离；驱逐舰的快速退役，恰恰说明我国的驱逐舰研制水平、军工生产能力以及经济实力在迅速增强，以最快的速度迫近军事强国的水平。

的确，我国最新型的驱逐舰如"下饺子"般下水服役，说明我国在这一领域具备了与其他国家的驱逐舰一较高下的实力。

不再囿于具体型号的技战术指标的达成及关键技术的突破，而从战略需要及未来发展的视角思考以导弹驱逐舰为代表的大型水面舰艇发展的宏观问题，成了潘镜芙退居二线后的主要研究方向。

譬如，世界高水平大型水面舰艇的未来发展趋势是怎么样的？在这个趋势中，我国依据战略诉求和实际需要，应采取怎样的应对策略？基于我国海防安全及未来维护世界和平的需要，是发展反潜舰、反舰舰、防空舰等单一功能的舰种还是发展多用途舰种？抑或在二者之中寻求某种平衡？大吨位舰艇与中小吨位舰艇各自的使命与战略、战术定位如何分配和协调？隐身舰与准隐身舰该如何发展？如何发展与配置航母及驱逐舰等大型水面舰艇？舰载作战系统如何升级并进一步向编队作战系统演进？

潘镜芙对这些宏观与战略问题的思考和研究非常专注，也逐渐找到了作为国产舰艇设计顾问的新的发力点。基于半个世纪舰船设计建造的经验教训、核心技术攻关及设备配套的体会、出国参观考察所领略的观念与思维，潘镜芙形成了一些自己的见解。

潘镜芙（右）就国产导弹驱逐舰的发展接受记者专访（潘镜芙提供）

2004年末，潘镜芙在接受国内记者采访时，从七个方面系统地总结和阐释了世界现代甚至未来舰艇设计建造的发展趋势。[1]

第一，未来海战很可能会出现网络中心战，设计未来舰船时必须加强信息化考虑。美国的DD-21未来驱逐舰设想就是根据网络中心战设计的，三军协同作战，从平台中心战向网络中心战发展。英国的45型驱逐舰也是基于网络中心战设计的，既可单舰作战，也可编队作战、三军联合作战，共用卫星和舰内外探测设备的信息。我国也在赶超国际水平，相信未来我国的军事舰船也要向这个方向发展。

第二，不光要重视远洋作战，还要重视濒海作战，重视近海作战武器，如大口径舰炮、扫雷设备等。

① 《现代舰船》编辑部. 驰骋大洋——国产驱逐舰总师访谈录. 现代舰船，2005(1): 6-10.

第三，"隐身化"是未来舰船设计的发展方向。舰型不仅要重视水下型线，还要重视水面上的船体。使用集成桅杆和集成射频设备，将隐身设计与隐身材料的工程手段相结合，重视红外、雷达、水声、消磁全隐身。

第四，舰上设备向网络化、自动化发展。作战系统网络要与机电系统、操舰系统及平台形成统一网络，从而提高反应速度。通信要向光纤网发展。大量采用微电机设备，自动化程度可更高。

第五，导弹发射架向垂直通用发展，火炮向大口径发展。采用制导炮弹，相当于小导弹，可降低成本，可用于近海作战。反潜导弹将采用火箭助飞鱼雷。为了近距作战，线导鱼雷也要有一定的发展。

第六，电子设备的发展趋势有几个方面。要发展主动式声呐，主动、被动声呐并重；雷达向着相控阵和超视距发展；电子对抗、红外、光电、水声等系统都要统一起来。

第七，要大力发展无人机，将其用于电子侦察和电子对抗。

潘镜芙希望我国未来水面舰艇的研究设计能够迅速赶上以美国为代表的军事强国的先进水平，并能够用最短的时间在某些方面实现超越。因此，他对水面舰艇设计建造问题的研究乐此不疲、夙夜匪懈。

2010年5月，潘镜芙的论文《水面舰艇研究设计技术发展的思考》刊载于《舰船科学技术》第32卷第5期，其时他已年届80岁。潘镜芙在文中提出，我国水面舰艇的设计依然要坚持以系统工程思想为指导，以综合性能兼优为目标，并大量采用模拟仿真设计。同时，论文对舰载作战系统的体系结构、先进技术引进、舰船的隐身设计及电磁兼容问题都做了深入的探讨。最后，潘镜芙就舰船的综合平台管理系统的自动化、网络化及水面舰艇动力装置的选择提出了自己的观点。[①]

经过多年的研究，潘镜芙已经在水面舰艇的发展趋势、技术设计及相关技术研究上形成了系列成果，相继公开发表了《二十世纪水面战斗舰艇技术主要进展》《21世纪水面战斗舰艇发展的展望》等研究论文，在内部交流时分享了若干研究报告。这些成果在业内产生了重要影响，并对我国现代新型驱逐舰等水面舰艇的设计建造及核心技术攻关起到了积极的促进作用。

---

① 潘镜芙.水面舰艇研究设计技术发展的思考.舰船科学技术，2010，32(5): 3-6.

2016年初，时年86岁的潘镜芙作为期刊《中国舰船研究》特邀编委，为该刊创刊10周年纪念专辑特别撰稿《水面舰艇作战系统的回顾和展望》。该文章在介绍国外水面舰艇作战系统的发展概况及回顾我国驱逐舰作战系统研制历程的基础上，重点分析和探讨水面舰艇作战系统的发展特点与趋势，提出了"实现平台与负载性能综合兼优""优化作战系统体系结构""发展和改进信息交换接口设计""采用面向服务与云计算技术""加强无线通信，实现协同/联合作战""提高智能化水平，实现人机融合"等基本观点，并希望"从海上作战力量体系规划入手，以满足新形势下海军的作战使命任务为目标，按照体系作战的需求，全面规划水面舰艇作战系统的发展，构建面向服务的作战系统体系结构，推进全舰计算环境建设，增强总体顶层设计和集成能力，促进作战系统的跨代发展"。①

潘镜芙在《中国舰船研究》上发表的论文

由于潘镜芙在退休之后仍然坚持科学研究，并相继发表了许多重要学术成果，再加上其在两代四型导弹驱逐舰研制建造中的巨大成就，2016年3月18日，潘镜芙被授予在业界享有盛誉的、由上海市船舶与海洋工程学会主办的"辛一心船舶与海洋工程科技创新奖"2015年度终身成就奖。

90多岁高龄的潘镜芙依然没有停止自己的步伐，依旧通过各种渠道了解和掌握国内外水面舰船的发展动态，思考我国军事舰船前进的策略和发展方向。只要有来访者和他谈起军事舰船的事，平日里沉默少语的潘镜芙总能滔滔不绝。他那炽热的心、专注的眼神，无论何时何地，永远停留在驱逐舰上，不忘初心、不改初衷、矢志不渝。

---

① 潘镜芙，董晓明.水面舰艇作战系统的回顾和展望.中国舰船研究，2016，11(1): 8–12.

第十章

淡泊自律　恬静勤学夕阳红

如果用简短的词去总结和描述潘镜芙一辈子的为人处世，几乎所有熟知和了解潘镜芙的人都会说：低调、淡泊、自律。

如果想了解潘镜芙退休后的生活，他的子女或许会告诉你：恬静、勤学，发挥余热。

待遇困难均淡泊，荣誉声名皆超然

笔者在与潘镜芙访谈与交流的两年多时间里，发现有一个话题他很不愿意谈。这个话题就是关于他的待遇，比如工资奖金、福利、住房、医保等。每每问及这些问题，他的回答极其简单，仅"可以了"三个字。即使追问，他也多半沉默不答，用眼神示意换一个话题。

当然，如果非要有个答案，他的女儿潘丽达会说老爷子一辈子不计较这些事。

当笔者第一次踏进潘镜芙的家时，其房间之逼仄委实让人大吃一惊，怀疑是不是走错了。

近10年来，出于工作的原因，笔者去过不少院士的家，也听别人介绍过一些其他院士的家。但是，

潘镜芙家多功能厅（客厅、书房和餐厅）
（潘丽达摄）

潘镜芙院士的家估计是其中面积最小、陈设最简单的。

在这个 90 多平方米的家中，最显拥挤、最让人惊愕的并不是兼作客厅、餐厅及书房的外间，而是出于院士经常会客的需要而用一个房间改装而成的狭小的会客室。这间会客室的飘窗被改成潘镜芙日常学习看书的地方，倚墙安一张书桌、摆一把老式的扶手椅，此外就没有多余之地了。由于地方太过逼仄，书桌只能做成伸缩式的。这么小的学习之地，搁谁看了也难免会认为是一个小学生做作业的桌子而已。

潘镜芙的会客室及读书学习用的书桌、椅子（潘丽达摄）

而那间会客室也是"寸土寸金"，摆下一套陈旧的老式木沙发、一张窄窄的茶几后，通向潘镜芙看书的地方的通道上仅能容下一个小小的马扎而已。因此潘伏波、潘丽达兄妹常常叮嘱保姆阿姨，平时家里没有客人来时，为了安全及进出方便，将茶几挪到紧靠沙发的一侧摆放。

采访潘镜芙的记者来到潘镜芙的家中，进门扫视一圈后，开口的第一句话常常是："这就是院士的房子吗？怎么可能呢？"陪伴父亲接受采访的潘丽达回答说："你别跟我爸说这些，他不在乎，真的就是这么大的房子。"

有军事迷来拜访潘镜芙，看到家中狭小的环境、简朴的陈设后无不惊讶、诧异，继而对老先生肃然起敬。

潘镜芙对待遇淡泊，对困难亦淡泊，对荣誉更超然。工作，于他而言就是最大的满足，工作之外的东西，他似乎都不在意。

大半个世纪以来，无论是以前七院和七〇一所的领导，还是共事过的同事，都说潘镜芙对物质生活，对住房待遇、工资奖金、荣誉奖励几乎从未提过要求。组织上给什么就是什么，组织上安排怎样就怎样，潘镜芙从来没有一句怨言和牢骚。

据笔者了解，院士因公务出行或者就医，通常可以要求单位派车，可潘镜芙从未提出过这种要求。如果是公务，一般都是事务单位安排车辆接送；如果是就医，要么是儿子潘伏波接送，要么是网约车。而去非定点医院看病时，潘镜芙也从不使用自己的院士及干部身份就医，而是规规矩矩排队，安之如常、不求特殊。

退休之前，潘镜芙夫妻长年分居，他因工作繁忙经常不能按时就餐和休息，而他自己既不会做饭，也不擅长打理生活起居。以他的身份，向组织要求特殊照顾以便于工作原本合情合理，可他从不提特殊条件，和同志们一起克服各种困难，饮食马虎、休息将就。

在住房问题上，以潘镜芙的行政级别，原本可以有更好的待遇，但他从不向组织反映和抱怨。孩子们偶尔替他打抱不平，他必会制止他们，泰然处之。

潘镜芙的女婿周振邦长期为政府提供规划咨询服务，在政商领域具有较广的人脉，一次他得知潘镜芙所在的企业集团在上海地区有较好的房源，岳父符合改善住房的条件，于是劝他借此机会争取一下。在访谈中，周振邦向笔者回顾了此事：

> 我跟他说："您现在已经当上院士了，是不是可以想办法去要求一下，要一个稍微大一点的房子，或者写一封函，我帮您去办。"他说："算了算了，我够用了。"

以上仅略述一二，以示潘镜芙对待遇的淡泊。

在第一代051型驱逐舰研制期间，条件十分艰苦，交通更不便利，但潘镜芙从不因为困难而躲避出差。只要工作需要，必定说走就走。没有卧铺就买坐票，没有坐票就买站票，没有火车就坐汽车，没有汽车就坐马车，遇到更偏僻的地方就徒步而至。

他所设计的很多舰艇在船厂建造时，他都亲赴船台现场调查了解情况。那时的船厂条件很差，粉尘重、噪声大，可潘镜芙从不在意这些，毅然在钢板、铁架及密如蛛网的管线中穿梭。

最痛苦、最难受的是舰艇下水的各种海试，飓风、颠簸、盐蚀将他折磨得五脏移位、酸疼无力，狭窄的舱室、污浊的空气让他头晕呕吐。潘镜芙跌倒了再奋力爬起来，吐空了就硬撑着继续吃，坚守岗位、指挥若定。他不知经历过多少次海试，我国沿海的各个试验海区都留下过他繁忙而瘦小的身影。

以上二三事，略证潘镜芙对待困难的淡泊。

职称既是对专业水平、业务能力的评判，也是行业内学术地位的象征，而且与各种待遇挂钩，因此，很多人都很重视职称评定。潘镜芙对待职称异于常人，他能够条分缕析驱逐舰上千头万绪的系统和设备，但弄不清楚职称的系列、级别。据笔者了解，潘镜芙从未关心过职称评定。每次晋升职称，都是人事部门或者职改办的同志追着他要材料，如果潘镜芙不配合，他们就让领导做他的工作，并强调这是出于工作的需要，方便他与其他部门和机构打交道。只有这样，潘镜芙才会配合一下。尽管潘镜芙最终都拿到了各个等级的职称，但晋职时间都相对较晚，他的研究员职称也是在当选院士前一年才转评的。而当他获知自己当选院士时，依然很平静，一副淡定的表情。

潘镜芙设计建造两代四型导弹驱逐舰，奠定了我国大型水面舰艇自主设计的基础，这原本是值得大书特书的，可是相关报道并不多见，即使有，也比较低调。笔者探究此事的缘由后方才知道，一是潘镜芙不喜欢接受媒体的采访，二是即使接受媒体的采访，潘镜芙讲的内容也朴实无华，不矫情渲染、不高调粉饰、不造势煽情，不热情迎合媒体设定的访谈主题，因此媒体及互联网舆情不高。

其上陈述，乃说明潘镜芙对待荣誉宣传之超然。

言行恒自律，生活多恬静

耄耋之年，人的各种器官和机能常因自然规律而逐渐衰退。然而，年逾90岁的潘镜芙还有一副齐全完整的原生牙齿。不仅如此，尽管有一只眼睛因为黄斑病变而近乎失明，但他依旧能看、能写蝇头小字。仅此两项，就让许许多多的年轻来访者汗颜，而笔者就是其中之一。

笔者曾就此请教潘镜芙院士保护牙齿及视力的秘诀，而他给笔者的答案让人颇为失望。笔者多少有些不太信服，并窃以为老先生是否在故作神秘，不愿与外人道。

然而，从对潘镜芙院士持续两年的访谈，与潘伏波、潘丽达兄妹的无数次交流，以及他的昔日同学、同事对他的回忆中，笔者渐渐相信了潘镜芙院士所言非虚。倘若非说有秘诀不可，那么这个秘诀就是简单而有力量的两个字——自律。

爷爷的艰苦创业、父亲的隐忍持家，传承给潘镜芙一种强大的自律意识。久而久之，这种意识已内化为他的一种性格和人生态度。

一个人，有谁能做到一辈子不发脾气？但潘镜芙做到了。

生他养他的父母没见过他发火，与他相濡以沫的妻子没见过他发火，他的弟弟妹妹、子女、同学、同事，都没见过他发火。

女儿潘丽达戏谑地说："老先生似乎就是没脾气的人！"

访谈时，笔者问："您真的一辈子没发过火？您难道真没脾气？"

鉴于与笔者已经十分熟悉了，潘镜芙终于实言相告："不是没脾气，也不是不想发火，而是发火、发脾气没什么用！"

他的得力助手、几十年的老同事施宗伟回忆说，在研制 051G 型及 052 型驱逐舰的过程中，潘镜芙遇到矛盾和困难，总是不急不躁。好几次开协调会时，有些配套厂所的代表很过分地拍桌子呼叫嚷嚷、怒目相向，潘镜芙竟隐忍端坐、平静如常，待对方火气略微平复之后，他依旧若无其事、心平气和地和对方讲道理、做解释。最终，潘镜芙公平、公正、科学的办事风格及理性、隐忍、大度的胸怀让对方心服口服。

据一名同事回忆，两代四型导弹驱逐舰中任何一艘舰的设计建造都是一项千头万绪的工程，在工作中经常会碰到不同的意见，可无论争议多么激烈，也无论是当面开怼还是背后发牢骚，潘镜芙总是平静对待。偶尔他人言辞激动到有侮辱人格之嫌，潘镜芙哪怕憋得脸色有些发青，依然沉默以对，避过对方的锋芒，以极度的自律去化解。而对待下属，潘镜芙从来都是春风细雨，忠厚待人。就算有些同志犯了点错，他也不大声责骂，而是善意提醒，帮助他们解决问题。

不过，儿子潘伏波却说父亲是好脾气，不是没脾气。潘镜芙不过是用一种高度的自律去压抑和排解诸如愤怒、委屈、郁闷、无助的负面情绪，不形于色、不发于声。潘伏波补充说，他和父亲一样，也属寡言少语之人，数十年来，父子俩交流并不多，也有观点不一致的时候，如果潘伏波坚持自己的观点，或者父亲交代什么事他消极应付，父亲也会生气甚至满脸不悦，不过绝不明说，最多就是阴着脸不说话或者不搭理他，也许这种状态就是他在发脾气或者生气。

相对于兄长，生性活泼的潘丽达与父亲的沟通和交流就频繁、顺畅得多。许瑾在世的时候，潘镜芙有什么话只对许瑾说。许瑾去世之后，潘镜芙就对女儿讲。潘丽达也极孝顺，绝大多数的事都顺着父亲。不过如果觉得有不妥当的地方，耿直的潘丽达也会大声对父亲直说。潘丽达回忆说，父亲也偶有不开心的时候，其表现倒是和潘伏波描述得颇为一致，以沉默表达自己的不悦。

因此，兄妹俩认为，自律已经融入父亲潘镜芙的性格，这种性格既成就了他博大的胸怀，也给予他人最诚挚的尊重和宽容。

20世纪70年代后期，潘镜芙担任051Z型驱逐舰总设计师，80年代初又被任命为七〇一所副所长、副总工程师，接着继续主持051G型及052型驱逐舰的设计建造工作，负责决策数以千计的系统与设备的研制和配套工作，其中涉及巨大的资源分配及经济利益。但是潘镜芙严格自律、廉洁奉公，除工作外，他拒绝任何形式的私下人际交往，自然不会牵扯到任何利益纠葛。

访谈期间，潘镜芙身体整体状况良好，生活基本自理；潘镜芙睡眠也一直很好，倒头就睡，从不失眠。以逾90岁的高龄来考量，这种状态在同龄人中十分难得，而潘镜芙能保持这种状态的秘诀同样还是自律。

潘丽达也时常惊讶于父亲的高度自律，据她介绍，父亲数十年来坚持每餐饭后刷牙漱口，坚硬的或有损牙齿的食物一律不吃，不吃零食，即便是正餐或自己喜爱的食物，他也严格掌握好量，避免造成身体的负担。

潘镜芙的自律也体现在日常行为上，他一辈子不抽烟、不喝酒、不打牌、不应酬。自律，让他一辈子过得单纯，似乎与这个五光十色的世界永远保持着一种距离。

　　笔者分析，对物质条件、荣誉待遇的淡泊，对艰难困苦甚至委屈不公的超脱，对自身行为的自律，让他胸怀坦荡、心态平和，不会患得患失，故而心无旁骛、一觉天明，并因此而长寿，90余岁依然精神矍铄。

　　"老爸长寿的秘诀：宽容，宁静，长乐。"这是女儿潘丽达的总结。

　　持之以恒的自律、习以为常的低调，让潘镜芙的生活变得无比恬静，一如隐藏在深山中的小溪，在寂静无人的深林中起伏，顾自深邃而欢快，吟唱着自得其乐的旋律。

　　即使是在研制驱逐舰的激情岁月中，潘镜芙也能在紧张的工作之余，抑或在偶得的闲暇里远离喧嚣，于无人之隅找到一份恬淡与宁静。或读书，或听戏曲，兴之所至也吹口琴，他用这种恬适来松弛工作中绷紧的神经，排遣曾经遭遇的委屈与不快。

　　赋闲居家之后，他长期陪伴体弱多病的妻子。老两口牵手相随，尽享属于两人的生命余光。潘丽达在她的博客"丽达老潘"中描述过父母亲晚年执手相随的动人场景。

　　　　初冬的阳光中，爸爸戴了我在大连给他买的皮帽子，穿着黑色大衣，里面露出绛红的夹克领子，慈祥白皙的脸好精神哦！妈妈呢，穿了一件墨绿色的带帽棉衣和灰色的羊绒裤子，紧紧抓住爸爸的手，在婆娑的树影中向我徐徐走来。

　　潘丽达的这番描述极具画面感，湿润了笔者的眼睛，甚至让人产生了极强的代入感。一辈子的相濡以沫，在生命的夕阳中执子之手，于喧嚣中酿出一份恬静，让爱情、亲情在其间自由徜徉。

　　妻子谢世之后，潘镜芙的恬静中又平添了一份孤独、一份对妻子永远的怀念。但他依旧坚韧、自律、含蓄，用书籍、音乐、国事来驱赶寂寥，用阅读和思考来延续闲适的时光。

　　潘镜芙每天非常规律地作息。早上七点左右起床，洗漱完毕就用早餐。早餐很简单，通常是一碗稀饭、一个豆沙包及半个卤鸡蛋。用完早餐后，如果天气晴朗，他就下楼活动，首先打十几分钟的太极拳，不求动作标准，强度也不大，重在活动关节四肢。打完拳后，就在小区里溜达散步，在椅子上坐坐歇歇，晒晒太阳。倘若天气不好，就在家中、楼道里散步，打一套拳。

活动身体之后，潘镜芙就开始读书学习，直至午餐时间。午餐后通常午睡半小时左右，起来后首先看报纸，然后听音乐、戏曲，也听评书和谍战故事。以前是听收音机，后来听 CD，现在则是听智能手机上的音频。

看完报纸、听完音频后，若天气好，就下楼散步，打一套拳，时间在一小时左右；若天气不好，则在楼道里溜达、打拳。

潘镜芙的晚餐时间一般在下午五点半左右，晚餐后翻翻书或者听会儿音乐、戏曲，七点一到，准时收看中央电视台新闻联播，这是每天固定的项目。新闻联播之后一般看电视连续剧，首选历史题材电视剧，有时也看军事题材的电视节目。九点一到，准时洗漱，九点半上床睡觉，一觉睡到第二天早上。

潘镜芙在小区长椅上晒太阳
（2021 年，潘丽达提供）

潘镜芙的中晚餐以清淡为主，可能是生于水乡的缘故，他特别喜欢吃鱼虾，年轻时唯一会做的一道菜就是蒸鱼。他基本上不吃猪牛羊肉，晚年在女儿女婿的劝说下偶尔吃一点。水果吃得非常有限，而且只吃点猕猴桃和苹果，要吃也不过几片而已。对于牛奶，他年轻时很少喝，晚年在儿女的"威慑"与"恐吓"下，于下午喝点。

只要没有客人来访，潘镜芙就每天保持着这样的生活节奏，虽然过程一样，但学习的内容、获得的信息、感受的氛围及产生的思想都在变化和流动，他在这种恬静中惬意地舒张着自我，不受一丁点儿干扰，怡然自得地过着这种闲适的日子。

醉心文学与历史，音乐戏曲伴终生

"爸爸是个简单生活的人，不抽烟喝酒，唯一的爱好是书和音乐。"这是潘丽达在博客中对父亲的描述。

潘镜芙这辈子酷爱读书，除了睡觉和工作，他花在读书上的时间是最多的。在客厅的几排书架上，在会客室及卧室的小书橱里，都摆满了他曾经读过和正在阅读的书。

如果只看潘镜芙的藏书，你会认为他是一位文史研究者，大概率不会想到他是一位军事舰船设计专家。因为在他的书架和书橱中，文学和历史方面的书最多，而体现他专业领域的书反倒并不多见。

潘镜芙从小就喜欢读书，钟爱文学作品尤其是诗词歌赋，历史方面的著作也在其兴趣之列，即便最终把一辈子都献给了强国强军的梦想，但他对文史著作的阅读热情并未因此减退，反而视之为一辈子除工作之外最重要的爱好。在他的书架上，唐诗、宋词、元曲及清代古典小说自然不会缺席，外国文学名著也杂陈其间。而这些书，绝非只是摆设，随意抽取一本，就能发现被多次翻阅甚至批注过的痕迹，间或还能看到一段随想。

潘镜芙的阅读比较随性，兼容并蓄，意在体验欣赏。他既喜欢阅读《三国演义》《简·爱》等文学名著，也喜欢近现代鲁迅、巴金、张爱玲等人的作品。《张爱玲文集》《城南旧事》《京华烟云》让他手不释卷，琼瑶的《在水一方》《心有千千结》等作品让他的心如同年轻人一般摇曳，金庸的武侠小说同样让他如醉如痴、心驰神往。

如果说文学作品能够让潘镜芙获得审美愉悦和精神满足，那么史学典籍则能让他更加理性、深邃。青年时期的潘镜芙便酷爱阅读历史书刊，以此推断历史的兴替，祈愿祖国复兴富强；壮年致力于国产驱逐舰设计建造时，他仍在闲暇时翻阅史学名著，从而"鉴于往事，有资于治道"，不断实现技术上的突破和管理上的创新；晚年，他不仅系统阅读历史典籍，还经常与女儿女婿分享读书心得，佐证历史、臧否人物。

譬如，潘镜芙对中国历史上的历次变法特别感兴趣，经常和女儿女婿讨论商鞅变法成功的原因与启示、王安石变法失败的深刻教训以及张居正变革前期成功但后期废弛的缘由。

潘镜芙非常崇尚王阳明的"心学"思想，他一辈子奉行"知行合一"，并认为干事业就应该"立志立诚、格物致知"。他在研制设计导弹驱逐舰时，就是秉承了王阳明的这种主张。

潘镜芙所读史学典籍以正史为主，也涉猎其他类型的历史文献。在他的书架上，笔者抬眼就看见了《资治通鉴》《续资治通鉴》《史记》《三国志》《宋史纪事本末》《明史纪事本末》《元史纪事本末》《南明史》《国史旧闻》《中国人史纲》《中国史》等史学文献。潘丽达告诉笔者，潘镜芙拥有全套二十四史，因为书架有限，仅摆出了常读的部分。

《史记》和《资治通鉴》是潘镜芙平时翻阅最多的史学典籍，因为爱惜书本，这两套书的每一册都被潘镜芙用铜版纸做封皮细心包起来。同时，为了方便查询和归取，他还在每册书的书脊上贴了标注有书名及册号的标签，颇有专业的图书档案管理的味道。

潘镜芙虽然对文史类的书籍都喜欢，但选择却截然不同。文学方面，他对中外文学均有涉猎，而历史方面，他却只读中国史，对外国历史毫无兴趣。

广泛的阅读，让潘镜芙的心灵最大限度地放松，如同驶入宁静的港湾，得到很好的滋养与休息。对于工作繁忙的潘镜芙来说，阅读是一种缓释、一种补充、一种积累，亦是对创造的再孕育。而再度投入工作中时，他依然神采奕奕，精神焕发，奇思妙想频出。

潘镜芙书架上包着封皮且贴有标签的历史书（潘丽达摄，刘常久处理）

广泛的阅读，让退休后的潘镜芙不曾产生过失落感，他反而愈加悠然自得地布局自己的知识涉猎，把过去留下的诸多遗憾逐个弥补。因此，逛书店成了他出门逛街的大事。许瑾在世时，就经常陪着他逛书店，以至于潘镜芙常常将书店当成图书馆，苦了许瑾经常在外等待。

妻子许瑾去世后，照顾潘镜芙生活及陪伴他逛街购书的工作就由活泼洒脱且同样喜欢读书的女儿潘丽达来接替。潘丽达经常带着父亲去找老上海的影子，去原来居住的地方走走；当然更多的时候是父女俩一起去书店溜达、读书，回家时必定满载而归。

有"小棉袄"温暖陪伴的潘镜芙（潘丽达提供）

2021年7月，就在笔者做完潘镜芙院士的访谈之后，亲眼见证了潘丽达在网上给父亲订了一套"中国古典生活美学四书"，包括《幽梦影》《小窗幽记》《菜根谭》《围炉夜话》四册。潘丽达把订书信息告诉父亲时，潘镜芙乐呵呵地说："好，好！"

潘镜芙晚年有女儿潘丽达这个"小棉袄"在侧，十分温馨。潘镜芙经常拉着女儿谈一些读书心得，有时甚至把女婿周振邦也拉上。有时，他给女儿女婿点评影响中国的湖州人；有时，则对他们背诵一些诗词，展现自己超强的记忆力。

2021年8月26日，潘镜芙心血来潮，要求刚刚到家的潘丽达坐下来，他竟然用英语给她朗读李商隐的《锦瑟》，这着实让潘丽达震惊不已，没想到父亲会来这么个新花样，心里对父亲的敬佩又多了一分。

除了读书，潘镜芙对音乐、戏曲也十分喜爱。潘镜芙缘何对音乐、戏曲如此厚爱呢？这事得从他小时候的特殊待遇说起。

潘镜芙是长子，出生在南浔镇时家道正殷厚，其父潘星阶在他很小的时候就带他去戏院听曲。听着听着，潘镜芙渐渐喜欢上了戏曲及音乐，并因此从三舅父那里学会了吹口琴。

南浔沦陷，他们逃难到上海后，家里还算宽裕，潘星阶依旧带着潘镜芙去剧院听戏，当时去得最多的是上海黄金大戏院，听得最多的是京剧。当时潘镜芙最喜欢、听得最多的京剧剧目，是讲述薛平贵与王宝钏爱情故事的《红鬃烈马》、讲述杨家将征战沙场的《四郎探母》。彼时潘镜芙已经是初中生，对音乐、戏曲蕴含的文化也有了更深的理解。慢慢地，听音乐、戏曲成为他一辈子的爱好。

高中和大学时期的潘镜芙由于擅长吹口琴，属于文艺积极分子。参加工作后在第二设计分局共青团支部任职时，潘镜芙负责文艺工作，承担组织合唱团的任务，他与许瑾的爱情故事就是在当年的合唱团里萌芽的。

在导弹驱逐舰设计建造的数十年里，潘镜芙只能在难得的休息时间听听广播里播放的歌曲、戏曲。在极度紧张的工作间歇，为了调节紧张的情绪或者寻找灵感，潘镜芙也偶尔通过收音机收听音乐和戏曲节目。不过由于当时条件的限制，他用来调节情绪的最主要的方式还是读书，其次是吹口琴，吹得最多的一首曲子是《燕双飞》。

退居二线回到上海后，他特地购买了刻录设备，将电视上的许多音乐、戏曲都录下来，一有机会就反复欣赏。戏曲之中，京剧自然是他的最爱，昆曲他也比较喜欢，苏州评弹他亦偶尔欣赏，可惜上海很难听到。其他诸如沪剧、越剧等剧种他不怎么喜欢，曲艺中大众喜闻乐见的相声则几乎不听。

因为喜欢音乐、戏曲，所以潘镜芙热衷于购买各类音像出版物。他特别喜爱流行音乐与民族音乐，对20世纪90年代至21世纪初唱流行音乐与民族音乐的歌手如数家珍，这让儿女及孙辈们瞠目结舌。

在潘镜芙的卧室里，一个长条低柜上摆放着一套现在已不多见的音响设备及一长列堆叠起来、数量过百的光盘和磁带。尽管现在不怎么听这些，但是潘镜芙依旧非常爱惜它们，并对许多人述说过这些光盘、磁带背后的历史与故事。

与在史学著作方面的阅读爱好一样，潘镜芙在音乐、戏曲方面的欣赏，也仅限于国内的流行音乐与民族音乐，对外国的音乐和歌剧则从不涉足。潘丽达曾问过他何故，但他从未予以回应。

勤学新知犹追梦，发挥余热夕阳红

当然，虽然潘镜芙热衷于读书与听音乐、戏曲，但他的心依然牵挂着军事舰船设计技术的发展。为了能够紧跟时代的进步，他在阅读学习新知识的同时，更渴望了解和掌握世界舰船设计技术的发展。

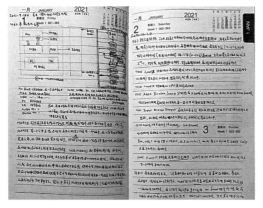

潘镜芙学习计算机知识所做的读书笔记
（潘丽达提供）

潘镜芙每天坚持学习计算机方面的知识，并认认真真做好读书笔记。学习中，遇到不懂的问题，他就问女儿和女婿。周振邦、潘丽达夫妇若解决不了，就求助远在澳大利亚的博士儿子。

此外，潘镜芙对现代信息技术也非常关注。他在了解计算机编程及数据处理的问题时，多次看到可扩展标记语言（XML）。潘镜芙疑惑了，不仅不懂，更没有听说过。潘镜芙立马就问女儿潘丽达；潘丽达也不懂这玩意儿，就问先生周振邦；而周振邦仅略知一二，他自己没法对岳父讲清楚，于是只得求助在澳大利亚工作的儿子，责成儿子抽空向外公讲明白。

还有一次，潘镜芙听到孙子对潘伏波说自己回答出了老师列在 PPT 中的难题，于是就问女儿女婿什么是 PPT。女儿女婿对 PPT 的运用倒是十分娴熟，但父亲突然问他们这是个什么东西，一时之间还真让他们有些局促。他们穷尽各种方法来解释这个演示工具，才让潘镜芙弄清楚。潘丽达说这活儿把他们"弄得一身汗"！有感于老爷子的执着，潘丽达在解答完之后立刻将此事记在了朋友圈。

对智能手机上的即时通信和娱乐工具，潘镜芙也兴味盎然。虽然已 90 余岁高龄，但他用起微信来也很顺手，发个图片、留个语音、打个视频电话都不在话下，远胜同龄老人。他所使用的智能手机上的数学运算器可以进行一些复杂的函数运算，他竟然也会使用，这一点远超笔者的想象。"喜马拉雅"是他最常用的 APP，用它来欣赏音乐、听听故事是他每天的必修课。

2021 年 10 月初的一天，笔者的手机上突然收到潘镜芙院士的微信信息，拿起一看，竟然是一个文件，笔者兴奋地快速点开，可是啥也没有，于是猜想他可能是在手机上琢磨什么 APP，也就没放在心上。几天之后，手机上又跳出潘老的一条信息，还是上次那种文件，于是再度点开，只有几个简单而又看不出所以然的图案。忍俊不禁之余，笔者打电话给潘丽达女士，得知潘老在他们的手机上用类似的 APP 看过照片，估计是因此来了兴趣，有空时就在那里琢磨怎么弄，不过估计没整明白。

潘镜芙向女婿周振邦请教智能手机的
有关功能与操作（潘丽达提供）

酷爱学习、保持对新兴事物的兴趣也许是潘镜芙保持思维敏捷的原因之一，这也让他的晚年生活变得更加丰富多彩。

作为一名科技工作者，潘镜芙在晚年始终保持对科普及教育工作的热情。当然，他的科普工作依然体现着他的专业特色。作为一名驱逐舰设计专家，他希望大家能够区分清楚军事舰船的种类，掌握它们功能上的不同，了解我国海军舰船尤其是驱逐舰的发展历史，从而激起大家对海军的关注，促进国防事业的发展。

2015 年，中央电视台《大家》栏目的编导朱童女士采访潘镜芙院士。潘镜芙详细地讲述了我国艰难探索自主设计建造驱逐舰并取得卓越成就的过程，也借此机会向观众普及驱逐舰的基本知识及其在海战中的特点与功能。其后，CCTV-10 科教频道的"大家"栏目分上、中、下三期播出了《潘镜芙 驱逐舰之梦》，该视频在全国观众中激起了良好的反响，许多热心观众在各种平台上表达了对潘镜芙院士的敬意及对国产导弹驱逐舰的期待。甚至有军事迷通过各种渠道与潘镜芙院士联系，渴望与他面对面交流关于导弹驱逐舰的

"大家"栏目的《潘镜芙 驱逐舰之梦》
视频截图

心得和畅想。

近几年，潘镜芙院士也时常在家里接待一些军事迷，与他们谈论中美导弹驱逐舰的特点及优劣，回顾关于包括驱逐舰在内的国际国内水面舰艇的发展历史，展望国产导弹驱逐舰的美好未来。

《大家》栏目编导朱童
女士所绘的潘镜芙
漫画像（朱童提供）

2021 年 10 月 17 日，潘镜芙非常高兴，一反常态起了个早，打电话让理发师来家里理发剃须，把自己收拾得干干净净。然后他在狭窄的会客室里摆好驱逐舰模型，拿出了相关的图书资料，等候客人的到来。

上午九时许，三位资深军事迷老林、老汤、老赵如约来到潘镜芙的家中，第三次拜访潘镜芙院士。三位军事迷中，老汤对国际国内导弹驱逐舰的发展历史了如指掌，老林专注于收集关于导弹驱逐舰的各种资料、邮票及模型，老赵则专注于研究制作导弹驱逐舰的模型，并曾用 3D 打印技术制作了一个 136 舰的模型送给潘镜芙院士。这次专程拜访，老赵又给潘镜芙院士带来了自己动手改装、组装的 051 型驱逐舰模型。

潘镜芙对于三位资深军事迷的来访既重视又兴奋。在会客室里，潘镜芙对着资料及模型向来访者如数家珍般介绍他主持设计的两代四型导弹驱逐舰的基本情况，讲述它们的辉煌历史。而后，话题又转向以中美为代表的新一代驱逐舰的发展上，他们一起讨论、比较、分析各型驱逐舰的作战特点，判断未来海战可能的走向，甚至为我军的战略与战术献计献策。

在场的潘丽达女士介绍，当时的气氛之热烈、情绪之投入、话题之丰富、讨论之专业，深深地感染并吸引了她。潘镜芙不断发出笑声，以至于临近午餐时间都未察觉，最后在保姆阿姨的一再提醒之下，三位军事迷才理性地刹住车，不舍地辞别而去，并相约再会。

潘镜芙与资深军事迷交流导弹驱逐舰的发展趋势
（2021 年，潘丽达提供）

2020 年 9 月 24 日，在苏州名人馆相继策划《科技报国薪火传》专题节目和"奋楫笃行：'中国导弹驱逐舰之父'潘镜芙院士"专题展览之后，潘镜芙亲自参加了苏州名人馆举办的"与院士对话"活动，现身说法，为苏州市广大市民普及军事舰船的基本知识，回答科技爱好者及军事迷的提问，给热情的听众上了一堂生动、活泼的军事科学的普及课、爱国主义教育的体验课。

潘镜芙与女儿潘丽达在苏州名人馆"与院士对话"活动中与苏州市民热情互动（2020 年，苏州名人馆提供）

在晚年，酷爱读书的潘镜芙对教育工作相当关注，并以实际行动支持、鼓励一些中小学的教育工作。

潘镜芙退居二线并返回上海居住后，利用一切可能的机会与中小学生交流。1996 年春，潘镜芙去浦南中学给孩子们讲课，并以自己设计的导弹驱逐舰为例，给孩子们讲解一些科学原理，让孩子们感到耳目一新，收到了相当好的教学效果。

潘镜芙给浦南中学学生讲课（1996 年，潘镜芙提供）

20 世纪 90 年代后，潘镜芙每一次去苏州，都要去母校苏州中学、苏州市立第一中学等学校和孩子们见面，与他们回顾历史、谈人生、谈理想，鼓励孩子们认真读书，用知识改变命运，用知识报效国家。

2015 年 10 月，在参加苏州中学校庆活动时，潘镜芙与苏州中学的学生促膝谈心，以自己数十年研制国产导弹驱逐舰的经历为例，要求孩子们注意全面学习各个科目的知识，把基础打扎实，"为学当似金字塔，既要博大又要高"，并热情地和孩子们分享了自己当年的学习故事和学习方法。

2020 年 9 月 25 日，潘镜芙再次回到母校苏州中学，为 2018 级少年预科班做报告，并和孩子们一起参观了教学楼、科技馆、校史陈列室，给孩子们讲

潘镜芙（前排左五）与苏州中学2018级少年预科班交流后合影（2020年，苏州中学提供）

述当年自己读书的故事，并耐心解答孩子们提出的问题。孩子们被这位和蔼可亲、知识渊博、一点也没有架子的院士爷爷所感动，纷纷表示一定要努力学习，有的孩子甚至在课后还给这位院士爷爷写信，汇报自己的学习心得。

对于自己的祖籍和出生地湖州南浔，潘镜芙不仅密切关注其经济增长、科技创新、产业升级，还关注其教育发展、文化进步。

2003年，潘镜芙作为湖州人的代表，参加湖州招商会，并走访湖州多家企业，为其发展提出建议。2019年9月11日，他在"2019·湖州人大会"重大项目签约暨高层次人才峰会上发表讲话，为湖州的人才引进及经济发展献计献策。

鉴于南浔的教育现状，潘镜芙希望能够整合教育资源，大力引进人才；对全新建成的南浔高级中学表示祝贺，亲自为其题写校名和寄语条幅；并通过学校转告家乡学子珍惜今天安宁幸福的读书时光，为国家和家乡的振兴而勤奋学习。

每一次回到南浔，潘镜芙都不顾年事已高，执意去南浔的大街小巷走走，亲身感受改革开放以来的发展变化。微电机产业是南浔重要的特色产业

潘镜芙为南浔高级中学题写的校名
（2021 年，刘大于摄）

和经济支柱，而这与潘镜芙在大学所学高度契合，他为此经常献计献策，多次通过南浔创建的院士之家指导相关工作，并亲自牵线搭桥，联系浙江大学电气工程学院在此建立产学研基地。南浔的微电机产业不断实现创新，逐步升级，整个行业的发展日益兴旺，在全国占据了举足轻重的地位。

2021 年 5 月 20 日，91 岁高龄的潘镜芙舟车劳顿，亲赴在南浔古镇举办的中国电器工业协会微电机分会第八次会员大会暨全国电机电梯产业数字化升级高端学术论坛，并在会议上致辞，为南浔镇未来微电机产业把脉，助力南浔微电机产业再攀高峰。

鉴于潘镜芙对国家国防事业的巨大贡献及长期以来对家乡南浔的经济与教育发展所做出的卓越贡献，潘镜芙得到了南浔人民的热爱，并在 2021 年被授予"南浔区杰出乡贤"荣誉称号。

在女儿潘丽达（前排右一）陪同下，潘镜芙（前排右十）与浙江大学电气工程学院
沈建新教授（前排右四）在南浔参会（2021 年，沈建新提供）

作为国家顶尖科技人才，潘镜芙自然受到诸多高校和研究机构的青睐，但潘镜芙非常严肃，不轻易兼职一些徒有虚名的顾问，而只选择与自己专业相关的机构及高校合作，仅相继出任过哈尔滨工程大学、华中科技大学及浙江大学（电气工程学院）兼职教授，受聘院士工作站指导专家也必须保证与自己的专业相关，在自己擅长的领域发挥自己的专业特长，以自己的学识、眼光和经验为科技攻关及人才培养提供真正有价值的帮助。

夕阳余晖霞光潋，怡然自得系初心。淡泊、充实、安详，快乐宁静地享受每一分时光，恰是潘镜芙院士晚年的真实写照。

附录一　潘镜芙年表

1930 年　1930 年 1 月 20 日出生于浙江省湖州市南浔镇南东街 266 号。外公庄幼先为其取名为"镜芙"，取自唐代段成式《酉阳杂俎续集·支诺皋中》中的"人镜芙蓉"，寓意考试将获得第一名。是年，父亲潘星阶 21 岁，母亲庄钰芬 22 岁。

1931 年　二弟潘铁夫出生。

1932 年　三弟潘硕民出生，母亲庄钰芬开始教潘镜芙识字。

1933 年　母亲庄钰芬开始教潘镜芙背诵诗文，常带他回南浔镇栲栳湾外公家，他惊讶于外公丰富的藏书，在书堆中嬉闹玩耍。

1934 年　母亲庄钰芬教潘镜芙逻辑计数、规范礼节，外公给潘镜芙讲解《古文观止》。

1935 年　9 月，进入南浔中学附属小学读一年级。

妹妹潘慧乐出生。

1936 年　继续在南浔中学附属小学读二年级，常去嘉业堂藏书楼、小莲庄、颖园、百间楼、丝业会馆、张石铭旧宅、张静江故居、大小石桥等地游玩。

一日放学回家，母亲庄钰芬送给他绣有"名震寰宇"的书包。

1937 年　11 月，日寇入侵南浔镇，随父母乘小船逃难，先到潞村、荻港、木勺浜，后至吴江县严墓镇短暂居住。

1938 年	5 月，前往上海投奔亲戚，入住环龙路 73 号 C 座。入黄浦江前第一次见到拿着刺刀的日本人，在父亲和舅父的鼓励下立志要建一条中国人自己的军舰。
	9 月，在上海市爱群女中附小插班读四年级。喜爱文学，将逃难经历写成作文，受到教国文的沈老师表扬。
	秋季，租住于环龙路 73 号 C 座对面的锡荣别墅，与赵丹、叶露茜夫妇做邻居，常和赵丹的小儿子去拉菲剧院看《雷雨》《日出》等话剧。
1939 年	听父亲讲《三国演义》《赵氏孤儿》等戏曲，阅读《三国演义》等古典小说。
1940 年	读小学五六年级，喜欢看文艺作品，特别是巴金的《家》《春》《秋》和鲁迅的《呐喊》《彷徨》。
1942 年	全家迁往苏州，在苏州大郎桥巷 31 号居住。在乐群中学读初中一年级，接触诗词，对国文产生很大兴趣，萌生当文学家的想法。
	在江苏省立联合中学读初中二年级，在一次代数考试不及格后痛下决心好好复习。
1943 年	在江苏省立第二中学读初中三年级，开始学习物理化学知识。
1944 年	9 月，在苏州市立第一中学高中部读高中一年级，和薛元章、徐亚伯成为挚友。
1945 年	10 月，通过（复校后的）苏州中学的入学考试，在校寄宿读高中二年级。受物理老师江浩的教学启发，对物理课产生了巨大兴趣，同时打下了很好的文理课程基础。
1946 年	9 月，在苏州中学读高中三年级，理科成绩逐渐追上，与徐亚伯成为好友。

1947 年　　5 月，在苏州中学一次期中考试中，物理成绩全班第一，英语成绩全班第二。

6 月，从苏州中学毕业，参加高考，被复旦大学商学院和同济大学电机系同时录取。

9 月，去复旦大学商学院报到学习。

12 月，从复旦大学退学，转赴同济大学电机系学习。

1948 年　　暑假，在浙江大学电机系徐亚伯的宿舍复习，准备再次参加高考。

同时被国立浙江大学、国立交通大学和国立中央大学三所大学录取。

9 月，以全额奖学金进入浙江大学电机系一年级学习。

1948 年至 1952 年大学期间，通过自己的不懈努力及在王国松、杨耀德等良师的谆谆教诲下，在机械方面打下了坚实基础，成绩一直名列前茅。

大学期间是一位活跃的文艺青年，课余爱看文学类书籍。

1949 年　　10 月，经路浩如介绍，加入中国新民主主义共青团。

参加乌鸦歌咏队，合唱代表曲目有《南泥湾》和《苗家山歌》。

大学二年级期间，兼职帮工程材料课的老师刻钢板、编教材，挣取报酬。

1950 年　　7 月 6 日，与浙江大学电机系全体同学郊游。

年底，积极参加"三反"（反贪污、反浪费、反官僚主义）运动，作为学生代表参加教师思想改造工作。

1951 年　　1 月 10 日，参加"欢送参加军事干校同学"的活动并留影。

寒假，从浙江大学回苏州与 1947 届苏州中学的好友相聚于苏州虎丘。

暑假，由马大强老师带领到东北抚顺石油总局及抚顺机电厂实习。

大学三年级下学期，担任浙江大学文工团美术队领导成员，参与"七一"建党 30 周年庆祝活动、绘制军干校报名画等宣传活动。

秋季，参加浙江大学文工团美术队西湖郊游活动。

大学三年级电机原理课成绩为 96.9 分。

1952 年　夏季，完成毕业论文《电机设计中尺槽对磁路强度的影响》，获得指导老师的肯定。

夏季，担任班级团支部书记，组织毕业班的青年团员去钱塘江观潮。

9 月，从浙江大学毕业，作为团支部书记带领十余名浙大电机系同学去华东工业部电器工业管理局报到。

1953 年　3 月，在第一机械工业部第二设计分局电器专业科工作，递交入党申请书。

3 月，担任电器专业科电机组组长，直接负责汽轮发电机车间的设计工作。

9 月，赴北京参与上海电机厂基建初步设计审核工作，11 月该设计即获得批准。

1954 年　以一种对爱情持之以恒的态度追求许瑾女士，每天送一朵玫瑰花，每天打一个电话。

年底，汽轮发电机车间建成，作为电机组组长完成了汽轮发电机车间的收尾工作。

1955 年　元旦，与第二设计分局的同事、共青团员许瑾女士喜结连理。

3 月，第二设计分局进行组织调整，被调往第一机械工业部船舶工业管理局产品设计分处，参加苏联军事舰船仿制工作，实现童年"铸舰梦"。

3 月，去第一机械工业部船舶局产品设计分处报到，积极参与技术文件的翻译、校对工作。工作期间与黄旭华共事。

9 月，许瑾生下了一个男孩，取名"伏波"，以纪念这年调到船舶局产品设计分处开始船舶建造工作。

10 月，主动请求赴扫雷舰建造厂（武昌）驻厂工作，配合尤子平进行施工建造，并协调处理施工中的技术问题。在武昌造船厂转让仿制扫雷舰期间，积极配合苏联专家别科夫和斯洛夫西的工作，得到两位专家的悉心指导与帮助。

1956 年　2 月，扫雷舰建造厂驻厂工作结束，回到上海与妻儿团聚。

夏季，扫雷舰建造完成后，再次请求到海上参与试航试验等工作。参与了扫雷舰航行及消磁等全流程的试验工作，积累了丰富的军船试验经验，首次较长时间地经历海上生活。

9 月，在船舶局第一产品设计室加入中国共产党。

任船舶局第一产品设计室技术科副科长。

1957 年　在技术科安排技术情报小组收集苏联转让仿制的各型舰船的资料，同时又多次去找驻第一产品设计室的苏联专家，努力争取更多的技术资料，并将这些资料系统整理并保存。此事得到第一产品设计室副主任李嗣尧的赞扬，并引起第一产品设计室主任辛维的重视。

1958 年　发表第一篇论文《船用同步发电机、调压器、调速器的技术要求及选用意见》。

女儿出生，因正和苏联专家一起工作，受俄罗斯文化影响给女儿取名"丽达"。

1959 年　全年投入对苏联转让仿制舰艇资料的整理以及消化和吸收工作中。

1960 年　2 月至 4 月，与俞伯良一起进行 08 型驱逐舰的方案设计。

1960 年 5 月至 1961 年 9 月，与李复礼进行 63 型驱逐舰的方案设计，与魏乃文进行回转式导弹发射装置的方案设计。

1961 年　6 月 7 日，中华人民共和国国防部舰船研究院（七院）成立，进入该院参与人民海军舰艇及其武器装备的研究设计。

8月，任七院第七〇一研究所（七〇一所）第三研究室电气科副科长，负责水面舰船的电气研究设计工作。

1962年　1962年2月至1966年3月，作为电气部门的负责人参与65型江南级火炮护卫舰的设计工作。经过充分走访调研后率先将直流电制变交流电制应用于65型江南级火炮护卫舰，并获得成功。

12月，升职为第三研究室电气科科长。

1963年　10月，响应"科技干部参军授衔"的号召入伍，定为大尉军衔。

1964年　12月24日，担任七院第三研究室副主任。

1965年　6月，集体复员，转业划归第六机械工业部。

1966年　随七〇一所迁往南京工作。

5月至12月，在苏北盐城参加"四清运动"。

12月31日，工作队被苏北公社驱赶，乘火车回到上海与家人团聚。

1967年　任首制导弹驱逐舰（051型驱逐舰，即105舰）技术领导班子主要成员。

全年走访全国的武器厂、水声厂、导弹厂、火炮研究所，为首舰配套武器设备商定指标。

9月，其所在的七〇一所向大连造船厂提供第一批施工图纸，但受"文革"影响，该舰的建造进度被延迟。

1968年　2月24日，参加导弹系统上舰的技术性会议，确定在051型驱逐舰上装"海鹰一号"导弹系统，第一次接触钱学森的系统工程概念。

5月，在船厂开展设计大会战，采用突击设计的方式赶制舰船图纸。

12月24日，大连造船厂开工试制首舰（105舰），边设计，边制造，边安装，边试验，往返于建造厂、试验基地处理技术问题。

1969 年　　驻厂条件艰苦，却不忘学习，借来《特种电机》这类新编教材丰富业务知识。

1970 年　　随七〇一所迁往武汉工作。

7 月 30 日，见证 051 型驱逐舰首舰（105 舰）下水。

12 月 25 日开始，参与 051 型驱逐舰首舰各种试航试验。

1971 年　　全年驻守大连造船厂，参与首舰试航工作及 051 型驱逐舰 2 号舰建造准备工作。

11 月，亲临舰载导弹发射装置与指挥仪联调现场。

12 月 31 日，首舰正式交付海军。

1972 年　　1972 年至 1973 年，参加 051 型驱逐舰首舰（105 舰）交船后的扩大试验，包括适航性试验、全速试验、水幕试验、电磁兼容试验、通信试验、武器系统试验、导弹发射系统试验等内容。

1973 年　　夏季，参加海军试验基地的全武器系统联调和静、动态精度试验。

9 月 21 日，进行打靶试验，实弹射击，发发命中，受到来视察工作的中央军委的认可。

1974 年　　年底，参与的 051 型驱逐舰首舰（105 舰）扩大试验结束，正式服役于人民海军。

051 型驱逐舰进入定型后的整图阶段，撤回七〇一所驻地武汉。

12 月 22 日，参与 051 型驱逐舰的海军设计、生产定型审查会，随后呈报申请定型报告。

1975 年　　1975 年至 1980 年，参与 051 型舰定型工作，整理图纸。

1976 年　　参与指导 051 型驱逐舰 106 舰等后续型号的建造及完善工作。

1977 年　　任首制导弹驱逐舰改装指挥舰（051Z 型驱逐舰，即 132 舰）总设计师。为节约时间按时完成任务，提出在建 051 型驱逐舰上进行改建的建议，得到上级采纳。

1978 年　　因研制建造第一代导弹驱逐舰，获全国科学大会奖。

1979 年	全年主持与协调 051Z 型驱逐舰（132 舰）的改装建造工作。
1980 年	3 月，051Z 型驱逐舰（132 舰）如期交船。
	5 月，其主持改建的 132 舰作为护航驱逐舰编队的指挥舰，率领我国第一批导弹驱逐舰舰群担任测量船队的护航任务，如期参加了我国在南太平洋的东风 5 号洲际导弹的发射试验。
	11 月，与郭永华访问英国，计划购买作战指挥系统和电子战系统。
1981 年	6 月 12 日，参加七〇一所第一期科技管理研究班学习。
	8 月 18 日，被授予高级工程师职称。
	10 月 15 日至 11 月 6 日，访问英国，就作战指挥系统、电子战系统和"海标枪"舰对空导弹系统的引进问题与英方进行谈判，并签订合同。
1982 年	4 月 1 日，加入中国造船工程学会，成为中国科学技术协会会员。
1983 年	4 月，新一代驱逐舰研制工作启动之后，受钱学森设立"总体设计部"启发，成立了总设计师办公室。
	4 月，参加导弹驱逐舰发展可行性论证分析会议，提出建造改进型驱逐舰的建议，即驱逐舰发展"两步走"策略。
	任首制导弹驱逐舰改进型舰（051G 型驱逐舰，即 165 舰）总设计师。
	7 月，任七〇一所副所长、副总工程师。
	11 月，召开设计师系统会议，根据钱学森的系统工程原理，决定采用"自上而下"的设计方案。
1984 年	任新一代导弹驱逐舰（052 型驱逐舰，即 112 舰）总设计师。
	在设计研制 052 型驱逐舰（112 舰）期间，针对设备选用提出"两条腿走路"的策略，即技术引进与自研相结合。
	10 月，刘华清同意其意见，即在 052 型驱逐舰上采用柴燃联合动力系统。

1985 年　拟定 051G 型驱逐舰武器系统建设计划。

在研制 051G 型驱逐舰期间，吸取了研制 051 型驱逐舰的经验教训，提出建立陆上全武器系统对接联调试验场的建议，得到上级采纳。

1 月，完成 052 型驱逐舰（112 舰）方案设计。

7 月，考察法国，计划引进托马斯系统，包括"海响尾蛇"导弹、雷达和作战指挥系统。

10 月，完成 052 型驱逐舰（112 舰）初步设计。

11 月 16 日，被任命为七院 052 型驱逐舰舰上武器系统总设计师。

1986 年　4 月 16 日，在中南海怀仁堂受中央领导同志接见。

5 月 3 日，被武汉造船工程学会确定为武汉造船工程学会会员候选人。

7 月 5 日，被聘任为七〇一所科技委委员。

8 月，051G 型驱逐舰（165 舰）在大连造船厂正式开工建造。

在 052 型驱逐舰研制期间实行"全国大协作"，涉及 19 个省、直辖市和经济特区，11 个部委和多个大公司，176 个厂、所、高校，以及近 1500 个项目，数万台套设备。

1987 年　10 月，051G 型驱逐舰（166 舰）在大连造船厂正式开工建造。

11 月，完成 052 型驱逐舰（112 舰）技术设计。

其主持设计的 132 指挥舰获中国船舶工业总公司科技进步奖一等奖。

1988 年　7 月，因 132 指挥舰现代化改装（051Z 型驱逐舰）获得国家科学技术进步奖二等奖。

8 月 1 日，其设计的 051G 型驱逐舰（165 舰）正式下水。

10 月 18 日，参加国防科学技术专家座谈会，受到党和国家领导人接见。

11 月 29 日至 12 月 1 日，在上海参加了中国造船工程学会船舶设计学术委员会军船设计学组第三次学术交流会，并做报告《对舰载作战系统研制工作的认识和体会》。

1989 年   9 月 8 日，其设计的 052 型驱逐舰首舰（112 舰）在江南造船厂
            开始建造。

            12 月 27 日，发表论文《舰载作战系统的研制工作》。

            12 月 30 日，051G 型驱逐舰（165 舰）正式交付海军。

            参与 052 型驱逐舰主船体的钢板选型，即 945 钢的选型。

            1989 年至 1995 年，获得高级工程师职称。

1990 年   4 月至 10 月，完成 052 型驱逐舰的陆上联调试验。

            10 月 16 日，其设计的 051G 型驱逐舰（166 舰）正式下水。

            年底，作为技术组长，率队到英国访问考察，参观英国沃桑造
            船公司。

1991 年   7 月，开始享受国务院政府特殊津贴。

            8 月 28 日，其设计的 052 型驱逐舰首舰（112 舰）正式下水。

            11 月 21 日，051G 型驱逐舰（166 舰）正式交付海军。

            12 月 1 日，参加 891 课题研究成果鉴定会。

1992 年   2 月，作为《驱逐舰史料集》专家组成员，参与其复审工作会议。

            3 月，其参与的 051G 型驱逐舰总体研制项目获中国船舶工业总
            公司 1991 年度科技进步奖一等奖。

            7 月 9 日，与海军代表刘华清、船舶系统专家黄旭华和陆建勋等
            人在北京就 052 型驱逐舰首舰建造的技术工作召开阶段会议。

            11 月，其参与的 051G 型驱逐舰总体研制项目获国家科学技术
            进步奖二等奖。

            12 月，获中国船舶工业总公司颁发的在中国船舶工业战线工作
            30 年荣誉证书。

1993 年   10 月 18 日，在江南造船厂参加 052 型驱逐舰 2 号舰（113 舰）
            的正式下水仪式。

1994 年   5 月 8 日，其主持设计的 052 型驱逐舰首舰（112 舰）正式交付
            海军。

8月，完成052型驱逐舰首舰（112舰）直升机舰面系统、消磁系统实验。

秋季，母亲庄钰芬辞世。

1994年10月至1995年8月，完成052型驱逐舰首舰（112舰）作战系统实验。

1995年 春季，父亲潘星阶辞世。

5月，当选中国工程院院士。

夏季，接受《瞭望》杂志记者汤华采访，并在112舰甲板上与该舰舰长合影。

1996年 1月8日，被哈尔滨工程大学聘为该校兼职教授。

春季，在浦南中学给孩子们讲课。

5月28日，作为总设计师参加113舰（青岛舰）交舰仪式。

5月起，由高级工程师（研究员级）任职资格转为研究员任职资格，被聘为研究员职务。

12月23日，参观在俄罗斯远东军港符拉迪沃斯托克访问归来的112舰。

1996年至1997年，参与相控阵雷达、导弹发射共架、射频集成的设计研制。

1997年 1月，完成052型驱逐舰首舰（112舰）适航性试验。

2月20日，其设计建造的"中华第一舰"112舰和166舰及南仓号综合补给舰组成舰队，出访美洲四国五港。

5月，参观访美（美洲四国五港）归来的112舰，并出席欢迎仪式。

8月22日，主持对出访归来的112舰进行改进意见征集的会议。

9月8日，被国防部第七研究院确认为院学科（专业）带头人。

年底，退居二线后，回到上海七〇一所分部工作，担任052型驱逐舰设计顾问，坚持每天上班。

1998 年　4 月 24 日，与林宗虎一同受邀出席在南浔中学举行的院士报告会。

6 月，参加在北京召开的中国工程院第四次院士大会。

8 月 10 日，发表论文《21 世纪水面战斗舰艇发展的展望》。

11 月，其作为第一完成人参与的 052 型驱逐舰设计获中国船舶工业总公司第七研究院 1998 年度科技进步奖一等奖。

12 月，其参与的 052 型驱逐舰设计与建造获中国船舶工业总公司 1998 年度科技进步奖一等奖。

获得国防科工委"有突出贡献的科技专家"称号。

发表论文《21 世纪水面战斗舰艇及其作战系统发展展望》。

1999 年　2 月 15 日，发表论文《新型驱逐舰研制中的经验和体会》。

4 月 26 日，出席在京举行的国防科工委专家咨询委员会成立大会。

4 月 26 日，出席在京举行的国防科技工业工作会议。

6 月，获上海市徐汇区政府颁发的徐光启科技奖章。

8 月，与黄旭华等人考察大连船用柴油机厂。

9 月 1 日，被中国人民解放军总装备部聘为舰艇总体设计专业组顾问，聘期为 1999 年至 2001 年。

10 月，被上海市造船工程学会聘为该学会第一届顾问委员会顾问。

10 月 26 日，参与总装舰艇总体设计水声及水声对抗技术水中兵器技术专业组第一次工作会。

12 月，其设计的 052 型驱逐舰获国家科学技术进步奖特等奖。

12 月 15 日，发表论文《二十世纪水面战斗舰艇技术主要进展》。

2000 年　5 月 12 日，华中理工大学聘任其为该校兼职教授，聘期为 2000 年 5 月至 2003 年 5 月。

6 月 5 日，在北京参加中国科学院第十次院士大会和中国工程院第五次院士大会。

9 月 15 日，发表论文《高科技壮大 21 世纪水面战舰》。

11 月 30 日，被第七二四研究所聘为特邀技术顾问。

2001 年　　1 月，被中国造船工程学会聘为该学会第四届《中国造船》编辑
　　　　　　委员会委员。

　　　　　　1 月 12 日，发表文章《展望新世纪水面舰艇》。

　　　　　　4 月 30 日，发表论文《驱逐舰试验工作中的创新过程和体会》。

　　　　　　9 月 20 日，被浙江大学电气工程学院聘为兼职教授。

　　　　　　9 月 26 日，第七一六研究所所庆期间，在第七一六研究所工作
　　　　　　人员的陪同下参观第七一六研究所。

　　　　　　12 月，出席中国联合工程有限公司杭州揭牌仪式。

　　　　　　在七〇一所成立 40 周年之际，撰文表示祝贺，祝愿七〇一所在
　　　　　　新世纪适应新形势，在新型舰艇研制中取得更大的成绩，为海
　　　　　　军装备建设做出更大的贡献。

　　　　　　受国家计委、教育部、财政部的委托，参加哈尔滨工程大学
　　　　　　"211 工程""九五"期间建设项目验收报告会。

　　　　　　获何梁何利基金技术科学奖。

　　　　　　发表论文《水面舰艇和舰载雷达的发展展望》。

　　　　　　发表论文《发展战斗力和隐身性兼优的水面战舰》。

2002 年　　1 月 28 日，被哈尔滨工程大学聘为《哈尔滨工程大学学报》第十
　　　　　　届编辑委员会顾问。

　　　　　　5 月至 9 月，其作为总设计师研制的 052 型驱逐舰（113 舰）实
　　　　　　现了人民海军历史上的首次环球旅行。

　　　　　　7 月 7 日，出席中国造船工程学会第七次全国会员代表大会。

　　　　　　7 月 12 日，参加 364 型双波段超低空搜索雷达设计定型。

　　　　　　9 月 6 日，在四川大学参加中国科协学术年会。

　　　　　　12 月 13 日，到大连造船厂考察瓦良格号航母的情况。

　　　　　　12 月 16 日，受到江泽民同志接见，汇报瓦良格号航母改装的
　　　　　　情况。

2003 年　　8 月 10 日，发表论文《对 21 世纪水面舰艇发展的展望》。

　　　　　　9 月，参加哈尔滨工程大学校庆。

9月13日至17日，参加中国科协在沈阳召开的2003年学术年会，并在分会场辽宁船舶工业发展战略研究高层论坛上发言。

上杭州舰参观，与舰长交流并留影。

与林宗虎一同参加湖州招商咨询会，并走访湖州企业。

2004年　6月2日，赴京参加两院院士大会。

6月3日，参加在京召开的"工程科学技术在推进人类文明的进步中一直起着发动机的作用"的会议。

6月30日，发表论文《21世纪武器装备发展及其对策研究》。

10月31日，参加在苏州召开的第八届中日韩（东亚）工程院圆桌会议。

11月1日，参加由中国造船工程学会主办的第六届全国电磁兼容性学术会议，做报告《21世纪武器装备发展及其对策研究》。

2005年　3月29日，参加上海市造船工程学会在上海科学会堂举办的船舶配套业与造船业协调发展科技沙龙，并做书面发言。

7月9日，受邀出席湖北省纪念郑和下西洋600周年活动。

7月底至8月，在法国考察。

9月1日，发表论文《舰船电力系统及其装备的回顾和展望》。

9月25日，参加由中国造船工程学会主办的"2005年亚太地区船舶机电设备维修技术国际学术会议"，做报告《舰船电力系统及其装备的回顾和展望》。

10月初，参加苏州中学校庆。

12月30日，发表论文《水面舰艇的发展和展望》。

2006年　2月28日，发表论文《作战系统的效能分析与评估方法》。

3月1日，发表论文《航空母舰的电子设备》。

3月30日，发表论文《水面战斗舰艇的发展展望》。

3月，由国防科工委联合多个部门举办的"中国十大名船"评选活动中，其参与设计研制的济南舰和哈尔滨舰双双被选入"中国十大名船"。

4月，参加上海交通大学建校110周年庆典。

9月15日，出席中国共产党第七〇一研究所上海分部第二次代表大会。

12月20日，苏州市第三中学百年校庆之际，致信感谢母校对其的培养和教育。

12月末，作为特邀编委入选《中国舰船研究》首届编委会名单。

2007年　2月2日，受国防科工委邀请，与船舶行业的11位院士、专家进行座谈。

5月20日，参加浙江大学建校110周年暨《管理工程学报》创刊20周年院士论坛，并在会上做了关于"自主创新"的主题演讲。

12月15日，发表论文《国外航空母舰的发展和展望》。

发表论文《"长须鲸"级船坞登陆舰》。

2008年　4月8日，参加军工咨询委研讨会。

6月，在北京参加两院院士大会。

12月9日，出席上海市造船工程学会举行的庆祝改革开放暨复会30周年座谈会。

12月，入选上海市造船工程学会荣誉理事（终身）。

2009年　9月30日，发表论文《近期水面舰艇的科技创新》。

12月24日，被《人民海军舰船史》编审委员会聘为《人民海军舰船史》专家。

2010年　5月15日，发表论文《水面舰艇研究设计技术发展的思考》。

5月22日，出席浙江大学电气工程学院90周年院庆。

12月，被中国船舶重工集团公司聘为该公司第二届军工专家咨询委员会委员。

12月19日，妻子许瑾去世。

作为特邀编委入选《中国造船》第四届编委会名单。

2011 年　　3 月 18 日，被上海中科电气（集团）有限公司聘为院士专家工作站专家。

5 月，被大连市科学技术协会聘为大连市院士专家工作站特聘专家。

11 月 2 日，被上海交通大学出版社聘为"十二五"国家重点图书出版规划项目《船舶与海洋出版工程·航母与潜艇系列》总主编。

参加中国造船工程学会会议。

应邀担任《中国舰船研究》第二届编委会特邀编委。

2012 年　　4 月，获湖北省院士高级证书，其中工作单位为七〇一所，职务职称为中国工程院院士、研究员，专业委员会类别为工程与材料科学。

5 月 15 日，发表论文《水面舰艇上层建筑和桅杆射频综合集成的思考》。

6 月 11 日，参加在京召开的中国工程院第十一次院士大会。

7 月 24 日，申请专利《一种加载透波罩后的目标整体散射计算方法》。

9 月 29 日，受邀在苏州名人馆接受记者采访并题词"为学当似金字塔，既要博大又要高"。

10 月 24 日至 25 日，出席由中国船舶信息中心主办、《舰船科学技术》编辑部承办的小水线面双体船发展与推广使用研讨会，并做会议总结。

12 月 15 日，发表论文《国外多体船型在军船上的应用》。

2013 年　　1 月 21 日，同中国船舶重工集团公司院士和部分军工老领导在大连的旅顺军港调研大船集团。

2 月 22 日，被上海市船舶与海洋工程学会聘为该学会第十三届理事会高级顾问，聘期为 2013 年 2 月至 2016 年 11 月。

2 月 22 日，申请专利《船载共面布置平面阵天线间电磁耦合的抑制方法》。

3 月，被中国船舶重工集团公司聘为高级顾问专家组成员。

5 月 20 日，出席中国联合工程公司成立 60 周年庆典。

8 月 15 日至 17 日，参加在安徽省霍山县召开的中国造船工程学会《船舶工程》2013 年编委、理事会年会。

11 月 16 日，参加中国共产党第七〇一研究所第七次代表大会。

12 月 4 日，参加由中国船舶信息中心主办、《舰船科学技术》编辑部承办的"科考船发展及使用高端论坛"，并就科考船在海洋调查中的使用做了主题演讲。

2014 年　4 月 8 日，被上海佳豪船舶工程设计股份有限公司聘为院士专家工作站指导专家。

6 月 12 日，发表论文《科考船船型选择及主要系统设备发展思考》。

7 月，被电磁兼容性国防科技重点实验室聘为第四届学术委员会委员。

8 月 7 日至 9 日，参加在浙江省新昌县举办的中国造船工程学会《船舶工程》编委会 2014 年工作会议。

9 月 19 日，参加由上海市船舶与海洋工程学会主办、泰科电子协办的"2014 船舶与海洋工程装备技术论坛"，以"舰船电力系统的回顾与展望"为题做了交流报告。

12 月 7 日，参加苏州中学 110 周年校庆。

2015 年　4 月 17 日，参加七〇一所第一青年工作支部举办的"与院士面对面"活动。

10 月 19 日，被上海市科学技术协会聘为上海市院士专家工作站创新创业指导团成员。

12 月，被上海船舶中压配电系统工程技术研究中心聘为该中心工程技术委员会主任。

2016 年　　1 月 19 日，发表论文《水面舰艇作战系统的回顾和展望》。

3 月 14 日，参加浙江大学 120 周年校庆座谈会。

3 月 18 日，获上海市船舶与海洋工程学会颁发的"辛一心船舶与海洋工程科技创新奖"2015 年度终身成就奖。

7 月，应邀担任《中国舰船研究》第三届编委会特邀编委。

9 月，被中国船舶重工集团公司聘为该公司科学技术委员会高级顾问，聘期为 2016 年 9 月至 2021 年 9 月。

12 月，参加在上海法国领事馆旧址举办的浙江大学上海校友会活动。

2017 年　　9 月 15 日，参加受江苏省科技厅委托，无锡市科技局主持召开的无锡蓝天电子股份有限公司承担的江苏省科技成果转化专项资金项目"高效能复合式物理处理船舶压载水处理装置的研发及产业化"验收会。

2018 年　　4 月 16 日，在江苏科技大学做报告《从我国驱逐舰发展历史看技术创新作用》。

5 月 28 日，在北京人民大会堂参加中国科学院第十九次院士大会、中国工程院第十四次院士大会。

7 月 27 日，经七○一所上海分部研究决定，潘镜芙同志退休。

2019 年　　7 月 1 日，为庆祝中国船舶重工集团公司成立 20 周年，与陆建勋等院士向中国船舶重工集团公司联发寄语。

8 月，接受苏州电视台采访，发表题为"我的中国梦是航母编队持续发展和壮大"的讲话。

9 月 11 日，在"2019·湖州人大会"重大项目签约暨高层次人才峰会上发表讲话。

10 月 1 日，荣获"庆祝中华人民共和国成立 70 周年"纪念章。

2020 年　　3 月，被上海智能船舶综合电力系统工程技术研究中心聘任为技术委员会主任。

4月20日，受浙江大学电气工程学院百年院庆专项采写组邀请，为百年庆典致贺词。

7月10日，在首个"苏州科学家日"之际，江苏省苏州市名人馆推出《科技报国薪火传》专题节目，走近"导弹驱逐舰之父"潘镜芙院士乘风破浪的日子。

8月15日，苏州名人馆推出"奋楫笃行：'中国导弹驱逐舰之父'潘镜芙院士"专题展览。

8月28日，其设计的051G型驱逐舰湛江舰（165舰）与珠海舰（166舰）同时退役。

9月24日，参加苏州名人馆举办的"与院士对话"活动。

9月24日，参观"奋楫笃行：'中国导弹驱逐舰之父'潘镜芙院士"专题展览。

9月25日，回到母校苏州中学，为2018级少年预科班做讲话，并参观了教学楼、科技馆、校史陈列室。

2021年　3月，获上海市关心下一代工作委员会、中共上海市委老干部局、上海市精神文明建设委员会办公室颁发的"上海市关心下一代工作先进工作者"荣誉证书。

5月20日，在浙江湖州南浔古镇参加中国电器工业协会微电机分会第八次会员大会暨全国电机电梯产业数字化升级高端学术论坛，并在会议上致辞。

5月20日，获2021年度"南浔区杰出乡贤"荣誉称号。

5月25日，上海汉邦联航激光科技有限公司即潘镜芙院士工作站正式揭牌。

附录二　潘镜芙主要论著目录

[1]　潘镜芙. 舰载作战系统的研制工作 [J]. 船舶工程，1989(6): 37-41.

[2]　潘镜芙. 21 世纪水面战斗舰艇发展的展望 [J]. 世界科技研究与发展，1998(4): 32-35.

[3]　潘镜芙. 21 世纪水面战斗舰艇及其作战系统发展展望 [J]. 舰船电子工程，1998(6): 1-7.

[4]　潘镜芙. 新型驱逐舰研制中的经验和体会 [J]. 舰船科学技术，1999(1): 1-3, 20.

[5]　潘镜芙. 二十世纪水面战斗舰艇技术主要进展 [J]. 现代舰船，1999(12): 4-6.

[6]　潘镜芙. 高科技壮大 21 世纪水面战舰 [J]. 瞭望新闻周刊，2000(37): 44-45.

[7]　潘镜芙. 展望新世纪水面舰艇 [N]. 中国船舶报，2001-01-12(5).

[8]　潘镜芙. 驱逐舰试验工作中的创新过程和体会 [J]. 科技进步与对策，2001(4): 11-13.

[9]　潘镜芙. 水面舰艇和舰载雷达的发展展望 [J]. 中国雷达，2001(2): 1-8.

[10]　潘镜芙. 发展战斗力和隐身性兼优的水面战舰 [J]. 现代隐身水面战舰前瞻性设计，2001: 1-5.

[11]　潘镜芙. 水面舰艇自动化、智能化、网络化技术的发展 [C]// 中国舰船研究水面舰艇发展研究文集，2001.

[12]　潘镜芙. 对 21 世纪水面舰艇发展的展望 [J]. 中船重工，2003(4): 36-39.

[13]　潘镜芙. 21 世纪武器装备发展及其对策研究 [J]. 舰船电子工程，2004, 24(z1): 1-3.

[14]　潘镜芙. 水面舰艇的发展和展望 [J]. 船舶工程，2005, 27: 35-41.

[15]　潘镜芙. 舰船电力系统及其装备的回顾和展望 [C]// 中国造船工程学会学术论文集，2005: 399-401.

[16]　潘镜芙，闵绍荣. 作战系统的效能分析与评估方法 [J]. 中国舰船研究，2006(1): 1-8.

[17]　潘镜芙. 航空母舰的电子设备 [J]. 现代舰船，2006(3): 35-37.

[18] 潘镜芙. 水面战斗舰艇的发展展望 [J]. 上海造船，2006(1): 25-27.

[19] 潘镜芙. 国外航空母舰的发展和展望 [J]. 自然杂志，2007(6): 315-321.

[20] 潘镜芙. "长须鲸"级船坞登陆舰 [J]. 兵工科技，2007 (11): 74-75.

[21] 潘镜芙. 近期水面舰艇的科技创新 [J]. 上海造船，2009(3): 3-7, 25.

[22] 潘镜芙. 水面舰艇研究设计技术发展的思考 [J]. 舰船科学技术，2010，32(5): 3-6.

[23] 潘镜芙. 水面舰艇上层建筑和桅杆射频综合集成的思考 [J]. 舰船科学技术，2012，34(5): 3-6.

[24] 潘镜芙. "小水线面双体船发展与推广使用研讨会"会议总结 [J]. 舰船科学技术，2012，34(S2): 123.

[25] 潘镜芙. 国外多体船型在军船上的应用 [J]. 舰船科学技术，2012，34(S2): 115-117.

[26] 潘镜芙. 科考船船型选择及主要系统设备发展思考 [J]. 舰船科学技术，2014，36(S1): 21.

[27] 潘镜芙，董晓明. 水面舰艇作战系统的回顾和展望 [J]. 中国舰船研究，2016，11(1): 8-12.

[28] 潘镜芙. 我国驱逐舰研制的几点体会 [C]// 回顾与展望 1949—1989: 402-403.

[29] 潘镜芙，李利标. 舰装导弹武器系统研制工作的回顾 [C]// 海鹰号导弹系列研究文集: 301-303.

后　记

　　白驹过隙，时光如梭，屈指算来，我参与国家科技历史人文工程"老科学家学术成长资料采集工程"项目研究已有 10 年之久，先后主持过"黄旭华学术成长资料采集工程""卓仁禧学术成长资料采集工程""张寿荣学术成长资料采集工程"等项目，均顺利结题，相应研究报告也以院士传记的形式出版，因此积累了尚算丰富的资料采集、口述访谈及传记写作经验。

　　2019 年，经采集工程管理方推荐，我加入了潘镜芙学术成长资料采集项目组（即采集小组）。经过翔实的案头准备及周密安排，本以为项目进展会一帆风顺，能如期保质保量完成任务，没承想项目甫一开始，即遭遇新冠肺炎疫情的影响。随后三年的资料采集及口述访谈工作进展缓慢。

　　坦率地说，冗长而时断时续的工作过程及各种突发状况让采集小组成员常感身心疲惫，亦有诸多无奈。然而，采集小组负责人时常嘱咐大家，必须秉持对现实负责、对采集对象负责、对完善我国导弹驱逐舰研制及军工科技发展历史负责的态度推进采集工作，要求克服各种困难，见缝插针地开展资料采集、口述访谈及资料加工整理工作。终于，经过三年多的辛勤工作和不懈努力，项目的各项任务基本完成，研究报告也如期定稿，我们终于进入整理结项、总结回顾、表达谢忱阶段。

　　首先，我代表采集小组衷心感谢潘镜芙院士对采集工作高度的信任、全力的支持、细致的配合及艰苦而细腻的付出。

　　采集小组在 2020 年、2021 年共九次自武汉赴上海对潘镜芙院士进行访谈，总计时长 1079 分钟。潘镜芙院士对每一次访谈都十分重视，并为此付出了大量心血。尽管他视力不好，但他不仅按照访谈提纲对每一个问题认真回忆、翻阅笔记、查证资料，而且对其中重要的史实经纬以文本仔细记录，蝇头小楷一笔不苟、条分缕析、工整严谨，他还在访谈结束后大方地将回忆文本提供给我们。

每一次访谈后拿到潘镜芙院士的访谈文本，我都觉得沉甸甸的。每一次阅读，字里行间所渗透出的严谨、执着、大度及责任感都会湿润我的眼眶。

潘镜芙院士对访谈工作不止于认真对待，更有细致的配合和关心。每次访谈，他都要求已过花甲的女儿潘丽达女士到场，提醒她不能迟到，叮嘱她与我们及时沟通，反复询问她是否已告知我们从酒店到家中的路线，以至于女儿调侃他，对他的儿女都没这样悉心细致过。

每次访谈工作一经展开，潘镜芙院士总能快速地沉浸到曾经的生活与工作场景之中，无论是在芦苇荡中穿行避难，抑或是在西子湖畔踏青郊游，还是在舱室中研究分析，他都能还原得生动细腻，仿佛这些发生在几十年前的事犹在眼前。

据潘丽达女士描述及当年诸多同事介绍，潘镜芙院士素常沉默寡言、极吝言辞。可在与采集小组的访谈中，在与董晓明等青年才俊的交流中，在与一众军事迷的辨析中，他却表现出娴熟的沟通能力。但凡话匣子一打开，潘镜芙院士必然娓娓道来、口若悬河，常有奔涌难收之势。

让我们最后怕、最悔恨、最感动，迄今仍心有余悸的是，潘镜芙院士有一次为了配合我们访谈，过度疲劳而晕厥！

2020年12月6日，我带着研究生邱歆迪、雷诗琦赴上海，计划于次日对潘镜芙院士进行访谈。在高铁疾驰的途中，我接到丽达女士的电话，说潘镜芙院士头一天晚上因为准备访谈资料，至深夜才休息，结果早晨起来突然眩晕，潘伏波、潘丽达兄妹俩将潘镜芙院士紧急送往医院观察诊断。得到这个突发消息后，我非常内疚。当时我因工作繁忙，在访谈三天前才把访谈提纲发给潘镜芙院士，没有留下充裕的时间供他准备，潘镜芙院士在5日夜里工作到很晚，打乱了作息规律，于6日晨因脑供血不足而晕厥。

鉴于这一突发状况，我打算抵达上海后去医院看望潘镜芙院士，然后返回武汉，俟其康复后再商定新的访谈时间。然而，在我们下高铁还没出虹桥站之时，就再次接到丽达女士的电话，告知我们潘镜芙院士在医院略做检查并稳定下来后，置医生及家人的劝阻于不顾，执意回家，坚持如期接受我们的访谈。接完电话，我的双腿如灌注了铅液一般，挪不动分毫，不禁哽咽动容，泪水数度潜然。

次日，潘镜芙院士拖着病体接受了访谈。整个访谈持续 140 分钟之久。这种信任、这种执着，使我产生的感动与敬意，已然超出了采集工程本身的意义，留给我一辈子永不磨灭的温暖。

其次，必须对潘镜芙院士的女儿潘丽达女士、女婿周振邦先生、儿子潘伏波先生致以由衷的谢忱及深深的敬意。

潘丽达女士，贴心打理着潘镜芙院士退休后的一应工作与生活。她热情活泼，办事周到干练，对我们有求必应。她不仅对采集工作倾注了极大的耐心与支持，而且对在上海、北京、苏州、杭州、湖州等地的采集与访谈工作提供了力所能及的一切帮助，让我们在各地的工作得以顺利、高效推进。

在我们对潘镜芙院士的每一次访谈中，潘丽达女士必定认真阅读访谈提纲，当发现访谈提纲存在疏漏或者提问失当时，会很善意地给予补充与纠正，并积极协助父亲做好访谈的各种准备。访谈时，潘丽达女士全程在场，照应与协助访谈工作，恰如其分地补充相关背景信息，同时，密切关注父亲的身体状态，展现了精英白领非常优秀、娴熟的沟通技巧与能力，让我十分叹服与崇敬。

此外，潘丽达女士热情关注采集工作进展及研究报告情况，对于我们需要的各种资料，悉心搜寻、耐心回忆、不辞艰辛，让我们十分感动。随着采集工作的推进，我们与潘丽达女士日益熟稔，直唤她"丽达姐"。

潘镜芙院士的女婿周振邦先生是一位卓尔不凡的人。他性情豁达，为采集工作提供了尽可能多的支持，还时常给予我一些有价值的提示与建议，让我们受益匪浅。

潘镜芙院士的长子潘伏波先生与其妹丽达女士性格迥异。丽达女士性情奔放、活力四射，而其兄伏波先生则敦厚持重、谦逊温和。伏波先生敏于行而慎于言，行事低调，从不接受采访，也甚少告知他人他有这样一位为国铸舰、声名显赫的英雄父亲，以自己的行动与见识赢得他人的敬重。

我在了解伏波先生的秉性后，曾非常担心对伏波先生的访谈有可能会被其婉拒，故没有贸然当面提出访谈的诉求。深思熟虑之后，我采取迂回的战术，求助于热心的丽达女士。丽达女士爽快地应承了，并胸有成竹地回复我们，她来做哥哥的工作，料想问题不大。果不其然，丽达女士一出手，伏波先生答应了我们。

在访谈中，伏波先生一改往日的稳重，与我谈笑风生，应答如流。他时而诙谐、时而凝重，张弛有度，整场访谈行云流水，让我们从儿子的角度洞悉到潘镜芙院士的人生维度与思想境界。

再次，感谢潘镜芙院士的弟弟潘硕民先生、弟媳应凤珠女士。两位老人热情善良，严谨而细腻，不仅耐心地接受了访谈，慷慨地提供了许多资料及照片，还不顾腿脚不便，带着我们穿梭在近百年的木质老屋中。积年的朽木在踩踏下发出吱吱呀呀的响声，在这样颇具历史感的氛围中，潘硕民先生生动地讲述了他和哥哥当年在这里的故事……

第四，感谢苏州中学周祖华书记、校史馆负责人丁云衍先生，感谢苏州市名人馆钱轶颖馆长及刘学女士。他们或倾囊分享了有关潘镜芙院士的各种资料，或愉快地接受了访谈，给予了我们许多惊喜与感动。

第五，感谢南浔的眭桂庆先生、刘大于先生。他们极尽热情友善，不仅提供了大量珍贵资料与重要信息，而且带我游历了风景如画的南浔古镇，领略了藏书楼、小莲庄、百间楼、丝业会馆、天工桑园、沿河民居、张静江故居、张石铭旧宅等古迹的百年沧桑，考察了栲栳湾潘镜芙院士外婆家的老宅，为我讲述了曾经发生在水乡的历史掌故与励志故事。年过花甲的刘大于先生乃当地著名摄影师，多次在南浔一带帮助拍摄相关古迹等照片，他的古道热肠让人感动。

第六，感谢中国船舶集团有限公司第七〇一研究所、第七一九研究所的领导及专业技术人员，尤其是黄旭华院士、朱英富院士、宋明达先生、施宗伟先生、闵绍荣先生、董晓明博士等。他们热情地接受了访谈，详细回顾了与潘镜芙院士相处的往事，提供了有关资料及照片，解答了许多专业问题。

没有他们的无私帮助，很难完整地还原潘镜芙院士的铸舰人生，也很难科学地梳理潘镜芙院士的学术思想及技术成就。

第七，向浙江大学电气工程学院沈建新院长、汕头市著名古民居研究专家蔡海松先生、浙江大学档案馆工作人员、浙江大学退休教授徐亚伯与吴璧如夫妇、潘镜芙院士保姆吴小红女士致以诚挚的谢意，感谢他们在资料采集、口述访谈及其他相关工作中提供的帮助。

第八，感谢中国科协创新战略研究院的工作人员、老科学家学术成长资料采集工程的各位专家以及老科学家学术成长资料采集工程馆藏基地的工作人员在项目实施及资料验收过程中的耐心帮助与悉心指导。

最后，作为研究报告的执笔人，极其真诚地对采集小组的各位同仁说声"谢谢"！尤其是采集小组的负责人喻菁和宋晓丽，不仅对项目进行了精心策划和全程推进实施，还对我极尽尊重与理解，尤其在采集和访谈工作上给予了全方位的支持与帮助。资料采集及口述访谈工作非常繁杂，她们悉心部署并全程参与访谈工作，耐心联络访谈对象，谨慎处理涉密资料，周到安排采集工作行程，积极协调口述访谈工作各项事宜；对于一些不方便让我直接访谈的对象，她们具体对接和落实；还在浙江大学档案馆、苏州市名人馆、苏州中学等单位做了前期沟通和采集、扫描、整理等工作，为我的工作铺平了道路；此外，认真检查与核实项目实施过程中产生的所有文字材料，付出了不懈的努力。采集小组的其他成员魏佳丽、方嘉昕、李侃、王璐瑶、刘卫东也依据分工，圆满完成了各项工作，保证了项目的顺利推进。我在此向他们表示感谢。

此外，我的硕士研究生郑情愿、邱歆迪、雷诗琦、彭文、蔡玮琢也为采集工程项目做了大量工作。资料检索及分类著录、口述访谈文稿整理、资料长编及年表编撰、资料清单的编制与审核都离不开他们辛勤的工作，在此向他们表达由衷的谢意。

完成采集工作及研究报告的撰写，对在此过程中提供过帮助的机构、女士及先生们表达完谢忱，我心里终于如释重负，剩下的期许，就是项目的顺利结题及研究报告的出版。

祈望能得偿所愿，让"潘镜芙学术成长资料采集工程"项目研究报告能以潘镜芙院士传记的形式早日与读者见面，让有缘者领略潘镜芙院士的铸舰人生。

王艳明

壬寅年二月十三日于湖北大学逸夫人文楼

　　我之所以萌生写这份补遗的想法，是因为在传记即将杀青付梓之际，惊悉潘镜芙院士于 2023 年 10 月 8 日在上海因病医治无效与世长辞的消息。虽然潘镜芙院士在病榻上已经看到了浙江大学出版社赠送给他的预制样书并深感欣慰，但毕竟他老人家并未阅读到最终版本，因此我和潘镜芙院士亲属均觉得有必要在传记末尾寄托我们无尽的追思。

　　在潘镜芙院士离世前的几天，我就从丽达女士那里获知他老人家已经沉疴难愈，虽然对可能发生的一切有些预判，但真正明白今生再也无法面晤这位慈祥的老人时，心中委实无法接受这个事实。接连几日在各种媒体上浏览到对潘镜芙院士的悼念文章，心情低落到极致，几近茶饭不思。

　　潘镜芙院士离世之后的数日间，许多与潘镜芙院士交流的情景如蒙太奇一般在我眼前流转。潘镜芙院士在镜头前稍显腼腆的笑容、谈话中坚如磐石的自信、对过往的超强记忆、对异议的豁达宽容、对坎坷的举重若轻、对梦想的坚持执拗，让我们领略到他心中的万千丘壑，即便耄耋之年的步履蹒跚，也让我感受到执着且无穷的力量。

　　虽然与潘镜芙院士交往满打满算仅两个年头，但感情之深、之妙、之洽，胜过了积年的沉淀。与潘镜芙院士的忘年之交及一些趣事已深深镌刻在我的记忆里。

　　2021 年 5 月 19 日，潘镜芙院士作为嘉宾出席浙江大学电气工程学院在南浔举办的国际学术会议。经丽达女士提议，我一同前往，一方面想感受南浔的历史人文氛围，另一方面为传记写作补充一些素材。潘镜芙院士在南浔看见我后开心不已，拉着我热情介绍南浔的各种掌故、小时候诸多可乐的回忆。

当晚聊天时，丽达女士笑称我不停晃动的光脑袋在灯光下锃亮，潘镜芙院士闻言即摘掉帽子，也露出了自己的光脑袋，并诙谐地说他的肯定也很亮。于是乎我立马拿起手机，拍下我与潘镜芙院士挨在一起的合影，尔后一起欣赏照片，并调侃对方的脑袋没有自己的亮。两人忍俊不禁，笑得前仰后合。当时的情景让我于恍惚间体会到了一种久违的父亲般的温暖。

潘镜芙院士生平最重要的成果就是成功主持了国产两代四型导弹驱逐舰的设计建造，最核心的成就是在驱逐舰总体设计、全武器作战系统、全舰电磁兼容等高新技术领域做出了开拓性贡献，为我国导弹驱逐舰的设计建造跻身世界前列奠定了技术与工程基础。

潘镜芙院士去世后，不同行业机构及媒体对其成就进行了大量报道，对其卓越贡献给予了高度评价，许多业内人士也都纷纷对痛失功勋卓著的国士深感惋惜并表达了深切缅怀。

在此，谨将 2023 年 10 月 12 日潘镜芙院士遗体告别仪式上吊唁大厅的主挽联分享给读者。这副挽联高屋建瓴、气势磅礴，对潘镜芙院士一生做出了最高规格的旌扬。

> 船舶宗师，家国情怀，风范长耀山河；
> 国之脊梁，功勋卓著，伟业永存华夏。

潘镜芙院士为国铸舰数十载，他用弱小的身躯撑起了中国的脊梁，他用平凡的一生铸造了捍卫国家安全的水上重器。最后，我拟写一副浅陋的挽联，祈愿其化为一瓣虔诚的心香，永远铭记潘镜芙院士之于国家的丰功伟绩、之于我的敦厚温润。

> 奋楫身行，缔造作战系统，两代四型骋瀚海；
> 人镜芙蓉，融贯历史人文，三载九旬谱华章。

王艳明

癸卯年九月初十于湖北大学逸夫人文楼

本书为潘镜芙学术成长资料采集项目成果。书中部分内容参考了老科学家学术成长资料采集工程馆藏基地关于潘镜芙院士的一些史料，具体如下：

[1] 1997 年版南浔余德堂潘氏家谱前言.

[2] 黄旭华访谈.

[3] 闵绍荣访谈.

[4] 潘伏波访谈.

[5] 潘慧如.童年.

[6] 潘镜芙、潘丽达访谈.

[7] 潘镜芙.童年和青少年时代回忆.

[8] 潘镜芙.我与苏州中学.

[9] 潘镜芙.一段未公开的往事——我向江泽民主席汇报瓦良格航母改装的回忆.

[10] 潘镜芙访谈.

[11] 潘丽达、周振邦访谈.

[12] 潘硕民，应凤珠.追忆南浔老宅往事.

[13] 潘星阶.往事漫忆.

[14] 潘云从.难忘的岁月——抗日战争时期辗转大后方的回忆.

[15] 中国共产党江苏省苏州中学校委员会.不忘初心，砥砺苏中.